미학, 부산을 거닐다

* 이 도서의 국립중앙도서관 출판시도서목록(CIP)은
e-CIP 홈페이지 (http://www.nl.go.kr/cip.php)에서
이용하실 수 있습니다.(CIP 제어번호 : CIP 2008003276)

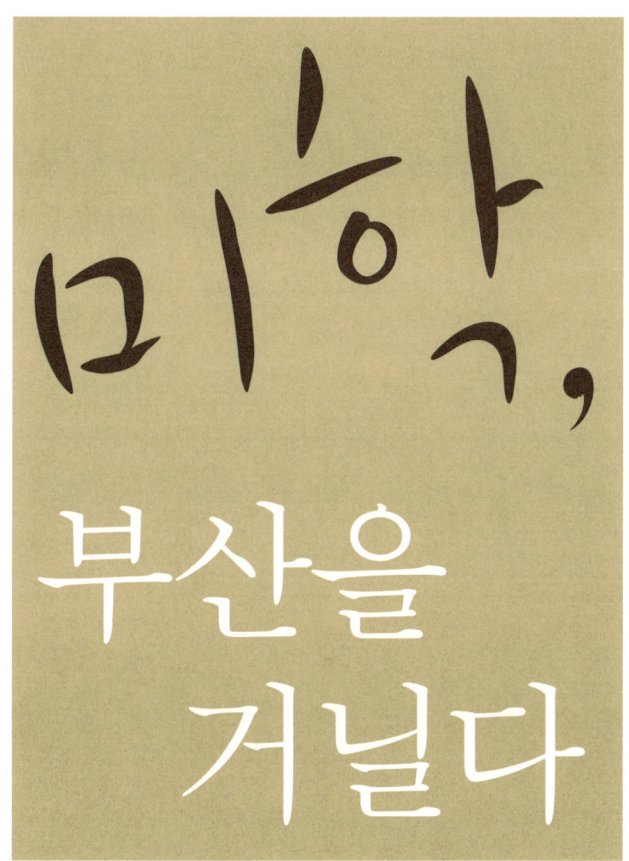

미학, 부산을 거닐다

부산의 예술문화와 부산美 탐색

임성원 지음

산지니

_ 머리말

　이 글을 쓰는 시점은 2008년 가을이다. 정확하게는 2008년 10월 초순이며, 이 책에서는 2007년 9월로 시계 바늘을 천천히 거꾸로 돌리면서 지난 1년간 부산에서 펼쳐진 예술문화의 풍경(風景)과 절경(絶景)을 담아내려 했다.
　지금 부산은 '가을 축제', '가을 야구'가 한창이다. 부산국제영화제(PIFF), 부산비엔날레, 요산 김정한 탄생 100주년 문학제 등 예술문화제전과 8년 만에 포스트시즌에 진출해 '가을 야구'라는 신조어를 낳은 '부산갈매기' 롯데 자이언츠가 '가을의 전설'로 익어가고 있다.
　풍경에는 절경(絶景)이 있다. 일상의 풍경이 어느 경계에 올라 '뚝 끊어지는' 지점이 절경이다. 감성의 극적인 환기랄 수 있는 절경은 하지만 누구에게나 뚝 끊어지는 것은 아니어서 절경은 다시 이어져 풍경(風景)이 된다.
　부산 예술문화의 풍경을 한 허리를 베어내듯 1년으로 뚝 끊어내 들여다보려는 것은 삶은 때로 정지화면에서 진경(眞景)을 보이기 때문이다. 하지만 시간을 정지시킨 듯 저속촬영으로 카메라를 가져가다보면 무수히 끊어진 지점들이 한데 이어져 명

멸의 상(像)으로 깜박거리다, 끝내 풍경은 검은 점으로 가뭇없이 사라질 수도 있을 것이다. 하지만 뚝 끊어짐은 유혹적이다. 사라지는 모든 것들은 안타까움을 자아내기 때문이다.

미(美)와 예술(藝術)도 풍경과 절경 사이를 오간다. 미와 예술과 감성적 인식이라는 '미적 삶의 문제'를 다루는 미학(美學)은 숱한 풍경과 절경들을 들여다보는 일이다.「부산, 공간의 미학」이 부산 미학의 풍경쯤이라면,「부산, 예술문화의 미학」은 부산 미학의 절경쯤에 해당된다. 더 정확하게는 공간에서도 절경이, 예술문화에서도 풍경이 있을 수 있는 것이다.

풍경과 절경을 들여다보고 있는 지금, 나는 미학(美學)이다. 이 글을 읽는 당신도 의심할 바 없는 미학이다. 감성의 환기를 늘 준비하고, 뚝 끊어진 한순간을 낯설어하면서도 애써 눈감지 않는다면 풍경과 절경의 어느 한 경계에서 아름다움은 빛을 발하고 있을 것이다.

2008년 10월
임성원

_ 차례

머리말 4

제1장_ 부산 미학의 모색 9

    1 부산, 부산 사람들 10
    2 날것으로 통섭하는 항구문화 13
    3 풍경의 미학, 절경의 미학 15

제2장_ 부산, 공간의 미학 21

    1 바닷바람 거센 중앙동에서 24
    2 굴곡진 삶이 흐르는 산복도로 41
    3 스쳐 지나가는 광안대교의 불빛 51
    4 욕망의 수영만, 욕망의 달맞이 66
    5 다시 금정산에서 79

제3장_ 부산, 예술문화의 미학 95

    1 영화 98
        부산, 출렁이는 '영화의 바다' 98
        현장 : 제13회 부산국제영화제(PIFF) 109
        현장 : 제3회 부산국제어린이영화제 113
        영화 대담 : 김지석(부산국제영화제 수석프로그래머),
            김희진(독립영화 감독) 117

2 미술 130

비엔날레에서 부산을 보다 130
현장 : 대안공간 오픈 스페이스 '배' 140
현장 : 2008 화랑예술제-부산 143
미술 대담 : 강선학(미술평론가), 김성연(대안공간 반디 디렉터) 147

3 춤 162

거리의 풍문 '춤은 역시 부산?' 162
현장 : 2008 부산국제여름무용축제(BISDF) 168
현장 : 민병수발레단, 제12회 정기공연 171
춤 대담 : 배학수(무용평론가 · 경성대 철학과 교수),
　　　　임현미(춤꾼 · 부산 독립춤꾼 프로젝트 '연분-홍' 초대회장) 174

4 음악 187

'뮤즈의 삼각주' , 한가운데에서 187
현장 : 한울림합창단, 칸타타 '나의 땅, 나의 민족이여' 194
현장 : 2008 부산국제음악제(BMF) 197
음악 대담 : 이명애(음악기획자 · 부산아트매니지먼트 대표),
　　　　김창욱(음악평론가 · 동아대 초빙교수) 201

5 문학 214

부산을 살다, 느끼다, 쓰다 214
현장 : 요산 김정한 선생 탄생 100주년 기념 2008 요산문학제 220
현장 : 국제해양문학제 혹은 한국해양문학제 224
문학 대담 : 구모룡(문학평론가 · 한국해양대 동아시아학과 교수),
　　　　정인(소설가) 228

6 연극 245

소극장이 꿈틀거리는 까닭은 245
현장 : 극단 '바다와 문화를 사랑하는 사람들', 〈의원놈 도둑님〉 252
현장 : 2008 부산국제연극제(BIPAF) 256
연극 대담 : 김문홍(연극평론가 · 극작가),
　　　　　변미선(연극배우 · 예술학 박사) 260

7 대안예술 274

새로운 가능성은 변방에서 274
현장 : 문화소통단체 '숨', 댄스컬 〈힙합고 D반〉 280
현장 : 독립문화공간 〈아지트(Agit)〉 284
대안예술 대담 : 강선제(문화잡지 〈보일라〉 발행인),
　　　　　　　김건우(대안문화행동 '재미난 복수' 사무국장) 288

제4장_ 부산美의 탐색 301

1 민중성에서 민속놀이 · 대중문화로 303
2 실질성에서 부산 예술문화의 힘으로 306
3 저항성에서 독립예술 · 비평문화로 310
4 개방성에서 국제행사 · 다원문화로 313

제5장_ 지역에서 미학하기 317

1 미학, 그 친숙한 낯섦 318
2 감성의 귀환, 삶에로의 회귀 322
3 새로운 틀, 새로운 지평 324

참고문헌 326

제1장

부산 미학의 모색

제1장

1 부산 미학의 모색

1 부산, 부산 사람들

　부산은 예부터 산이 많아 부산(富山)이요, 그 많은 산 중 가마솥을 닮은 시루 같은 산(甑山·부산 동구 좌천동 소재)도 있어 부산(釜山)으로 불리어왔다. 산으로 유명한 부산은 바다와 강도 더불어 품고 있어 삼포지향(三抱之鄕)이기도 하다.
　한반도의 동남 끝에 자리를 틀고 앉은 부산은 후기 구석기시대부터 사람들이 산 흔적이 있는데, 삼한시대에는 거칠산국, 삼국시대에는 신라의 동래군, 고려시대에는 동래현, 조선시대에는 동래부를 각각 살았다.
　지금의 부산이 틀 지워지기 시작한 것은 부산항이 근대 국제항으로 문을 연 1876년부터다. 이에 따라 부산의 중심도 동래에서 증산이 있는 부산포를 넘어 부산항으로 옮아갔다. 근대도시 부산의 역사를 새로 쓰기 위한, 동쪽에서 서쪽으로의 '중심의 이동'인 것이다.

관부연락선이 취항하고 경부선 철도가 놓이면서 부산은 일제의 대륙 교두보로서 날로 면모를 달리했고, 1914년 부산항을 끼고 있는 지금의 중구, 동구, 영도구를 중심으로 부산부제가 실시되면서 근대도시로서의 틀을 갖추는 등 일제 강점기 내내 유입 인구가 늘고 도시는 외연을 확장해나갔다.

광복 이후 부산은 한국전쟁의 전화를 피해 온 피란민들로 문전성시를 이뤄 임시수도가 되었고, 1960년대와 70년대의 고도 성장기, 70년대 후반과 80년대의 민주화시기를 거쳐 지금에 이르렀다. 개항 이후 오늘에 이르기까지 130여 년 동안에 걸친, 한국 제2의 도시 부산을 향한 숨가쁜 여정이었다.

2008년 가을, 사직구장에서 부산 사람들을 생각해본다. 부산의 솥과 시루는 이제 더 이상 부산포에 있는 증산의 그것이 아니라, 가마솥같이 생겨 부산 사람들의 열정으로 부글부글 끓고 있는 용광로 같은 '사직구장'이 아닐까.

'부산갈매기가 그냥 갈매긴 줄 아나.' 사직구장에서만 통하는 것으로 여겼던 이 말은 2008 부산비엔날레가 열린 광안리의 바다미술제에서도 통(通)했다. 전시제목 왈 '부산갈매기가 그냥 갈매긴 줄 아나'.

부산갈매기, 그들은 패색 짙은 9회 말 투아웃 상황에서도 좌절하거나 포기하지 않고 역전 홈런 한 방을 노리는 열정의 사람들이다. 세계적인 영화제로 성장한 부산국제영화제에서, 발 디딜 틈 없이 인산인해를 이룬 부산불꽃축제에서도 그들의 이 같은 열정은 재현되고 있다. 부산은 역시 '한 방'이 있는 도시인가.

부산 사람들의 이 같은 감성적 기질은 어디에서 비롯하는가. 미와 예술을 중심에 놓고 '미적 삶의 문제'를 다루는 미학에 있어 감성은 매우 중요한 준거가 된다. 미학(Aesthetics)의 본디 말이 '감성학'으로 번역될 법한 에스테틱스이고, 미(美)는 감성적 인식의 완전성 혹은 쾌(快)나 감탄의 완전성이기 때문이다.

부산 사람들의 감성 세계에는 민중성, 실질성, 저항성, 개방성이 두드러진다.

민중성은 부산에서는 역사적으로 민속놀이와 같은 기층문화가 고급문화를 압도했고, 지역토호와 같은 강고한 권력집단이 없었다는 데서 기인한다. 이 같은 민중성은 부산항 개항 이후 일제 강점기와 사변 통, 그리고 산업화 과정에서 기층 민중들이 부산에 속속 편입되면서 더욱 확산, 강화되었고, 민중의 결집된 힘 혹은 열정은 어떤 계기만 되면 터져 나오는 경향성을 보인다.

실질성은 거칠고, 투박하고, 무뚝뚝하고, 세련미는 눈을 씻고 찾아도 찾아볼 수 없는 부산 사람들에게서 건져 올릴 수 있는 미덕이다. 부산 말이 갖고 있는 짧지만 강력한 효율성, 잔가지를 훑어내고 곧장 본질에 육박해들어가는 단호함, 겉모양보다는 내실에 치중하는 생활태도 등에서 실질성은 확인된다. 실질성은 부산의 예술문화가 비록 거칠고 투박하지만 힘을 갖고 있음을 뒷받침하는 증거가 되기도 한다.

저항성은 부마항쟁, 6월 항쟁 등에 주도적으로 나서 부산을 민주화 도시로 만들었고, 특히 언론과 비평 활동에서 중심을 향해 어느 지역보다 날 선 비판의 목소리를 내어왔다는 데에서도 잘 드러난다. 요산 김정한의 리얼리즘 문학 등이 강세를 띠고 있는 것도 부산 사람들의 저항적인 기질을 웅변한다.

개방성은 국제성 및 해양성과 밀접한 연관을 갖는 것으로 부산항을 통해 외국과 활발히 교류했고, 또한 전국 팔도의 사람들이 부산으로 몰려들어 하나로 엇섞여 들어갔다는 점에서 부산 사람들의 또 다른 감성적 기질의 하나를 이룬다. 적어도 '국제' 라는 말 정도는 앞에 붙어야 행사같이 행세할 수 있다는 부산 사람들의 의식이 이를 잘 반증한다.

2 날것으로 통섭하는 항구문화

부산은 항구다. 문화적 다양성 혹은 개방성은 항구가 갖는 특성이랄 수 있다. 항구에서는 갖가지 문화들이 박래(舶來)하고 또한 이동한다. 그래서 늘 새로운 문화가 각광을 받아 관심을 모으지만, 그 기간이 썩 길지는 않다.

뿐만 아니라 부산은 개항 이후 전국 팔도에서 모여든 사람들로 형성된 근대도시라는 유산을 갖고 있기에 팔도의 문화가 섞여 흐르고 있다. 그래서 부산의 예술문화는 나라 안팎의 것들이 뒤섞여 다양한 가운데에서도 혼란스럽다.

더욱이 항구는 떠나기 좋고, 찾아들기에 좋다. 부려놓은 짐들도 이내 곳곳으로 흩어진다. 너끈히 가볍고, 유동적이다. 그래서 또한 떠나기 좋고, 찾아들기 좋다. 그러다 보니 날것은 있지만 숙성의 시간이 없다.

항구는 소비와 향락문화를 부추기기도 한다. 유동성이 강한 항구의 특성상 예술문화는 정착하지 못하고 자꾸 미끄러지게 되고, 미의식 또한 일회적인 것에만 관심을 갖도록 왜곡될 개연성이 높다.

예술문화 등 부산 미학의 괴로움은 여기에서 출발한다. 항구문화는 혹 있을지언정 자체의 고유한 예술문화가 뿌리를 내리지 못하기 때문이다. 부산 문화의 정체성은 그래서 당연히 기대하기 어렵다. 문화의 불모지 부산? 항구는 숙명처럼 그 같은 불명예를 뒤집어쓴다.

전통이 쌓이지 않은 탓에 부산에는 어른이 없다고들 한다. 한마디로 예술문화계에는 위아래가 좀 없다는 것이다. 이런 까닭에 젊은 예술가들은 비교적 눈치를 덜 보고, 원로들은 좀 답답한 표정을 지으며 푸념을 늘어놓는다.

여기에다가 부산 사람들의 감성적 기질 또한 예술문화에 우호적으로 늘 발현되는 것도 아니다. 민중성은 고급예술문화에 대해 거부감을 가질 수 있고, 실질성은 투박함과 무뚝뚝함으로 예술문화에서 비켜나 실생활에 눈 돌리게 한다. 저항성은 비판과 비평을 무기로 예술문화의 싹을 크기도 전에 아예 잘라놓을 수 있고, 개방성은 혼란, 혼재, 무질서로 가는 길을 예비할 수 있다.

항구가 갖고 있는 이 같은 태생적인 한계는 정주성을 강화함으로써 극복될 수 있다. 따라서 새로운 '중심의 이동'이 요구된다. 근대가 걸었던 동에서 서가 아니라, 근대의 서에서 전 근대이자 현대가 되고 있는 동으로 길은 나 있다. 곧 부산항에서 부산포의 증산을 넘어 가마솥 모양새의 사직구장을 지나 옛 부산인 동래 쪽으로 찾아가는 길이다.

요컨대 항구문화와 정주문화의 만남이 요청되고 있다. 개항 이후 130여 년이 지나면서 부산도 이제는 도시의 안정화를 이뤘고, 부산만의 미학적 정체성을 확보해나갈 수 있는 시점을 맞고 있다.

이 같은 가능성은 최근 들어 옛 동래의 수영강이 부활하고 있다는 사실에서 희망을 갖게 한다. 온천천이 되살아나고 있고, 금정산에는 생명문화축전이 펼쳐져 근대의 그늘을 벗어나려는 움직임이 완연하다.

또한 부산의 중심축도 서쪽에서 동쪽으로 옮아가고 있다. 센텀시티를 비롯한 수영만에는 하루가 다르게 고층빌딩이 올라가면서 정주문화의 실제적 가능성을 웅변하고 있다. 옆의 해운대 신시가지를 지나면 부산의 16개 구·군 중 가장 면적이 넓다는 기장군도 있다.

날것으로 통섭하는 항구문화가 수영강 유역을 중심으로 하는 동래의 정주문화를 만나면서 부산에서 새로운 예술문화가 발흥할 수 있는 가능성을 활짝 열어젖히고 있는 것이다.

3 풍경의 미학, 절경의 미학

미학(Aesthetics)을 처음으로 호명하고, '감성적 인식의 학'으로 정의 내리는 한편 '완전한 감성적 인식'을 미(美)로 규정하여 예술로까지 연결시킨 이는 독일의 철학자 바움가르텐(Alexander

Gottlieb Baumgarten, 1714~1762)이다.

하지만 감성은 인식이 아니며, 미의 비판적 판정은 취미판단(Geschmacksurteil)의 문제로, 어떤 것이 아름다운가, 아름답지 않는가는 주관의 '쾌(快)·불쾌의 감정'에 달려 있다며 미학을 독자적인 학문으로 정립한 이는 칸트(Immanuel Kant, 1724~1804)다.

그런데 미학에서 다루는 미는 아름다움뿐만 아니라 쾌나 감탄을 자아내는 '미적인 것(the aesthetic)'으로까지 영역을 확장한다. 이를테면 우아한 것, 숭고한 것을 비롯하여 비극적인 것, 희극적인 것, 심지어 추(醜)까지를 포괄한다.

사람들은 비록 주관적이기는 하지만 어떤 때 아름다움 혹은 감탄이나 쾌를 느끼게 되는 것일까. 감성이 익숙한 것에서 '뚝 끊어져' 새롭게 환기될 때 아!, 하고 사람들은 감탄사를 연발하는 것은 아닐까.

풍경(風景)에는 절경(絶景)이 있다. 일상의 풍경이 어느 경계에 올라 '뚝 끊어지는' 지점이 절경이다. 그래서 아득히 끊어지는, 감성의 극적인 환기인 절경(絶景), 절창(絶唱), 절조(絶調) 등을 만나게 되면 아름다움이나 쾌 혹은 감탄을 느끼지 않을까. 백척간두에서 진일보하는 끊어짐을 통해 한소식을 하게 된다는 불가의 경우도 여기에 포함할 수 있을 듯하다.

하지만 절경 또한 저마다의 주관에 달려 있는 것이기에 누구에게나 아득히 끊어지는 것은 아니어서 절경은 다시 낯익은 풍경이 되기도 한다. 그러나 이 풍경(風景)도 정물처럼 보이지만 바람(風) 불고 온도(景)의 높낮이가 있어 감성을 뒤흔든다. 풍경 또한 충분히 미 혹은 미적인 것으로 다가오는 것이다. 되레 절경을 갈무리한 듯한 풍경에서 보다 극적인 절경인 노경(老境)과 맞닥뜨리기도 한다. 노경은 가장 완숙한 아름다움의 경지다.

풍경의 미학과 절경의 미학이 가능한 것은 이 때문이다. 또한 풍경은 절경으로, 절경은 풍경으로 유전하면서 '미적 삶'과 미학을 풍성하게 만든다.

이를테면 어느 꽃 지는 아득한 봄날 밤에, 꽃처럼 화사하고 분분하기까지 한 풍문 속의 여류 황진이가 당대의 명창 이구년(李龜年)을 청해놓고 노경에 접어든 시성(詩聖) 두보(杜甫)와 만났다 하자. 나그네는 꽃 지는 밤에 다니듯, 그들이 만난 곳은 강남의 산 많기로 소문난 바닷가 마을 부산쯤이라 하자.

매번 살아가는 일이 바람(風) 불고, 볕(景)이 따스하다 차갑기를 반복하는지라 '풍경(風景)'을 놓고 시(詩)의 일합을 겨뤘다 하자. 황진이는 부산(釜山) 위에 뜬 반달을 보고 님 그리워 머릿결 다듬던 불면의 밤들을, 두보는 강남의 이 좋은 풍경 속에서 곁의 황진이보다는 이구년의 좋았던 음악을 다시 만나는 기쁨이 앞서 꽃 지는 세월의 무상을 떠올렸다 하자.

誰斷崑崙玉(수단곤륜옥, 누가 곤륜의 옥을 잘라)
裁成織女梳(재성직녀소, 직녀의 빗을 만들었을까)
牽牛一去後(견우일거후, 견우가 한번 떠나간 후로)
愁擲碧虛空(수척벽허공, 상심하여 푸른 허공에 던져버렸네)

岐王宅裏尋常見(기왕택리심상견, 기왕의 저택에서 자주 그대를 보았고)

崔九堂前幾度聞(최구당전기도문, 최구의 집에서 노래 몇 번 들었지요)

正時江南好風景(정시강남호풍경, 바야흐로 이 강남의 풍경은 화사한데)

落花時節又逢君(낙화시절우봉군, 꽃 지는 시절에 그대를 다시 만나게 되었구려)

황진이의 오언절구 '영반월(詠半月)'은 아득히 끊어지는 절경의 미학을 보여준다. 곤륜의 옥을 잘라(斷), 아득히 푸른 허공에 던져(擲)버렸기 때문이다. 그리고 자신의 머릿결을 다듬는 빗과 저 멀리 허공의 반달을 아득한 공간적 길이조차 일순간에 제압한 채 동화시키는 시적 비약을 보여주고 있다.

이에 비해 두보의 칠언절구 '강남봉이구년(江南逢李龜年)'은 평범하다. 아득히 끊어지는 재기발랄함이나 감성의 극적인 환기도 없다. 풍경(風景)이라는 말과 글만 눈에 크게 들어올 뿐, 절경의 끊어짐을 찾을 수 없다. 하지만 이 시는 두보가 지은 최후의 칠언절구로, 그의 절구(絶句) 가운데 가장 함축미가 뛰어나며 정감 넘치는 작품으로 평가된다. 노경의 완숙함이 묻어나는 것이다.

그렇다면 부산에서 피고 지는 풍경과 절경의 미학은 어떠할까.

먼저 부산의 자연 풍경에는 분명 끊어짐의 미학이 있다. 그래서 아득히 끊어져 절경이 된다. 이 끊어짐은 부산이 산과 바다, 그리고 강을 품에 안은 삼포지향이기에 가능하다. 특히 산이 많은 부산에는 곳곳에 산복도로가 있어 발아래 바다를 내려다보는 눈맛이 사뭇 시원하다.

산에서, 바다에서, 강에서 툭 끊어지는 바람에 부산은 늘 아득한 풍광을 자랑한다. 산에서는 발아래의 툭 끊어진 바다를, 바다 위에서는 또 아득히 툭 끊어진 뭍을 되돌아보게 한다. 강에서는 '산은 물을 건너지 않고 물은 산을 넘지 않는다'는 산자분수령(山自分水嶺)의 툭 끊어짐과 또한 맞닥뜨리게 된다. 부산은 자연으로만 본다면 절경이다.

그렇다면 그곳을 살아가는 부산 사람들의 감성적 기질이 보이는 풍경과 절경은?

각양각색의 풍경과 절경이 있겠지만 부산 사람들은 그 절절 끓는 열정과 야성이 예사롭지 않아 거칠게 말하면 절경 쪽에 가깝다 하겠다. 그리고 신산스러운 근대를 신산스럽게 살아온 부산이고 보면, 그곳을 살아가는 사람 또한 신산스럽기 마련이어서 그 유전자 또한 예사롭지 않기는 매한가지일 터이다.

절경의 부산에서 절경의 부산 사람들이 일궈낸 예술문화의 풍경과 절경은 어떠할까.

풍경과 절경, 이쪽저쪽을 가늠하기가 쉽지 않다. 문화란 삶의 총체이며, 예술은 그 문화의 절경이기 때문이다. 예술은 문화를 토양으로 삼고, 문화는 삶의 총체인 까닭에 결국 부산 예술문화의 풍경과 절경은 부산은 얼마나 살기 좋은 곳인가라는 질문으로 귀결한다.

미셸 푸코는 저마다의 삶이 하나의 작품이 되는 것을 일러 '존재의 미학'이라 했다. 부산 예술문화의 풍경과 절경은 끝내는 삶의 질과 맞닿아 있다. 삶이 절경이 되면 아름다움과 감탄과 쾌를 느끼게 하고, 그 절경이 완숙한 노경에 들면 아주 담담한 풍경이 되는 것이다.

사람들의 삶이 저마다 하나의 작품이 되는 곳. 부산 사람들의 '미적 삶의 문제'를 다루는 부산 미학은 그곳에서 빛을 발할 것이다.

제2장

부산, 공간의 미학

제2장

2 부산, 공간의 미학

공간에는 미적 삶의 풍경(風景)이 담겨 있다.

부산의 미학적 예술문화지리지는 '근대 부산'의 중심지인 중구에서 시작한다. 남포동, 광복동, 중앙동은 부산 가운데서도 한가운데였다. 그러나 중심은 늘 '중심의 괴로움'을 갖고 있다. 구심력과 원심력이 팽팽하다지만, 예술문화지리지는 변방에서 우짖는 새로운 가능성에 늘 주목하는 법이다.

중심의 이동이 불가피하다. 현재로서 길은 동쪽으로 나 있다. 그렇다고 인접한 동구로 끝날 일이 아니다. 일제의 대륙 교두보로, 바다를 메워 그 위에 세워진 근대 부산의 중심을 출발하면, 한눈에 부산항을 조망하면서 근대화의 속살을 들여다보는 산복도로를 타고 내처 동구와 부산진구를 가로지를 일이다.

다시 길을 바다로 잡아 오늘 부산 예술문화의 중심을 이루고 있는 부산문화회관과 부산박물관, 젊은 문화가 엇섞인 경성대·부경대 앞의 남·수영구로 간다.

광안대교를 타면서부터 속도는 빨라진다. 센텀시티와 고층아파트로 상징되는 욕망의 도시 수영만으로 미끄러져 들어가 해운대에서 부산 문화의 새 축을 이룬 영화와 미술의 욕망을 살펴본다.

해운대에서 길을 잃으면 부산의 원류였던 옛 동래의 금정산에 올라 다시 길을 물을 일이다. 금정산에서는 옛 동래는 물론 저 멀리 낙동강 하류까지 부산 전역으로 시야를 넓힐 수 있기 때문이다.

1 바닷바람 거센 중앙동에서

2008년 가을, 남포동의 '영화'가 예전만 못하다.

PIFF광장을 오가는 사람의 물결은 여전하지만 부산국제영화제가 열리는 이맘때의 열기가 좀체 느껴지지 않는다. 피프의 영화(映畵)가 남포동을 떠나 해운대로 가면서 광장의 영화(榮華)도 조락한 느낌이다. 옛 부영극장에서 충무동 육교에 이르는 400여 미터의 '스타의 거리'와 '영화제의 거리'에는 영화 스타들의 핸드프린팅만 하릴없이 인파에 밟히고 있다.

제13회 부산국제영화제(2008. 10. 2~10. 10) 상영관은 해운대의 요트경기장 야외상영장, 메가박스, 프리머스 시네마, 롯데시네마와 남포동의 부산극장, 대영시네마 모두 6곳이다. 6개 극장 37개관, 상영 횟수 8백여 회 중 남포동은 2개 극장 6개관에 상영 횟수도 150여

회에 그쳤다.

부산의 서와 동으로 분점되었던 피프 영화가 동쪽 해운대로 정리되는 형국이다. 1996년 영화제 출범 이후 7회 때까지는 남포동 전성시대였다. 그 달아오르던 열기를 몸은 아직 기억하고 있지만, 2003년 8회 때부터 상황은 해운대에 역전되었다.

극장이 낡은 데다 상영관 수도 부족한 남포동이 첨단의 멀티플렉스에다 국제행사를 거뜬히 치를 수 있는 컨벤션시설과 호텔 등 든든한 뒷배까지 갖춘 해운대를 따라잡기란 애초부터 역부족이었는지 모른다.

중구청에서 영화체험박물관 건립을 서두르는 등 '피프 발상지'로서의 옛 영화를 꿈꾸지만 해운대에 피프 전용극장인 영상센터 〈두레라움〉(함께 모인다는 뜻의 순우리말 '두레'와 즐겁다는 뜻의 '라움'이 합쳐진 말로 함께 모여 즐긴다는 의미다)이 이미 첫 삽을 떠 이래저래 상심이 큰 남포동이다.

PIFF광장 건너 자갈치시장은 부산 사람들의 삶의 진경(眞景)이 펼쳐지는 곳이다. 영도다리에서 보수천 하구를 지나 부산공동어시장에 이르는 남항의 남쪽 포구(南浦), 그 자갈밭 위에는 식민과 사변의 신산스러운 삶을 이겨낸 왁자함이 이어져왔다. 부산국제영화제를 찾는 외지인뿐만 아니라 때로 삶이 먹먹할 때 부산 문화예술인들이 즐겨 찾는 곳이기도 하다.

도시는 기억을 파괴하는 '욕망의 부흥회장'인가. 노점들이 하나 둘 정리되다 2006년 초대형 건물에 현대화 시장이 들어서면서 자갈치의 정취 또한 예전만 못하다. 부산 문화예술인들의 응원에 힘입어 철거 위기에서 놓여난 영도다리가 이곳의 역사를 육화하고 있고, 자갈치와 영도를 잇는 도선이 남항을 바삐 오가며 부산의 기억을 실어 나르고 있을 뿐이다.

부산 문화예술인들이 영도다리 아래 남아 있는 포장마차 두 곳과 물레방아횟집을 자주 찾는 것은 이곳에 옛 부산의 기억이 저장되어 있는 까닭일 것이다. 하지만 기억의 용량은 물레방아횟집과 잇대어 있는 점바치 골목 앞 30m 정도에 불과하다. 사변 통에 헤어진 가족들의 안부와 재회를 점치던 점바치 골목은 한때 50여 곳이 넘었다고 전해지지만, 지금은 뿔뿔이 흩어지고 눈 먼 할머니 점바치 홀로 골목과 함께 무심히 늙어가고 있다. 영도다리가 다시 한 번 끄떡, 하고 올라가면 옛 영화를 되찾으려나.

영도다리는 1934년 11월 23일 개통된 길이 214.63m, 폭 18m의 다리로, 남항을 지나는 큰 배들을 위해 하루에 여섯 번씩 다리가 들리는 바람에, 그 풍경을 보고자 한때 사람들이 구름처럼 모여들었다 한다. 이런 신기한 구경거리 때문에 사변 통에는 피란민들이 헤어진 가족들을 찾는 안타까운 이산(離散)의 현장이 되기도 했지만, 1966년 9월 교통량의 증가로 다리가 들리는 신기한 풍경은 기억 저 너머로 사라져버렸다.

영도다리 밑 물레방아횟집은 다리 밑 곽곽한 세상살이에도 불구하고 잘도 버틴다. 아마도 잊지 않고 찾아오는 단골들 때문일 것이다. 공간의 기억이 어디 쉽사리 사라지겠는가. 중구에는 공연장이 불과 손에 꼽을 정도인데, 민주공원 소극장 공연이 있을라치면 물레방아횟집이 좀 북적이는 편이다. 민주공원 소극장은 부산민예총 계열의 문화패들이 즐겨 찾는 공연장인데, 산꼭대기 공연장에서 내처 내려오는 끝 지점인 영도다리 밑을 차마 피해나가기가 쉽지 않은 모양이다.

횟집 앞 노변에 자리를 잡고 앉을라치면 아쉬움의 소리들이 두런두런 오간다. 이 건물들 말이야, 그리고 저 창고들, 문화공간으로 만들어놓으면 얼마나 좋겠노. 들어서기만 하면 바로 부산 문환데 말이야. 창고는 그대로 살려놓고 그 안에 작업실도 넣고, 작품도 팔고 하면 좀 좋나. 나는 저기 영도다리 넘어 배 수리하는 공장 하나 얻었으면 좋겠다. 작업하게 말이야. 내일부터 빈 창고나 찾으러 다녀볼까.

말들이 꼬리를 물고 "예술 중의 으뜸은 역시 술이야" 하는 추임새 속에 술잔이 오가다 기분마저 불콰해지면 남항을 오가는 도선에 오를 일이다. 자갈치와 영도를 잇는 도선은 이곳 사람들에게는 버스와 매한가지인 대중교통편이다. 시내 중심가인 남포동에서 영도의 대평동으로 가는 '직통'이며 요금도 버스비와 엇비슷한 데다 하루 60회나 운항한다.

한 예술문화 한다는 사람들에게 도선 또한 한 풍류(風流) 한다. 시원한 바닷바람이 정겹고, '돌아와요 부산항'을 한고비 돌아 "일가 친척 없는 몸이 지금은 무엇을 하나/이 내 몸은 국제시장 장사치기다/금순아 보고 싶구나 고향 꿈도 그리워질 때/영도다리 난간 위에 초승달만 외로이 떴다"로 휘돌아나갈라치면 부산항, 국제시장, 영도다리로 축약되는 부산의 근·현대사가 시야에 한가득이다. 노래는 끝이 없고, 요금만 낸다면 몇 번이나 되돌임표를 찍어도 상관없겠다.

건어물시장을 지나 자갈치를 벗어난 후 남포동의 골목길을 빠져 나오면 광복동으로 들어선다. 광복로가 최근 말끔해졌다. 중구청의 광복로 시범가로 조성사업이 2008년 2월에 완료됐기 때문이다.

얼마 전까지만 해도 광복로는 변화무쌍했다. 좁은 도로에 다니는 차는 어찌 그리 많은지, 보행권은 고사하고 걷기조차 아슬아슬했다. 보다 못한 젊은 문화예술인들이 광복로를 '차 없는 거리'로 만들자고 제안했고, 한때는 이 주장이 먹혀들어 주말이면 광복로가 갑자기 천지개벽을 하곤 했다.

토요일 오후 광복동에 나갔다가 잔디밭으로 변한 광복로를 보고 깜짝 놀란 적이 있다. 간밤에 잔디가 깔리고, 다음날 낮엔 잔디가 고이 깔리도록 물을 뿌려대고 있고, 차는 갈 곳을 잃었고, 잔디밭에는 아이들이 뛰어놀고, 옛 미화당백화점 앞에서는 공연이 펼쳐지고…, 꿈같은 일도 일어나기는 일어나는 모양이다.

광복로 시범가로 조성사업으로 광복로가 단정해졌다. 혼잡했던 2차로를 1차로로 정비했고, 길도 물결처럼 유연한 S라인이다. 건물마다 덕지덕지 나붙었던 욕망덩어리 같은 간판들이 스스로를 낮추고 이웃을 배려하면서 차분해졌다.

일단 좋다는 의견이 대부분이다. 국비, 지방비 합쳐 87억 원을 들인, 소위 돈값 한다는 반응이다. 광복로 입구에서 창선상가까지 750m, PIFF광장 240m 등 1㎞에 달하는 거리가 훤해진 것이다. 보도와 차도가 같은 높이이고, 곳곳에 쌈지 공연장을 만들어놓았다. 시범가로 조성사업 추진위원회는 '느림의 거리'를 지향했다고 밝히고 있다.

그런데 광복로의 사연을 담은 표지판들 사연이 너무 구구절절이다. 바다를 메워 육지가 된 사연이며, 초량왜관의 역사라든지 광복동의 기억들을 문자로 하나하나 기록하고 있는 것이다. 도로 자체에서 그런 역사들이 묻어날 수는 없었을까. 꼭 문자의 힘을 빌려야 했을까, 아쉬움이 남는 것이다.

"남포동이나 중앙동을 보면 어마어마한 돈을 들여 이화여대 앞의 보도블록을 베끼고 있는데 왜 그러는지 모르겠다. 바닷물을 끌어다 수로를 만든다든가, 좀 부산다움이 묻어나는 파격적이고 창의적인 방법을 동원할 수는 없었을까. 자갈치에 들어선 새 건물도 좋지만 재래시장이 갖고 있는 특성에 초점을 맞췄어야 했다. 영도다리 밑을 오가는 도선 선착장 인근에 있는 창고를 작업실로 꾸민다면 정말 좋은 대안공간이 될 텐데…."

부산항을 한눈에 내려다보고 있는 산복도로의 수정동과 안창마을에서, 그리고 도심의 벽지 물만골 등지에서 공공미술 작업을 했던 대안공간 오픈스페이스 '배'의 디렉터를 맡고 있는 서상호 씨의 소회다.

매끈하게 정돈된 광복로 위에 서면 90년대까지 늘어서 있던 〈필하모니〉, 〈백조〉, 〈전원〉, 〈솔파〉 등 음악 감상실이 떠오르지만 지금은 사라지고 없다. 감상실이 따로 없어도 음악 감상이 충분히 가능한 오늘을 반영하고 있는 풍경인가. 하지만 음악 감상실은 감상실만의 아우라가 있다. 그곳에 들어서면 음악에 대해 진지해져야 한다는 어떤 의무 혹은 무게감은 어디에서나 누릴 수 있는 느낌이 아니기 때문이다. 음악이 지천으로 깔리면서 더불어 가벼워지고 있다고나 할까.

기술복제 시대의 예술작품에 일어난 결정적 변화를 '아우라(Aura)의 붕괴'라고 발터 벤야민(Walter Benjamin)이 말했지만, 아우라가 꼭 예술작품에만 해당하는 것은 아니다. 특정 장소와 공간도 나름의 흉내낼 수 없는 고고한 '분위기', 즉 아우라가 있는 것이다. 아우라의 상실은 기억의 멸실과 닿아 있게 마련이다.

광복로 위에 서면 낯익은 간판 하나가 부산 연극의 자존심을 드러내 보이고 있다. 가마골소극장이다. 가마(釜)라는 이름부터 부산답다. 가마골이라는 이름으로 극단을 만들고, 소극장을 연 이는 부산일보사 기자직을 작파하고 연극에 뛰어든 '문화 게릴라' 이윤택(연희단거리패 꼭두쇠·동국대 연극학과 교수) 씨였다.

1986년 문을 연 가마골소극장은 부산 소극장 운동의 진원지였고, 지금은 '연극도 상업적으로 성공할 수 있다'는 가능성을 보여주고 있는 전위적인 역할을 떠맡고 있다. 물론 지난 88년엔 중앙동, 97년엔 광안리를 전전했지만 2001년 용두산공원을 오르내리는 에스컬레이터 건너편 건물의 4층 100평에다 새 둥지를 틀고 15년 만에 '광복동 시대'를 새로 열면서 부산 소극장의 대명사로 떠올랐다.

이윤택 씨가 경남고 동문인 건물주로부터 공간을 얻어 또 다른 동문인 무대제작자 손용택 씨의 손을 빌어 문을 연 가마골소극장은 100여 좌석을 갖춘 공연장과 함께 배우들과 대화를 나눌 수 있는 카페 〈날마다 축제〉를 함께 갖춤으로써 이후 '극장 + 카페'라는 부산 소극장의 모범을 앞서 보여줬다.

특히 '연 3만 명이 찾는 지역 소극장 운동의 산실'이라고 스스로를 평가하듯 재미있고 따뜻한 작품으로 승부를 건다는 전략이 주효

해 '배고픈 연극판'의 부러움과 질시의 대상이 되고 있다. 가마골소극장에서 몇 번 만난 이윤택 씨는 올 때마다 흐뭇한 미소를 잃지 않았다. 스스로 생각하기에 극장을 운영하고 있는 이들의 빼어난 기획력과 회원 관리 등이 신통방통하기 짝이 없다는 표정이었다.

가마골의 최고 강점인 철저한 회원 관리제. 관객 모니터, 문자메시지 발송, 자체발권시스템 등은 가마골이 지역에서 처음 쓴 관객을 위한 역사였다. 현재 19기, 20기 15명이 활동하고 있는 관객 모니터단도 성실한 관극평으로 가마골 연극의 입소문에 단단히 기여 중이다. 1만 700여 명의 인터넷 카페 회원, 1만 1천여 명의 홈페이지 회원들도 가마골의 든든한 후원자 노릇을 마다하지 않고 있다.

광복동에서 용두산공원을 끼고 오른쪽으로 돌아가면 옛 초량왜관 때 동관이 위치했던 동광동이다. 그런 역사적 배경 때문인지 부산호텔 등에는 오늘도 일본 관광객들의 발길이 끊이지 않는다. 가히 '일본인의 거리'로 불려도 손색이 없을 정도인데, 하지만 이곳은 2000년대 초까지만 하더라도 〈양산박〉, 〈부산포〉, 〈강나루〉, 〈계림〉 등의 술집을 찾는 문화예술인들이 많아 또한 '문화예술인의 거리'이기도 했다.

지금도 강나루, 부산포, 계림, 양산박이 운영되고 있지만 이전의 은성했던 발걸음은 잦아들어 이곳 역시 찬바람 부는 문화예술인의 거리로 물러나 앉은 형국이다. 사람이 사는 집이 그렇듯, 사람의 훈기가 없으면 윤기를 잃듯 문화적 향취가 배어들었던 술집들도 퇴색의 기미가 역력하다.

동광동을 나와 대청동을 오르면 용두산공원을 품에 안고 돌아가는 길이다. 용이 머리를 들고 바다를 바라보는 형태를 취하고 있는 데서 이름을 따온 용두산(龍頭山)은 부산을 대표하는 휴식공간이자 관광명소다.

용두산공원은 부산시립미술관에 앞서 1992년 3월 개관한 시립 용두산 미술전시관(전시실 90평, 총 161평)을 비롯하여 부산을 상징하는 랜드마크인 해발 69m, 높이 120m의 부산타워, 청마 유치환을 비롯하여 시인 9명의 시비들이 들어서 있는 호젓한 은행나무길 등을 담고 있다.

용두산 아래 동광동 쪽에 〈강나루〉를 운영하고 있는 이상개 시인에게 용두산은 어떤 형상으로 다가올까.

입춘 지나 우수 경칩 넘기고부터/여기저기 서서 해바라기하던/용두산 벚나무들이 수군거렸다./가지마다 잘잘 끓던 햇살바람/청명 한식 코앞에 닥치니 서둘러/옥수수 튀밥처럼 부풀어 터졌다./탄성이 반짝거리며 쏟아지고/재채기하면서 꽃불 터뜨렸다./꽃잎 쏟아지고 가슴 달뜨고/나비 뗀지 팝콘인지 설산(雪山)인지/용두산공원은 부풀어 떠올랐다./몰아치며 환호하는 꽃잎폭풍은/아득하고 달콤한 아우성을 뿌렸다. (이상개 '용두산 꽃잎폭풍')

70여 종의 상록수와 활엽수가 시원한 그늘이 되고 달콤한 산소가 되었던 용두산공원이 요즘은 개발 바람을 만나 심한 재채기를 하고 있다. '용두산공원 민자 재개발' 논란 때문이다. 민간자본을 끌어다가 용두산공원과 주변지역에 주상복합아파트와 콘도미니엄을 건설

용두산 공원

하겠다는 것이 골자로, 공원의 기형화와 난개발을 비판하는 문화예술인들의 목소리가 높다.

"특정 개발 업체의 배만 불리게 될 것"이라며 주변 상인들도 반대

서명에 나서는 등 진통을 거듭하고 있는데, 한 평의 땅이라도 놀리면 (?) 안달이 나는 개발지상주의의 자본 논리가 무섭기만 하다.

용두산에는 일제 강점기 때 일본 신사가 있었다. 이번의 재개발로 '자본의 신사(神社)'가 들어서는 것이 아니냐는 우려의 목소리가 높다. 차재근 부산문화예술교육협의회 회장은 이렇게 말한다.

"부산시가 발표한 용두산공원 재개발계획은 1조 6천억 원의 엄청난 돈으로 갤러리 밸리, 영화 밸리, 디자인 밸리 등을 세운다고 하지만 높이 200m의 에코타워 5개동을 지어 주상복합건물과 콘도미니엄으로 분양하겠다는 것이 핵심이다. 부산 시민은 천혜의 해안 조망권을 난개발로 빼앗긴 아픔의 기억이 사라지기도 전에 이제는 산꼭대기의 애잔한 바라보기 권리마저 잃어버릴 답답한 처지에 이른 것이다."

용두산의 단장은 재개발이 아닌 역사성과 기억성, 시민 공유와 도시공간의 미학을 살릴 도시 재생, 재창조의 개념으로 추진되어야 한다는 주장이 힘을 얻어가고 있다.

용두산공원에서 시비를 따라 걸어 내려와 천주교 부산교구청이 었던 중앙성당을 지나면 부산근대역사박물관을 만나게 된다.

이 건물은 부산의 근·현대사를 압축하여 보여주는 부산의 대표적인 상징이다. 일제 강점기인 1929년 식민지 수탈기구인 동양척식주식회사 부산지점으로 세워졌고, 광복 이후인 1949년부터 미국 해외공보처 부산문화원으로 변신을 했다. 시민들의 반환요구가 거세지자 미문화원은 철수했고, 1999년 한국 정부에 반환된 뒤에는 아픈 역사를 알리는 교육 공간인 근대역사관이 되었다. 외세의 침략과 수

탈로 얼룩진 부산의 근·현대역사를 개항기 부산, 일제의 부산 수탈, 근대도시 부산, 동양척식주식회사, 근·현대 한·미관계, 부산의 비전 등으로 나눠 전시하고 있다.

근대역사박물관을 등지고 왼쪽으로 걷다보면 사선으로 골목길이 시야에 잡힌다. 보수동 헌책방골목이다. 피란살이에다 궁핍했던 그 시절, 헌책방은 지식에의 목마름을 해소하는 생명수를 제공했다. 사람다운 삶의 지향으로 이끄는 나침반이었던 헌책방은 이곳에서 무리를 이뤘고, 1960~70년대에는 70여 점포가 들어서 '문화의 골목'으로, 나아가 부산의 명소가 됐다. 2008년 9월 26~28일 '보수동책방골목 문화행사'가 4년째 열려 헌책과 추억의 현재화를 시도했다.

헌책방골목에서 비탈길을 조금 올라가서 만나는 부산가톨릭센터는 한때 부산 예술문화의 본거지였다. 천주교 부산 교구 유지재단이 1982년 5월에 준공한 가톨릭센터는 지하 2층, 지상 9층의 연건평 2천3백 평에 달하는 건물로 소극장(230석), 전시실(80평) 등을 갖추고 있어 중구의 대표적인 예술문화공연장이지만 87년 6월 항쟁 때를 정점으로 해서 시민들의 발걸음이 눈에 띄게 줄었다.

하지만 부활의 노래가 울려 퍼지고 있다. 가톨릭센터의 무대에 대한 시민들의 공감이 필요하다는 데 착안한 '무대공감' 프로그램이 그것이다. 부산가톨릭센터와 (주)아이엠아이가 공동으로 만든 문화공연 브랜드인 '무대공감'은 1999년부터 가톨릭센터를 부산의 새로운 문화 집결지로 만들겠다는 목표 아래 연극, 음악 등의 공연을 집중적으로 개최하는 시즌 1, 시즌 2, 시즌 3의 행사를 가져왔다.

중구에는 용두산 미술전시관을 비롯하여 갤러리누보, 동방미술회관, 정인갤러리, 타워갤러리, 한광미술관, 한일갤러리, 현대화랑 등에서 미술 전람회가 열리고 있는 가운데 '미술의 거리'도 마련되어 있다. 2005년 4월 전국 최초의 미술공간이라는 이름으로 부산 최초의 지하상가인 국제지하도상가에 '미술의 거리'가 개장됐는데, 서양화, 동양화, 판화, 공예, 캐리커처 등에 걸쳐 작가들의 활동이 펼쳐지고 있다. '미술의 거리'에 대해서는 평가가 비교적 분분한 편인데, 상업성과 예술성 등을 놓고 지역화단으로부터 그리 후한 점수를 얻지는 못하고 있는 실정이다.

남포동-광복동-동광동-대청동-보수동-국제지하도상가에 이르는 부산의 원도심을 찾아가는 순례는 결국 용두산공원을 한 바퀴 도는 길이 되었다.

국제시장에서 자갈치시장 쪽 남항을 바라보고 오른쪽으로 시선을 돌리면 송도해수욕장을 비롯한 서구가 펼쳐진다. 송도해수욕장은 부산의 원도심에서 쉽게 찾아갈 수 있는 해수욕장으로, 2008년 7월 남항대교가 개통되면서 접근성을 더욱 업그레이드시켜 문화예술 행사가 앞으로도 자주 열릴 것으로 전망된다. 2008년 8월 송도해수욕장에서는 부산바다축제의 일환으로 현인가요제(8월 2~3일)와 바다마당극제전(8월 5~6일)이 열리기도 했다.

일제 강점기인 1913년 부산으로 대거 이주한 일본인들이 부산 제1호 해수욕장으로 개발한 송도는 과거에는 고인 물 같았다. 해마다 반복되는 태풍 피해와 모래 유실로 해수욕장 기능을 잃으면서 뱃놀이와 생선회를 즐기는 유원지로 전락했다가 2000년부터 5년에 걸쳐 대대적인 연안정비사업을 벌여 지금은 다시 아름다운 해수욕장으로 소생했다. 지금도 송도에서는 뱃놀이의 풍류가 전해오고 있으니, 술과 안주 따위를 배에다 가득 싣고 해안의 모래와 바위를 따라가는 풍류 놀음이다. 뱃멀미와 숙취의 기억이 파도에 부서지는 금빛 햇빛에 반사되는 송도의 풍경은 권태로운 모습으로 늘 다가온다.

> 초가을 해거름 무렵,/맥주 내음 짙게 밴/송도해변 호프집 '안개도시'의 실내,/그곳에서 나는 홀로…/특별히 고독하지도 않다.//그렇다고 목숨 걸고 책임져야 할 일도,/양탄자를 타고 날아야 한다거나/외로운 것처럼 보일 필요도 없다.//이대로 투명한 이별이나/불투명한 사랑을,//다급한 키스와 나에 대한 동경과 갈채,/그리고 돌고래보트와 안개의 나날들을/생각하다 지쳐/정신을 잃으면 그만이다.//백사장에서 들려오는 가벼운 잡담/바다를 가로지르는 남항대교,/아름다운 여인들은 해변의 벤치에 앉아/어깨를 드러내고/아직도 웃고 있을까.//마침내 비바람 몰려오는 소리,/놀랍게도 해변 악사들의/기타 연주가 파도소리보다/더 멀리서 들려온다./이 순간, 모든 것이 과장되고/모두들 지나치게/떠들고, 슬퍼한다. (정익진 '송도를 위한 랩소디')

중앙동은 남포동과 동광동에서 대청로 하나를 지나면 만나게 되는 곳으로 '40계단'이라는 역사성과 부산의 관문인 국제여객터미널의 현재성이 공존한다.

한국전쟁 때 부산에 온 피란민들의 판자촌으로 오르던 40계단의 역사성은 '40계단문화관광테마거리'에 형상화되어 있다. 1950~60

중앙동 40계단

년대의 생활상이 재현되어 있는데, 부산역과 부산항을 상징하는 기찻길과 바닷길을 주제로 한 4곳의 광장과 마로니에 가로수, 가난한 시절의 한 풍경이었던 '뻥튀기 아저씨', 가난했지만 낭만만은 부자였던 문학인을 표현한 '아코디언 켜는 사람' 등이 빚어져 있다.

이곳 40계단 근처는 2000년대 초반까지만 하더라도 '문학 동네'였다. 부산작가회의, 부산시인협회가 자리하고 있었고, 인쇄골목을 끼고 출판사들이 몰려 있었기 때문이다. 하지만 문학단체는 모두 서면 등지로 떠났고, 출판사들도 〈전망〉, 〈해성〉 등 몇몇에 불과하다. 사람들이 떠나면서 문학인들이 즐겨 찾던 술집도 이젠 옛 영화와 정취를 잃었다. 40계단 아래에는 항구포장마차나 누리에가 있지만 가끔 들러도 아는 예술문화인들을 찾아보기 어려운 처지가 되었다.

40계단 지나 가파르게 비탈진 골목을 한참 올라 만나는 부산민주공원은 원도심인 부산 중구에서는 외곽이랄 수 있지만 오늘에는 되레 문화의 중심공간이 되고 있다. 1999년에 문을 연 민주공원은 공연장과 전시실, 야외극장 등을 갖추고 있다.

'잡은펼쳐보임방'은 전시와 퍼포먼스 등을 위한 공간으로 기획된 곳이다. 100평 규모의 전시실에서는 어린이, 여성, 도시, 환경, 인권 등을 주제로 다양한 전시가 마련되고 있고 지역 작가들의 대관 전시도 활발하다.

419석의 큰방(중극장)과 116석의 작은방(소극장)도 갖추고 있다. 특히 작은방은 덧마루를 활용한 실험용 소극장으로 객석과 무대가 따로 없으며, 공연자와 관중이 서로 몸이 닿을 정도의 가까운 거리에 있기 때문에 라이브 무대의 생생함을 살릴 수 있어 마당극, 춤 공연, 노래 공연 등으로 다채롭게 활용되고 있다.

이곳 민주공원 이광호 관장은 중등교사 출신으로, 부산민예총 초대 사무처장을 맡는 등 부산 지역 민족예술 계열의 중추 역할을 해왔다.

　남항과 북항, 그러니까 부산항을 한눈에 조망할 수 있는 민주공원은 밤에 더욱 빛난다. 야경(夜景)이란 말은 있어도 주경(晝景)은 왜 국어사전에 올라 있지 않은지, 그 까닭을 유감없이 보여줄 정도로 부산에서 최고의 야경을 만날 수 있는 곳이다. 민주공원에서 내려다본 남항은 눈부신 빛의 축제, 그 현장이다. 이 빛나는 조망의 정점인 민주공원은 또한 굴곡진 삶이 흐르는 산복도로의 출발점이기도 하다.

2 굴곡진 삶이 흐르는 산복도로

눈 선한 사람이 구름처럼 모여 살았다/바다도 더 많이 찾아와 주고/진하게 놀다가는 별이 있는 하늘동네/갈라섰다 다시 만나는 사람 일처럼/만났다 갈라지는 것이 골목이 할 일이다/오르막은 하늘로 가는 길을 내어 놓고/곧장 가서 짠한 바닷길을 숨겨놓아/가끔은 외로워 보일 때도 있다//고깃배 타는 신랑을 물 끝으로 보낸 뒤/식당일로 밤늦게 귀가하는 기장댁/길 끝에서 기다리는 사람은 없고/아랫동네에서 사업하다 부도 만난 박씨가/막다른 골목 셋방에 몸 부지해 살았다/윈 길에는 항운노조 간부를 들먹이다 힘에 겨워/스스로 생을 포기한 이씨가 남긴/어린 두 아이가 아버지도 없이 떠돌았다//사람 하나 겨우 빠져 나가는 샛골목은/어찌 보면 질러가는 길 같으면서도/몇 번을 아프게 굽이쳐 돌고 난 뒤에야/

처음 길과 만났다 늙은 골목은/갈라졌다 다시 만나는 일로 환해지지만/담벽에 해를 그린 아이들이 떠난 뒤/구부정해지는 줄도 모르고 허허대며/숨어 간 뒤에는 걸핏하면 나오지 않았다 (강영환 '구부러진 골목―산복도로·76')

부산(釜山)이라 이름 하기 전에 산이 많아 부산(富山)으로 불린 부산에, 산복(山腹)도로가 흔한 것은 도시 확장에 따른 당연한 결과다. 산허리 비탈길을 애써 허위허위 올라가야 하지만 오를수록 산은 높고 바다는 낮아져 부산의 산복도로는 자연스럽게 바다를 한눈에 조망하게 된다. 눈맞이 시원해지는 것은 물론이다.

지천으로 널린 게 산복도로인데, 부산민주공원에서 중구의 영주동을 지나 동구의 초량, 수정, 좌천, 범일동을 굽이굽이 돌아 넘어 부산진구로 빠져드는 망양로(望洋路)는 그 중 압권이라 할 수 있다. 일제 강점기 때 지금의 서구, 중구, 영도구가 부산부의 중심을 이뤘다면, 광복 이후인 1949년 부제(府制)가 시제(市制)로 바뀌어 부산시가 되고, 1957년 구제(區制)가 실시되면서 6개구(서구, 중구, 영도구, 동구, 부산진구, 동래구)가 자리 잡는 등 동으로 뻗어가는 부산 역사의 길목에 이곳 산복도로가 있다.

따라서 산으로 가는 집들의 지붕 위 지붕에서 만나는 망양로는 사변 통의 피란과 근대화에 따른 도시 유입이라는 부산 역사의 한 상징이며, 언뜻 미로 같지만 마침내는 서로 통하고 마는 실질을 좇는 골목길이다. 이곳에서는 부산을 살아간 이야기가 수군거리고, 곳곳에 굴곡진 부산 삶의 풍경들이 펼쳐지고 있다.

산복도로 '망양로'

 "사람 하나 겨우 빠져나가는 샛골목은/어찌 보면 질러가는 길 같으면서도/몇 번을 아프게 굽이쳐 돌고 난 뒤에야/처음 길과 만났다 늙은 골목은"이라는 시구처럼 부산의 근·현대를 살아가는 고단함이 골목마다 아로새겨져 있지만, 보상처럼 눈앞 바다를 정원으로 거느린 것은 아이러니가 아닐 수 없다.

보상은 산을 내려가면 실체로 다가온다. 부산에서 바다는 그동안 완강하게 시민들의 접근을 막아왔다. 부산항 중 망양로에서 내려다 보이는 북항이 유독 더 그러했다. 수출입국이라는 국가적 과제를 떠안은 채 바리케이드를 둘러친 북항은 적어도 부산을 살아가는 평범한 시민들에게는 잃어버린 바다였다. 북항을 가까이 하기에는 산복도로가 산 아래 비교적 덜 고단해(?) 보이는 집들과 비교할 바 아니었으니, 북항의 친수공간은 차라리 산복도로였던 셈이다.

몇 번을 아프게 굽이쳐 돌아야 하는 신산스러운 삶이었지만 "바다도 더 많이 찾아와 주고/진하게 놀다가는 별이 있는 하늘동네" 여서 망양로 산복도로의 삶은 시가 되고, 소설이 되고, 사진이 되고, 그림이 되었다.

그림이 된 공공미술의 현장은 동구 수정4동 부산종합사회복지관 인근과 산복도로의 종착지쯤인 안창마을이다. 문화관광부의 공공미술 프로젝트의 일환으로 도시공간의 재생 작업이 추진됐고, 대안공간 오픈스페이스 '배'의 젊은 작가들이 이곳에 정성을 쏟았다.

부산종합사회복지관 주변의 가로 25m, 높이 7.5m의 옹벽에는 종이비행기, 우주선, 열기구 등 놀이기구 모습의 조형물들이 부착됐고, 복지관 뒤편 수정아파트 16동 밑 옹벽(가로 60m, 세로 2.5m)에는 화분대가 들어섰다. 특히 동구와 부산진구에 걸쳐 있는 안창마을은 하나의 거대한 캔버스로 바뀌었다. 벽화나 조형물이 곳곳에 설치되어 있는데, 단순한 구경거리라기보다는 역사와 기억을 간직한 골목길

안창마을

풍경을 잘 빚어냈다. '안창고 프로젝트'라는 이름으로 도시공간의 역사와 기억을 재생하고 소외된 곳과의 소통을 시도한 젊은 작가들의 열정이 돋보였다.

그런데 망양로에서 바라보는 북항의 모습이 앞으로 바뀔 전망이다. 부산항 개항 이래 최대 프로젝트라는 북항 재개발 사업이 곧 본격화되기 때문이다. 이미 부산항만공사(BPA)가 부산 중·동구의 부산항 2부두와 중앙부두 일대 63만 5천626㎡에 대한 북항 재개발의 실시계획 승인신청서를 국토해양부에 제출했다.

재개발 사업지 중앙에는 해양문화지구와 IT·영상·전시지구, 해양센터 및 마리나 시설, 공원·녹지 등이 들어설 예정이어서 컨테이너만 무심히 차곡차곡 쌓여 있던 북항이 어떻게 변신을 시도할지 벌써부터 기대를 모은다.

특히 지역 문화예술인들로부터 비상한 관심을 모으고 있는 것이 노른자위인 해양문화지구에 들어설 오페라하우스다. 롯데그룹이 오페라하우스를 무상으로 건립하여 부산시에 기부하겠다는 약정식이 2008년 5월 15일 열렸는데, 건설 예정지가 부산시 소유가 아닌 국토해양부 땅이어서 가칭 샤롯데뮤지컬센터가 어떤 방향으로 가닥을 잡아나갈지 궁금증을 낳고 있는 것이다. 어쨌든 산복도로에서 조망하는 부산항의 모습이 이전과는 크게 달라질 것은 분명하다.

망양로를 내려서면 부산진구로 들어서 서면으로 발걸음을 떼게 된다. 서면은 사통팔달의 교통 요충지여서 사람 모이기에 딱 좋은 곳이다. 따라서 모임 자리가 잦다.

문화예술인들의 모임은 아무래도 약속 잡기 좋은 서점이 중심이 되겠다. 특히 지역 자본으로 세워진 영광도서(대표 김윤환)와 동보서적(대표 김두익)은 시낭송회를 비롯하여 풍성한 문화행사를 꾸준히 열어 부산 문화를 살찌우는 데 톡톡히 기여해왔다.

영광도서는 특히 대표 문화상품(?)이랄 수 있는 영광독서토론회를 통해 부산에서 새로운 문화의 역사를 쓰고 있는 서점임에 틀림없다.

2008년 5월 28일 영광도서 창립 40주년 기념 영광독서토론회가 신작 『촐라체』를 내놓은 소설가 박범신을 초청한 가운데 4층 문화사랑방에서 열렸다. 작가가 발제와 해설을, 문학평론가 김경복(경남대 교수)과 허정(동아대 강사)이 사회와 토론을 각각 맡았다.

대한민국에서 글깨나 쓴다는 작가치고 영광독서토론회를 거치지 않은 이가 어디 몇이나 있을까. 1993년 3월 17일 첫 토론을 시작으로 매월 넷째 수요일마다 열렸던 영광독서토론회는 2004년 10월 20일 100회를 맞으면서 '국내는 물론 세계적으로 선례가 없는 토론회'로 당당히 자리 잡는 데 성공했다.

부산 독자와 서울 작가의 만남을 위한 '저자와의 대화'가 1993년 '책의 해'를 맞아 독서토론회로 비상을 준비했고, 현장 비평 활동을 구상 중이던 〈오늘의 문예비평〉 문학평론가 그룹이 참여하면서 날개를 달았다. 이로써 비평가들의 주관 아래 작가와 독자가 만나는 정기 토론회로서 영광독서토론회가 탄생하여 오늘에 이어져오고 있는 것이다.

매회 100명 이상의 독자들이 참석하여 매서운 질문으로 작가들을 곤혹스럽게 만들기 일쑤였는데, 작가 조정래 씨의 『아리랑』 토론회 때는 문화사랑방에 들어오지 못한 독자들을 위해 매장 밖에 스피커를 설치하는 일화까지 있었다고 한다.

동보서적도 부산작가회의와 공동으로 2004년 3월 26일부터 4층

문화홀에서 '동보문화토론광장'이라는 이름으로 월례문학토론회를 열어왔다. 지역문화를 위한 실질적 담론들이 활발하게 소통되고 형성될 때 지역문화의 방향성도 제대로 잡아나갈 수 있다는 데 취지를 둔 행사다.

'문화' 토론이란 이름에서 엿보이듯 영화, 연극, 음악, 미술 등 예술의 전 분야를 자유자재로 넘나들 목적으로 행사를 추진해왔으나 주관단체가 문학 쪽의 작가회의인 만큼 아무래도 문학에 쏠리는 것은 어쩔 수 없는 노릇이다. 경쟁 상대인 영광독서토론회에 비한다면 지역 작가들, 지역문학에 대해 깊숙이 파고들어간다는 것이 강점이다.

이처럼 문학행사가 서점을 중심으로 서면에 집중되면서 과거 중앙동에 거점을 두었던 문학 동네가 차츰 서면으로 옮아오고 있는 형국이다. 권경업 시인이 2005년 4월 사랑방 〈풍락재(風樂齋)〉를 개설해 '바람의 초대'라고 이름 붙인 문화행사를 열어오더니, 어느 결에 부산작가회의(회장 구모룡)도 서면에 둥지를 틀었다.

서면의 술집에서도 또 다른 '문학 동네'가 펼쳐진다. 영광도서 맞은편 골목에 있는 '푸짐한 집'들이 주요 활동무대인데, 〈산야〉나 〈원미집〉 등의 문을 열고 들어서면 과거의 '문학 동네' 중앙동에서 낯을 익혔던 문인들을 자주 만나게 된다.

예나 지금이나 문인들 주머니 사정이 팍팍하기는 매한가지인데, 그래도 저렴한 안주를 갖가지 펼쳐놓고 박주를 기울이는 술판 역시 질펀하기로도 매한가지다. 서면에서는 문학의 담론이 있고, 시 낭송회가 있고, 걸쭉한 술판이 있어 이래저래 문인들의 정도 농익어가고 있는 것이다.

　모임이 잦은 서면에서는 꼭 문인들의 자리만 펼쳐지는 것은 아니다. 서면교차로에서 쥬디스 태화 쪽으로 가면 부산민예총 계열의 문화예술인들을 자주 만나게 된다. 옛 천우장 앞 골목은 단골 집회 자리인데, 민예총은 이곳에서 '차 없는 거리'를 선언하고 시국과 관련한 갖가지 문화행사를 열어왔다. 촛불집회 등 행사에서도 빠질 수 없는 것이 민예총 주변의 풍물패나 놀이패들이다. 더욱이 부산민예총(회장 오정환)은 일찍부터 서면에 터를 잡아온 단체이기도 하다.

　서면의 남쪽과 북쪽으로 각각 부산의 대표적인 문화시설이 들어서 있어 문화와 문화예술인들의 중심지로서 서면은 미래의 전망도 한층 밝다고 할 수 있다.

　남쪽으로는 1천832석의 대극장과 335석의 소극장, 그리고 1, 2층 각각 216㎡의 전시실을 갖추고 있는 동구 범일2동의 부산시민회관이 있다. 2004년 부산시설관리공단이 시민회관의 운영을 맡으면서 면모를 일신해 시민들이 조금 더 쾌적한 분위기에서 공연을 즐길 수 있는 공간으로 진화했다.

　최근 들어와 시민회관은 대중문화예술의 부산 메카로 위상을 굳혀가는 경향이 뚜렷하다. 뮤지컬이나 대중음악콘서트 등의 행사가 잦고, 대중 친화적인 클래식 공연이나 영화상영도 접근성이 뛰어난 공연장의 특성을 잘 활용한 사례로 꼽힌다.

　특히 1973년 10월 10일 개관하여 2008년 35돌을 맞은 부산시민회관은 5주간이라는 초유의 장기 일정으로 브로드웨이 오리지널팀의 뮤지컬 〈캐츠〉를 9~10월 선보였다. 이 밖에 패티김 50주년 기념공연과 김덕수 사물놀이패의 '다이나믹 코리아', 바이올리니스트 강동석의 '강동석과 함께하는 실내악 여행'을 마련했다.

이 같은 활발한 공연 유치로 시민회관은 부산에서 가장 높은 극장 가동률을 자랑한다. 대극장의 경우 70%대인 부산문화회관을 훨씬 상회하는 93%의 가동률을 보이고 있다. 1년 365일 중 339일 동안 공연이 펼쳐지고 있으니, 영일이 없다고 하겠다. 연극 공연하기에 딱 좋은 소극장은 70%의 가동률을 보이고 있다.

북쪽은 좀 더 미래지향적이랄 수 있다. 우선 부산의 첫 국립문화시설인 국립부산국악원이 2008년 10월 문을 열어 한때 미군 기지였던 하얄리아 부지에서 우리 전통의 멋과 맛을 되살린 악가무(樂歌舞)를 보여주기 시작했다. 부산진구 연지동에 지하 2층, 지상 4층 규모로 들어선 국립부산국악원은 712석의 대공연장과 293석의 소공연장 등을 갖췄다.

같은 하얄리아 부지에 건립이 추진되다가 예산 부족으로 잠시 소강상태에 들어간 '부산 예술의 전당'도 아직 가능성으로 남아 있다. 구체적인 건립 계획안이 다시 나오면 하얄리아에 들어설 것으로 예상되는 시민공원과 더불어 부산 문화의 중심 광장으로서의 서면에 한껏 힘을 실어줄 것으로 기대된다.

사통팔달의 교통 요충지인 서면은 기왕의 서점문화에다 공연문화까지 가세한다면 사통팔달의 문화 요충지로 자리 잡지 못할 법도 없기 때문이다.

3 스쳐 지나가는 광안대교의 불빛

　부산항을 따라 동쪽으로 가다 산복도로를 타고 서면을 돌아 나온 부산 예술문화기행이 다시 바다로 가면 길은 '빛의 도시'로 나 있다. 빛은 고속으로 스쳐 지나가는 광안대교의 불빛이자, 광안대교 위를 화려하게 꽃망울 터뜨리는 폭죽의 불꽃놀이다.

　남·수영구는 부산 예술문화의 꽃망울을 한창 터뜨리고 있는 빛의 도시다. 그 빛은 부산 예술문화의 한 정점을 이루고 있는 부산문화회관 등지에서, 젊은 문화가 출렁이는 경성대 앞과 광안리에서 저마다의 장소가 갖는 미적 아우라를 뿜어내고 있다.

　2008년은 부산문화회관이 개관 20주년을 맞은 해다. 1988년 9월 3일 남구 대연4동에서 개관한 부산문화회관은 1천423석의 대극장, 781석의 중극장, 249석의 소극장, 600석의 야외공연장을 갖고 있는

부산문화회관

부산 공연예술의 요람이다. 그리고 392평의 대전시실과 229평의 중전시실, 128석의 회의장도 갖추고 있다.

대극장의 1년 공연일수가 247일로 68%의 가동률을 보이고 있으며, 중극장은 277일 76%, 소극장은 172일 47%의 성과를 각각 보여주고 있다. 개관 초기 30%대에 그쳤던 공연장 가동률이 불과 이태 만에 70%대로 껑충 뛰어올라 2000년대 내내 그 수준을 유지했다. 이는 무대 점검을 하는 날을 빼고는 공연에 영일이 없다는 것을 보여주는데, 극장을 쉬 구하지 못한 공연 관계자로부터 원성을 사는 이유가 되기도 했다.

문화회관은 공연장이라는 하드웨어뿐만 아니라 내용이라는 소프트웨어에 있어서도 실질을 확보하고 있는 곳이다. 부산시립예술단의 7개 단체가 둥지를 틀고 있기 때문이다. 1962년 창단한 부산시립교향악단을 위시하여 부산시립국악관현악단(1984년 창단), 부산시립무용단(1973년 전국 최초의 시립무용단으로 창단), 부산시립합창단(1972년 창단), 부산시립극단(1998년 창단)과 부산시립소년소녀합창단, 부산시립청소년교향악단이 입주하고 있다.

부산 최고의 공연장에 부산 최고의 공연예술단체가 입주해 있는 것이다.

개관 20돌을 맞아 부산문화회관은 시설이라는 하드웨어와 시립예술단이라는 소프트웨어 모두에 있어 개혁안을 내놓았다. 이 개혁안은 그동안 지역문화계에서 줄곧 제기되어왔던 문제들을 반영하고 있는 것으로 보인다.

먼저 시설과 관련, 문화회관이 이제 20년째 되다보니 노후화가 진행되었고, 또한 개관 당시로서는 미처 생각지 못했던 공연들이 부산을 자주 찾아오고 있어 대책 마련의 필요성이 제기됐다. 대형 뮤지컬의 경우 문화회관 대극장의 인프라가 제대로 뒷받침을 못 해주고 있고, 문화회관에 상주하고 있는 시립예술단의 자체 공연도 많아 장기 대관 공연은 사실상 꿈도 꾸지 못한 게 사실이다.

부산문화회관의 리모델링 작업은 2012년까지 추진될 전망이다. 동아대 산학협력단에 용역을 맡겨 리모델링 타당성 조사에 들어간 뒤 이를 바탕으로 (주)상지이앤에이건축사무소에서 기본계획을 수립해 2010년부터 공사에 들어가기로 했다.

합창단과 극단의 연습실 환경개선 사업과 노후 기계설비 교체 공사, 소·중극장 무대시설물 개보수, 야외 카페테리아 설치 등을 추진하고, 장기적으로는 야외분수대 설치, 문화회관 접근성 제고를 위한 진입로 변경 등도 과제로 남겨놓았다.

다음으로는 작품과 관련, 문화회관의 공연이 2008년부터 크게 달라졌다는 평가를 받을 정도로 이미 변화의 움직임이 나타나고 있다. 그동안 문화회관의 기획공연 예산은 불과 2억 원에 그쳤다. 하지만 2008년에는 10억 원이 책정돼 5배나 껑충 뛰었다. 예산의 뒷받침으로 시립예술단의 문화회관 공연 횟수를 줄인 반면 외부 공연을 적극 유치한 것이다. 앞으로도 시립예술단 공연 40%, 외부 공연 60% 정도로 문화회관의 프로그램을 짤 계획이라고 한다.

2008년에만 총 22건 54회의 공연이 잡혀 오페라 〈마술피리〉(2월), 뮤지컬 〈브로드웨이 42번가〉(3월), 국립발레단 & 김용걸 초청 공연(8월), 세계민속음악페스티벌(9월), 오페라 〈아이다〉(10월) 등이 무대에 올랐다.

문화회관의 시설과 프로그램도 중요하지만 지역의 예술문화인들에게 있어 가장 큰 관심사는 시립예술단, 특히 그 중에서도 직업 공연단체인 부산시립교향악단, 국악관현악단, 무용단, 합창단, 극단의 단원 거취에 관한 문제다. 예술단에 단원으로 한 번 들어가면 아무도 나오려하지 않아 단원들의 예술적 기량이 정체되어 있는 것은 아닌지, 직업예술단체가 별로 없는 부산에서 젊은 예술인들을 키우기 위해서는 기존의 단원들이 자연스럽게 나와야 되지 않느냐는 여론이 늘 있어왔다.

이를 의식한 듯 부산문화회관은 시립예술단이 '온실 속의 화초'라는 이미지에서 벗어나도록 하겠다고 천명했다. 실제로 2008년부터 공연 결과에 따른 성과급제를 도입하고, 아웃소싱을 통한 오디션으로 단원들의 기량을 평가하는 한편 34명 규모의 비상임 단원제를 실시해 예술단 퇴출과 진입의 장벽을 낮추기로 해 귀추가 주목된다.

2009년 1월 출범 예정인 (재)부산문화재단도 부산문화회관의 앞날과 밀접한 연관성을 띨 것으로 전망된다. 500억 원의 재단 적립금을 바탕으로 부산 예술문화 곳곳에 막강한 영향력을 끼칠 것으로 보이기 때문이다.

부산문화재단은 부산시장을 이사장으로 해서 대표이사가 총괄책임을, 사무처장이 실무책임을 맡는 것을 골자로 일단 출범하기로 가닥을 잡았다. 2009년에는 예산 37억 원으로 △각종 지원 사업에 대한 심의, 선정, 지원, 평가 △문예촉매활동 지원 등 민간이전 사업 △학예진흥원 업무 △문화예술 관련 DB구축 등 부산 문화의 정체성을 확립하기 위한 업무를 맡게 된다.

문제는 2010년부터 부산문화재단의 활동 폭이 크게 확대되어 문화축제 기획 및 집행, 문화회관과 시민회관 등 문화시설 위탁과 관리 업무도 단계적으로 맡게 된다는 사실이다. 이렇게 된다면 부산문화회관의 앞날은 물론 시립예술단의 처지도 문화재단의 입장에 따라 크게 좌우될 것으로 보인다. 더욱이 지역 예술문화계에서는 부산시의 품안에서 벗어나 예술단체로서의 자생력을 기르기 위해서는 문화회관의 민영화가 추진되어야 한다는 목소리마저 높여왔었다.

부산 최고의 공연장이자 부산 최고의 예술단체인 시립예술단이 입주해 있는 부산문화회관이 곧 변화의 격랑 속으로 빠져들 것으로 점쳐지는 대목이 아닐 수 없다.

한편 부산 공연예술의 메카로 20년 동안 자리 잡아온 부산문화회관 주변에는 관련 단체나 장소들이 모여 있을 법도 하지만 의외로 그렇지 않다. 물론 문화적 공간들을 한데 모아 시너지 효과를 내자는 논의가 없었던 것은 아니지만 그다지 힘을 얻지 못했다. 무엇보다 개관 당시에는 문화회관 자리가 너무 외졌고, 예나 지금이나 교통이 크게 불편한 까닭이다.

그런 이 지역에 2008년 새로운 공간 하나가 자리를 잡았다. 국도 & 가람예술관이 그곳이다. 부산 소극장 음악의 대명사였던 가람아트홀에 예술영화 상영관이었던 남포동의 국도극장예술관이 옮겨오면서 영화와 음악의 동거가 시작된 것이다.

'PIFF의 발상지' 남포동에서 예술영화전용관으로 힘겹게 버텨오던 국도극장예술관은 2008년 4월 30일 상영을 마지막으로 남포동을 떠나야 했다. 문화회관 옆 가람아트홀을 눈여겨보게 됐고, 가로 11m 세로 7m의 스크린에다 이전 극장에서 가져온 푹신한 의자로 자리를 정돈하면서 영화관과 음악당의 '동시 2편 전용관'이 된 것이다.

남포동을 떠나온 영화처럼, 광복동을 떠나온 음악도 있다. 부산

클래식 음악 감상실의 효시 역할을 했던 필하모니(대표 조영석)가 문화회관 옆 국도 & 가람예술관과 같은 건물에 오래 전부터 둥지를 틀어온 것이다. 필하모니는 광복동 시절 귀하디귀한 음반들을 화재로 홀라당 태워먹은 적도 있고, 광안리 등지를 전전하며 음악의 맥을 끈질기게 이곳까지 이어온 신산스러운 부산 음악 감상의 본산이다.

음악 감상실이라는 간판조차 유물처럼 여겨지는 오늘, 필하모니는 음악과 함께해서 행복했던 추억을 자연스럽게 떠올리는 곳으로 남아 있는 것이다. 강호의 음악 고수들이 자신의 공력과 비기를 숨기고 어울려 앉아 세상 살아가는 이런저런 담론의 꽃을 피우고, 내키면 술 한 잔으로 취기 도도한 밤을 음악과 함께 보낼 수 있는 여유로운 공간으로 이제는 스스로를 추스르고 있다.

부산문화회관을 떠나면 이제 맞은편의 유엔기념공원으로 가는 도로 위 뜰을 지나 부산 전통문화가 한곳에 전시되어 있는 부산박물관으로 갈 일이다.

시간이 숨죽인 채 물화되어 있는 이곳 박물관에는 만나는 박물(博物)마다 역사가 켜켜이 내려앉아 있다. 건너편 문화회관이 동적인 예술이 찰나로 존재한다면, 박물관에는 정적인 예술이 영원으로 회귀하고 있는 곳이다.

부산박물관은 부산문화회관보다 꼭 10년 더 나이가 먹었다. 1978년 7월 11일 개관했으니 2008년으로 30돌을 맞은 것이다. 부산 삶의 풍경을 크고 길게 보여주는 곳이, 문화회관과 동네 이름을 같이 하는 남구 대연4동의 부산박물관이다. 부산의 뿌리를 밝히며 전통문화를 보존·육성하는 장으로, 종합박물관 성격을 띠고 있다.

부산박물관은 또한 현장의 순간들을 쪼개고 정지시켜 특징적으로 보여주는 4곳의 전시관도 거느리고 있다.

사변 통에 한국의 수도 구실을 했던 부산의 기억을 되살리는 임시수도기념관(서구 대학2로, 1984년 개관), 부산에서 가야의 숨결을 만나는 복천박물관(동래구 복천동, 1996년 개관), 부산의 신석기시대 역사와 문화를 증거하는 동삼동패총전시관(영도구 태종로, 2002년 개관), 근·현대 식민의 현장에 세워진 부산근대역사관(중구 대청로, 2003년 개관)이 그것이다. 나아가 기장 정관신도시에는 고대 부산 사람들의 생활을 담은 정관생활사박물관도 2010년께 들어설 예정이다.

개관 30돌을 맞은 부산박물관이 국제특별전시회 '오래된 만남, 한국과 일본'을 9월 23일부터 선보였다. 선사시대부터 한말에 이르기까지 부산과 특별한 인연을 맺어왔던 일본과의 교류 역사를 유물을 통해 정리한 전시회다. 부산과 후쿠오카 사이에 오간 교류의 역사가 열매를 맺은 셈인데, 한·일 관계사를 전면적으로 다룬 전시는 국내에서는 처음이었다는 게 박물관 측의 설명이다.

"한일문화교류-그 새로운 역사의 장을 열며"라는 이름의 국제학술심포지엄도 부산박물관 대강당에서 열렸는데, 특히 부산과 후쿠오카의 문화재 전공 교수 혹은 연구원들이 참석해 열띤 토론을 가졌다.

이번 행사는 서일본신문사의 부산 현지 취재로 일본 후쿠오카에도 널리 알려졌는데, 가와사키 다카오 서일본신문사 사장 일행을 비롯하여 많은 일본인들이 특별전시회장을 찾아 7천 년간 이어진 한·

일 교류의 역사와 의미를 되새겼다.

부산박물관을 나와 다시 동쪽으로 길을 잡으면 부경대와 경성대가 있는 대학가로 접어들게 된다.

대학가 초입에 있는 부산교통방송 앞 옛 차량등록사업소에는 2010년께 부산예술회관이 들어선다. 984평의 부지에 지하 1층, 지상 4층 규모로 세워질 부산예술회관은 애초에 부산시민회관에 상주하고 있는 부산예총 산하 단체들의 대체 입주공간으로 계획되었지만, 부산민예총의 사무공간도 함께 들어놓을 예정이다. 소극장과 전시실을 갖추고, 남구청과 연계하여 야외공연장으로 활용할 수 있는 '젊음의 광장'도 마련하는 등 2010년 10월 개관 이후로는 부산 문화 예술인들의 아지트가 될 전망이다.

미래의 젊음의 광장 너머로 펼쳐지는 경성대·부경대 앞 대학가는 젊음의 문화가 활짝 꽃피는 부산의 대표적인 공간이다. 부산에서 대학가, 하면 먼저 부산대 앞을 떠올리지만, 그 기세가 이전만 못하다는 것이 일반적인 평가다. 부산대 앞의 대학문화가 퇴조하면서 경성대 앞에는 젊은이의 문화를 만날 수 있는 공간들이 여럿 생겨나고 있다.

2008년 5월 문을 연 〈어라운드 어 커피테이블〉은 커피가 있는 복합문화공간이다. 갤러리, 공연장 등으로 공간이 다채롭게 변주되면서 여러 장르의 공연 및 전시행사가 열리는 대안문화, 독립문화의 장으로 자리 잡았다.

〈음주문화공간 다락〉은 술이 있는 복합문화공간이다. 부산독립영화협회와 함께 매달 한 차례 독립영화 상영회를 갖고 있고, 밴드

공연과 전시회도 열고 있다. 독립영화와 밴드가 함께 만나는 자리도 열어왔다.

밴드를 만날 수 있는 공간으로는 부산의 원조 재즈 바로, 소아과 의사 양돈규 씨가 운영하는 〈몽크(Monk)〉가 있다. 2008년으로 16돌을 맞은 몽크는 처음에는 부산대 앞에서 시작했다가 경성대 앞으로 옮겨왔는데, 부산재즈클럽이라는 이름으로 모인 의사, 교수, 방송 PD 등 재즈 마니아들이 모여 운영하다 지금은 양돈규 씨 홀로 바의 운영을 책임지고 있다.

"제대로 된 재즈클럽 하나 갖는 게 소원"이었다는 그는 2007년 "바보먹통 딜레땅트가 편집한 재즈 입문서"라는 부제로 『재즈가 뭐니?』라는 단행본을 출간해 재즈에 대한 그의 끝없는 사랑을 활자로 보여주기도 했다.

그런데 재즈가 과연 뭘까? 재즈의 어원에 대한 그의 장난기 어린 해석이 재밌다.

"재즈의 어원으로는 흔히 'Jive Ass(싸구려 창녀와 한번 즐기는 것)→Jass→Jazz', 'Jass it up(속어로 죽여준다!는 뜻)→Jazz' 등 다채로운 학설이 제기되는데, 제가 보기에는 기분 째진다→ 째진다→ 째지→ 째즈→ 재즈→ Jazz인 것 같습니다." (양돈규 학설, 믿거나 말거나)

경성대 앞에는 2008년 들어와 새로운 소극장들이 속속 들어서 부산의 동숭동, 부산의 대학로 모습을 점차 갖춰가고 있는 형국이다.

부산의 건축가 최윤식 씨가 남구 대연동 주택가의 집 네 채를 개조해 2008년 6월 띄운 복합문화공간 〈문화골목〉 2층에 객석 80석 규모의 소극장 용천지랄이 들어섰다. 연극인 이윤택 씨의 자문을 받아 생겨난 연극 공간인데, 부산에서 오랫동안 무대제작 일을 해왔던 손용택 씨가 남포동의 가마골소극장과 마찬가지로 직접 공사를 맡았다. 그는 또 용천지랄소극장 1층에 있는 주점 〈고방〉도 운영하고 있어, 이곳에서 연극인들의 모습을 자주 볼 수 있게 됐다.

경성대·부경대를 중심으로 들어선 소극장만도 10곳 가까이 헤아려볼 수 있다. SH공간소극장(극단 사계), 액터스소극장(부두연극단), 소극장너른(극단 자유바다), 사랑과혁명소극장, 에저또소극장(극단 에저또), 용천지랄소극장, 초콜릿팩토리, N아트홀 레드, 경성대 예노소극장….

특히 남천동 쪽에 있는 소극장들은 매년 광안리해수욕장을 끼고 광대연극제를 해오고 있어 부산의 대학로로서의 가능성을 실체적으로 열어보이고 있는 셈이다.

경성대·부경대 앞에서 수영구 쪽으로 건너가면 '아주 특별한' 문화공간 하나를 만날 수 있다. 수영구 남천동의, 지하철 남천역 인근에 있는 청소년을 위한 인문학 서점 인디고서원(대표 허아람)이 바로 그곳이다.

부산 지역 청소년을 상대로 인문학 운동을 꾸준히 펼쳐왔던 인디고서원이 2008년에 들어와 대형사고(?)를 쳤다. 8월 20~24일 전 세계 6개 대륙에 걸쳐 문학, 역사·사회, 철학, 교육, 예술, 생태·환경 부문을 대표하는 실천가들을 대거 부산으로 불러들여 아주 특별한 북 페어를 가져 화제를 모은 것이다.

'2008 인디고 청소년 북 페어'는 자본의 논리가 개입된 홍보 위주의 북 페어가 아니라 휴머니즘으로, 인문학으로 세상을 바꿔나가

자는 취지 아래 실천적인 책읽기의 중요성을 강조해 큰 울림을 줬다. 2004년 8월 국내 첫 청소년 인문학 전문서점으로 문을 연 인디고는 청소년 필독서, 참고서 등 규격화된 독서지도의 틀을 물리치고 서점에서 '청소년의 내적 자양분'으로 검증한 책들을 직접 소개하고 판매해 화제를 모아왔었다.

남천동을 지나 지하철역을 따라 광안동 쪽으로 가면 광안리 바다로 내려가는 길에 미술관 풍경을 여러 곳 볼 수 있다. 이 중에는 목욕탕으로 간 전시장도 있다. 대안공간 반디(디렉터 김성연)가 그곳으로, 2008년 1월 수영구 광안2동 동사무소 옆 목욕탕에다 대안공간을 버젓이 차렸다.

목욕탕 내부 구조를 어느 정도는 고스란히 살린 전시장 내부가 매우 흥미롭게 다가온다. 하지만 과거에 목욕탕이었든 아니든 상관없이 그동안 평면, 설치, 사진, 영상, 퍼포먼스 등 다채로운 지역 작가들의 작품들을 선보여왔다. 2008 부산비엔날레에서는 대안공간 연계전시회 '불가능한 낭비— 미안해 또 다른 낭비야'를 갖기도 했다.

오픈스페이스 '배'와 함께 부산의 대표적인 대안공간인 반디는 2002년 수영구 광안동 동방오거리 인근에서 처음으로 문을 열어 제도권 화랑에서 담당할 수 없는 실험적이고 창의적인 작품 활동을 지원하는 한편 전시공간도 제공해왔다. 숱한 공모전, 기획전 등을 통해 역량 있는 지역 젊은 작가들의 산실 역할을 해오는 한편 작가 아카이브를 구축해 해외에 부산 작가들을 널리 알리는 데도 노력해왔다.

광안리 바다로 가는 길에는 갤러리 블루홀, 미광갤러리 등의 화랑이 곳곳에 있으며 바다로 나가면 광안리 해변 자체가 미술관을 연상시킨다. 많은 조형물들이 설치되어 있는데, 특히 백남준의 작품 등을 만날 수 있는 '바다·빛 미술관' 이 눈길을 끈다. 바다·빛 미술관이란 조명과 빛이 스며드는 광안리 바다와 해변 모두가 미술관이라는 뜻이다. 바다에서 빛을 만나 의미를 생성하는 전시회인 셈이다.

빛은 불꽃으로도 타올라 매년 10월이면 부산불꽃축제가 광안리에서 열려 관광객들의 사랑을 받고 있다. 2005년 APEC행사 개최를 축하하기 위해 첨단 멀티미디어 해상쇼(불꽃축제)로 선보였던 것이 시민들의 열띤 호응에 힘입어 오늘에 이어지고 있다.

광안대교 위에서 펼쳐지는 부산불꽃축제는 해마다 10월이면 전국으로부터 쇄도하는 예약 전쟁으로 홍역을 치른다. 전국 최대 규모인 이 불꽃축제를 좋은 자리에서 편하게 관람하기 위한 이른바 '명당 예약 전쟁' 이 갈수록 치열하게 전개되고 있는 것이다. 2008년에도 광안리 해변의 음식점이나 술집의 좌석, 호텔 객실 등이 일찌감치 동이 나 불꽃축제에 쏟아지는 관심이 어느 정도인지를 보여줬다.

4회째를 맞은, 2008 부산불꽃축제가 '희망' 을 주제로 하여 10월 17~18일 이틀간에 걸쳐 광안리 바다에서 펼쳐졌다.

전야제 형식인 첫날에는 국내 불꽃쇼 사상 처음으로 각계의 사연을 담는 형식으로 진행됐다. 연인, 어린이, 중소기업인, 장애인, 최고의 부산 사람이라는 5개 부문에 걸쳐 사연을 공모하고, 선정된 시민들이 행사장에 나와서 직접 희망을 적은 종이를 폭죽에 붙인 뒤 발사 버튼을 눌렀다. '사연 담은 불꽃' 은 총 1만 발 정도가 발사됐다.

본행사가 열린 18일에는 카운트다운과 함께 동시다발로 폭죽이 터지면서 45분 동안 8만 5천여 발의 각종 불꽃들이 첨단 레이저와 함께 광안대교 위 밤하늘에 쏟아져 장관을 이뤘다. 2007년 첫선을 보였던 16인치 폭죽은 20발에서 30발로 늘었고, 국내에서 유일하게 부산불꽃축제에서만 볼 수 있는 25인치 폭죽도 발사돼 환호성을 자아냈다.

광안리 앞바다에 떠 있는 광안대교는 환상적인 야간 조명으로 2003년 개통 때부터 부산의 랜드마크로 우뚝 섰다. 빛의 다리요, 불꽃의 다리로 부산은 물론 전국에 널리 부산의 상징으로 인식되고 있는 것이다. 하지만 광안대교를 보는 이런 시선도 있다.

"…부산이 사람들의 삶이 실천되는 곳이 아니라 관광객과 같은 외부의 시선에 노출된 '보여주기 위한' 도시로 변모해가는 것은 아닐까 하는 의구심이 들었다. 이런 외모의 변화에 큰 상징적 역할을 하고 있는 것 중의 하나가 부산의 새로운 이미지로 부상하고 있는 광안대로의 기능이다. 과거에 시내에서 해운대로 가는 길은 문현동, 대연동, 남천동, 수영동을 거쳐 들어가는 길뿐이었다. 우리는 해운대로 가기 위해 도시 내부의 일상적 풍경을 필연적으로 통과할 수밖에 없었다. 특히 교통체증 때문에 도시의 거추장스러운 일상과 대면하는 것은 피할 수 없는 현실이었다. 하지만 광안대로의 건설은 해운대라는 부산의 포스트 모던한 풍경을 도심의 중심으로 바로 끌어다 붙임으로써 도시의 이미지 자체를 바꾸고 있다. 소비이미지와 스펙터클이라는 관점에서 해운대는 이제 부산의 외곽이 아니라 '중심'이 된 것이다." (김용규, 「부산공간의 변화와 그 문화적 의미」, 『한국민족문화 24』, 2004, 468쪽)

광안대교

4 욕망의 수영만, 욕망의 달맞이

2008년 가을, 해운대의 아침 풍경이 낯설다.

"아리가또 고자이마~쓰." 마~쓰, 하고 따라 입에 올려본다. 푸른 바다에서 갓 건져낸 싱싱한 아침을, 청명한 가을 햇볕에 잘 말린 듯 보송보송 경쾌한 느낌이다. 여행지에서는 무릇 아침잠이 없는 법이다. 이른 시각 호텔 밖으로 나온 일본인 관광객들이 삼삼오오 해변에 모여 사진을 찍으며 흘려놓은 '마~쓰' 들이 음악처럼 운율을 타고 공기 속에 떠다닌다.

아직 잠에서 깨어나지 않은 이들은 해변에 널브러져 있다. 소리 없이, 운율 없이 다만 잠들어 있다. 그들도 마찬가지로 피사체다. 각양각색으로 백사장에 널브러져 잠든 모습이 해변을 걷는 이들의 흥미를 자극한 듯 카메라 찰칵거리는 소리가 연방이다. 피사체는 모른다. 그래서 "고맙습니다"라는 말도 더불어 잠들어 있다.

제13회 부산국제영화제(2008. 10. 2~10. 10)가 열리고 있는 해운대의 아침 풍경이다. 지난 밤의 뜨거웠던 욕망들이, 지난 여름의 그 뜨거웠던 해운대해수욕장 모래밭 위에 다시 재현되고 있다.

PIFF 파빌리온(pavilion)의 오픈 카페와 게스트라운지, 그 옆의 인디라운지, 기업 홍보 부스 등 PIFF 빌리지가 이곳에서 밤을 새운 외지인들로 북적인다. 빌리지의 무대 앞에는 아예 20~30명이 자리를 깔고 누워 있다. '아주담담'의 오픈 카페도 해운대 바다를 즐기는 눈들로 가득하다. 외지인들이야말로 이곳 PIFF 빌리지에서는 내지인들인지도 모른다.

남포동에서는 볼 수 없는 영화제의 열기가 해운대에는 있다. 1천여 명의 일본인 관광객들이 영화제 구경을 위해 바다 건너 왔다는데, 해운대에 다 몰려 있는 듯하다. 서울과 다른 지역에서 온 영화 관련 젊은이들도 바다가 주는 낭만에 흠뻑 빠진 듯 백사장을 차마 떠나지 못하고 있다.

해운대는 부산 사람들에게 있어 늘 이방의 땅만 같다. 부산 사람치고 여름에 해운대해수욕장에 와서 해수욕을 즐기는 이들이 얼마나 될까, 아니 해수욕을 즐기는 이들조차 얼마나 될까. 해운대에서 부산 사람들을 찾기 힘든 것은 이 공간이 갖고 있는 아이러니가 아닐 수 없다. 백사장과 호텔과 컨벤션 같은 장소들은 채워져 있는 것이 아니라 늘 비워져 있는 까닭에, 운명적으로 외지인들로 메워지기를 기다리고 있는 것이다.

해수욕 철이 다가오면 어김없이 열리는 부산의 대표적인 축제인 바다축제도 외지인을 위한 축제처럼 느껴진다. 해수욕장 혹은 백사장은 외지인들이 부려놓은 욕망들로 뜨겁게 달아올랐다가 시간이 지나면 다시 식고, 그러다간 다시 달아오르는 반복을 거듭한다.

PIFF 파빌리온에서 해운대역 근처 메가박스에 이르는 길은 종종 비어 있는 공간이기에 이곳을 살아가는 이야기들도 드문드문하다. 정주하는 곳이 아니라 머물다 떠나는 곳이어서 이야기들이 농익을 시간이 절대적으로 부족하다. 공간의 특성상 낯섦이 환대받는 곳이기 때문이다.

그리고 보면 해운대로 오는 길은 부산김해공항–동서고가도로–황령산터널–광안대교가 적당할 지도 모르겠다. '보여지기 위한 도시'로 부산의 이미지가 변모하는 상징이 광안대로라고 부산대 김용규(영문학과) 교수가 앞서 지적했듯, 그 길을 거쳐야 비로소 소비이미지와 스펙터클의 관점에서 부산의 중심으로 솟아오른 포스트 모던한 해운대와 악수할 수 있을 것이기 때문이다.

비어 있는 영화공간이 아니라 실재하는 영화공간을 찾으려면 수영만으로 가야 한다. 해운대백사장에서 수영만으로 가노라면 해운대구 우1동 요트경기장 안에 위치한 시네마테크 부산과 PIFF 사무국을 바닷가 쪽에서 발견하게 된다.

시네마테크 부산은 수준 높은 상영 프로그램과 전문 자료실, 교육 프로그램 등으로 부산의 영화문화를 이끌어가는 전진기지 노릇을 하는 곳이다. 거장 감독의 특집 및 장르 특별전이 열려 수준 높은 예술영화를 접할 수 있고, 매주 독립영화 상영회도 열려 지역의 영화 제작 가능성에 시선을 던져주고 있다. 영화에 대한 교육은 물론 3천여 종에 달하는 각종 영화 관련 자료를 열람할 수 있는 영화의 도서관이기도 하다.

2008년 1월에는 한국영상자료원 부산 분원이 시네마테크 부산 안에 문을 열어 한국 고전영화 1천여 편을 고화질 VOD(Video On Demand, 주문형 비디오)로 볼 수 있게 됐다.

제13회 부산국제영화제에 처음 출현한 '시민 평론가'는 시네마테크 부산이 이룩한 성과다. 5주간 실시한 '영화비평 교실'의 출신자들이 시민 평론가라는 이름으로 한국 영화 초청작에 대한 리뷰를 영화제 홈페이지에 싣고, 시민평론가상까지 선정해 시네마테크 부산이 무얼 하는 곳인지를 실체적으로 잘 보여줬다 하겠다.

시네마테크 옆 PIFF 사무국은 말 그대로 부산국제영화제의 사무공간으로, 한 영화제가 끝나고 다음 영화제가 시작될 때까지 1년 동안 오로지 영화제만을 생각하는 부산국제영화제의 엔진이다. 비록 남의 집 셋방살이에다 업무 환경도 그다지 좋지 않지만 영화제 특유의 긴장과 열정이 늘 살아 있는 공간으로 다가온다. 사무국은 지척에 영화제 개·폐막식이 열리는 수영만 요트경기장 야외상영장을 두고 있다.

PIFF 사무국과 야외상영장 말이 나온 마당에 이제 미래의 PIFF 사무국과 전용관이 들어설 장소에 관심이 가지 않을 수 없다. 부산국제영화제의 총본산으로 설계된 부산영상센터 〈두레라움〉이 제13회 영화제 개막날인 10월 2일 첫 삽을 떴다.

해운대구 우동 센텀시티 내 영상센터 부지에 세워지는 부산영상센터는 사업비 1천624억 원을 들여 부지 3만 2천140㎡, 연면적 5만 4

천335㎡에 지상 9층, 지하 1층 규모로 2011년 완공된다. 센터에는 1천 석 규모의 다목적 공연장과 200~400석 규모의 3개 상영관, 컨벤션홀, 아시아 영상문화교육관, 야외상영장 등이 들어서게 된다.

영상센터가 완공되면 부산국제영화제의 풍경도 많이 달라질 것으로 보인다. 센텀시티를 중심에 둔 수영만이 영화제의 주 무대가 되는 셈이다. 해운대 스펀지의 메가박스 전성시대도 남포동의 그것처럼 서서히 종영을 앞두고 있는 셈이다.

'PIFF에는 영화만 있다?' 부산국제영화제로 부산비엔날레도 때 아닌 호황이라고 언론들은 전하고 있었다. 부산시립미술관과 가까운 롯데시네마 센텀시티 등에서 영화를 본 관객들이 미술관으로 자연스럽게 발걸음을 옮기는 일이 잦기 때문이다. 해운대에는 짝수년 가을마다 활동사진과 미술이 동시 상영된다?

부산비엔날레의 주요 프로그램인 현대미술전이 열린 부산시립미술관은 2008년으로 개관 10돌을 맞은, 부산 유일의 공공미술관이다. 부산비엔날레의 전용관이 없는 바람에 비엔날레의 뜻처럼 2년마다 부산시립미술관은 점령당해야 한다. 따라서 2년마다 부산시립미술관이 소장하고 있는 지역 작가의 작품들이 외지 작품들에 자리를 내줘야 하는 것이다.

1998년 3월 20일, 당시 수비사거리(수영비행장 교차로)로 불리던 황량한 터에 지하 2층, 지상 3층, 연면적 2만 1천560㎡로 출범한 부산시립미술관은 그간의 10년 세월 동안 부산 미술의 정체성을 찾는 데 노력해왔다.

개관 첫해 286점이었던 소장품은 이후 꾸준히 늘어오다 2008년

상반기에 기증받은 167점까지 더해 총 1천여 점으로 불어났다. 소장 작품의 60% 이상이 부산 및 부산 연고 작가들의 것이다. 2008년 이전까지 지난 10년간 개최한 전시회는 모두 163회였고, 그 중 국내전은 111회였다. 국내전의 경우, 86%가 부산 작가의 전시회였다고 한다.

2008년 3월 21일~5월 12일 열린 개관 10주년 기념 특별전 '부산미술 80년, 부산의 작가들'은 부산 미술의 정체성이 무엇인지를 보여주려 한 전시회였다. 부산에서 활동했거나 활동 중인 미술인 460여 명의 작품이 전시됐다.

특히 특별전과 함께 미술관 지하 1층에 245㎡ 규모로 마련된 부산미술정보센터가 정식 운영에 들어가 눈길을 끌었는데, 판화가 이용길 씨가 기증한 자료 1만여 권이 비치됐다. 그리고 기증상설실도 처음 공개되어 공간화랑을 운영하는 신옥진 씨가 기증한 피카소의 '유혹' 등 21점이 일반에 공개됐다.

개관 10돌을 맞아 부산시립미술관은 정체성 확보에 공을 들일 방침이라고 밝히고 있다. '21세기 동북아시대의 해양수도에 걸맞은 특색 있는 문화공간'이 되겠다던 개관 당시의 구호를 다시 꺼내들어 먼지를 털어낸 다음 그 격에 맞는 위상을 강화해나가겠다는 것이다. 하지만 무엇보다 부산 시민들이 즐겨 찾는 문화공간이 되어야 그것도 가능하기에, 시민들을 미술관으로 불러들일 수 있는 특단의 시민 친화적인 프로그램 마련이 아쉬움으로 남아 있다.

부산시립미술관을 나와 부산비엔날레로 말미암아 마치 '조각 미술관'처럼 인식되고 있는 APEC 나루공원으로 가려면 벡스코

(BEXCO)를 지나야 한다. 부산전시컨벤션센터인 이곳은 뭇 욕망들의 전시장에 다름 아니다. 센텀시티의 대표적인 상징물로, 센텀시티가 하나둘 윤곽을 드러내기 이전부터 이곳에 자리 잡아 하나의 지표가 되었다.

벡스코와 고층건물과 화려한 백화점을 지나 수영강변의 해운대 끝자락에서 만나는 APEC 나루공원은 먼저 외딴 섬이라는 첫인상부터 던져준다. 공원이지만 인근의 화려한 성채 같은 포스코아파트 주민 외에는 누가 들를까 싶은 것이다. 센텀시티 쪽 고층건물을 살아가는 직업군들도 자주 찾아올 것 같지 않은 예감이 불쑥 머리를 스친다.

2006년 부산비엔날레 조각프로젝트를 통해 20점의 세계적인 작품들이 이곳 나루공원에 불하되었고, 2008년 부산비엔날레에서도 또 다시 20점의 작품들이 공원 곳곳에 배치됐다. 욕망이 미끄러질 듯 잘 가꿔진 나루공원에 세계적인 작가라는 이름을 단 작품 40점이 미끄러져 들어왔으니, 공원이라는 말이 주는 어감이 왠지 낯설기만 하다.

이곳에서 2008 부산비엔날레 부산조각프로젝트를 이끌었던 이정형 감독의 한 언론사 인터뷰 내용이 떠오른다. "공원은 말 그대로 공공의 장소지요. 누구나 거닐면서 즐기는 공간이지만, 그런 반면에 그 누구도 적극 책임지려 하지 않는 공간이기도 합니다. 하지만 개인의 정원은 그렇지 않잖아요. 스스로 아끼고, 가꾸고, 느끼면서 혼자만의 은밀한 즐거움을 누리는 곳이지요. 나루공원을 그렇게 정원 같은, 보다 혁신적인 개념의 공간으로 만들어보자는 생각입니다. 세계적인 조각 작품으로 말입니다."

이렇게 해서 탄생한 것이 부산조각프로젝트의 전시 주제인 '전위적 정원(Avant-Garden)'인가. 공원이 전위적 정원이 된다는 것은 좋은 일이지만 문제는 접근성이다. 누가 공원을 전위적 정원으로, 얼마나 형평성 있게 누리느냐는 문제가 따로 대두될 수 있겠다.

센텀시티의 이 전위적 정원은 아직은 찾아오는 이가 드문, 아주 은밀하고 사적인 공원으로 여겨진다. 수영강의 수영교 건너 이웃한 수영구 사람들이 얼마나 건너올지도 미지수다. 수영교를 보면 센텀시티가 있는 수영만, 그리고 해운대구로 진입하는 것이 얼마나 높은 벽인지를 잘 보여준다.

여느 다리와는 달리 수영강에 걸터앉은 다리들은 하나같이 미끈하게 잘 빠졌고, 조형물도 고급스럽다. 수영구에서 센텀시티로 함께 넘어가던 한 작가는 "잘사는 동네는 이렇게 공공시설에도 돈을 마구 처발라놓고, 못사는 동네는 그저 그렇게 방치해놓고… 아요, 이래도 되는 기요?", 반문했다.

비엔날레 조각 작품들로 조형화된 전위적 정원은 가뜩이나 센텀시티의 가운데에 들어선 나루공원이 주는 위압감이 있는 데다 공원이라는 공공성마저 탈각하여 은밀한 정원으로 욕망을 숨기고 있다. 섬 같은 수영만, 섬 같은 센텀시티, 섬 같은 전위적 정원에서 은밀하게 소통되고 있는 욕망들을 본다. 그 욕망을 욕망하는 시선들을 본다.

해운대의 서쪽 끝에서 동쪽 끝을 바라보면 그곳에도 또 하나의 섬이 있다. 화랑가를 형성하고 있는 달맞이 언덕이다. 이곳에는 10여

개의 화랑들이 몰려 있어 '부산의 몽마르트르' 라는 낭만적인 이름도 달았다.

조현화랑, 코리아아트센터, 마린갤러리, 김재선갤러리, 갤러리몽마르트르, 화인갤러리, 갤러리이듬, 피카소화랑, 가나아트센터….

국내 미술시장의 활황을 반영한 듯 달맞이고개를 중심으로 해운대에 대형 화랑들이 밀집하고 있는 것이다. 경매장을 갖춘 곳도 있고, 규모도 점차 커지고, 외형도 화려해지고 있다.

가뜩이나 갤러리, 하면 멋쩍어하는 부산 사람들에게 메이저급 화랑들의 부산 진출은 갤러리로 향한 발걸음을 더욱 주춤거리게 한다. '입장료 안 내도 들어갈 수 있다' 는 사실을 모르는 이 없지만 왠지 주눅이 든다. 혹시 들어가면 싫어하는 것 아닐까, 올 곳이 못 되는데 괜히 들어왔다는 생각이 들지는 않을까, 이래저래 고민이 많은 것이다.

화랑들은 언제 봐도 조용하다. 그래서 은밀하다. 저렇게 화랑들이 많이 밀집되어 있는 것을 보면 뭔가 있기는 있는 것 같은데, 얼마나, 어느 정도 되고 있는 것일까. 지나갈 때마다 궁금증이 일어나는 것은 인지상정이다.

해운대 달맞이 언덕에는 아무나 범접할 수 없는 은밀한 욕망들이 흘러나가고 들어오는 곳은 아닐까. 저 화랑에 들어가 나는 무엇을 할 수 있을까. 저 섬에 가고 싶다. 하지만 저들 욕망의 섬으로 나는 끼어들지 못한다. 저 섬이 나를 완강하게 밀어내고 있다. 나는 저들의 욕망을 욕망할 수는 없는 것일까. 아! 스펙터클한 욕망이다, 욕망의 스펙터클이다.

조현화랑(위)과
코리아아트센터(아래)

사업에 실패하고 보니,/해운대 백사장에서 살게 되었더란다./ 이 세상살이, 너도 나도 뜨거운 모래 밥 한 그릇은 얻어먹어야/제대로 된 인간이 된다는 것을 알 수 있겠더란다./뜨거운 여름 태양 아래 한 알 한 알 모래알이 익어가는 것이/누렇게 볍씨처럼 고개 숙여 익어가는 것으로 보이더란다./헛된 세파에 날려 보낸 집 한 채, 그리워/해운대 밤바다 백사장에서 짓고 부수고 다시 지으니/가슴 밑에서 찰박찰박 소리치는 파도 소리에 들을 수 있겠더란다./내가 이 모래알보다 작은 존재라는 것을 깨닫겠더란다./지글지글 뜨거운 모래 무덤에/살찐 영육을 묻고 다 태우고 나니/갈매기처럼 훨훨 날 수 있었다고 한다./그렇게 살을 섞으며 함께 살았으면서도/목이 메이는 모래밥만은 먹기 싫어서/바다 건너 혼자 떠난 늙은 마누라 심정도 이해하겠더란다./모래알 한 알 한 알이 그저 해운대 백사장에/ 모여 사는 것이 아니란 것을 무릎 치며 알겠더란다./… (송유미 '해운대 백사장에서-G')

달맞이 언덕에는 또 추리작가 김성종의 추리문학관이 문화공간의 한 지표가 되고 있다. 1992년 문을 연 한국 북 카페의 효시인 이곳은 바다라는 멋진 배경을 거느리고 있지만 접근성이 떨어지는 바람에 모처럼 찾으면 한가로워서 커피 마시기에 더욱 좋다.

작가는 요새 새 장편추리소설 『안개의 사나이』를 세상에 내놓았다. 달맞이 언덕의 안개는 장관이다. 그 안개 낀 달맞이 언덕을 작품의 소재로 삼기는 이번이 처음이란다. "살인사건의 배경으로 달맞이

달맞이 언덕

언덕이 자꾸 등장하면 땅값 떨어진다는 원망을 듣지 않을까?" 예의 낙천적인 인생관(?)을 무기로 작가는 달맞이 언덕을 소설화하는 데 앞으로도 계속 정신을 팔 것 같다. 아무튼 달맞이 언덕에서 사람 여럿 죽어나게 생겼다!

달맞이 언덕 너머에는? 송정바닷가 지나 기장이다.

저 멀리 기장군 일광면 삼성리에 있는 대안공간 오픈스페이스 '배'의 넓디넓은 배밭이 마치 눈에 잡힐 듯 아스라하다. 장안읍 오리에 터 잡았던 〈아트 인 오리〉 시대를 마감하고 2006년 9월 이곳에 둥지를 튼 '배'는 부산 미술의 싱싱한 가능성으로 푸르게 출렁일 것이다. 가능성은 언제나 변방에서 나온다고 하지 않던가.

사진가 김홍희는 기장군 기장읍 교리 작업실에서 날밤을 새며 사진을 하고, 글을 쓰고, 비몽사몽의 아침을 보내고, 다시 배낭을 메고 방랑을 시작할 것이고, 한동안 연락이 두절되는 시간들이 몹시 지속될 것이고, 그러다가 불쑥 팝업(pop-up)으로 돌출하고….

기장군 장안읍 장안사 앞 장안요는 그 집의 맛있는 음식처럼 언제나 살아가는 이야기들이 아기자기하게 농익어갈 것이다. 전기도 끊긴 전라도 고흥의 선방 같은 토굴에서 도예가 신경균이 빚은 그릇들이 낯선 땅 장안의 전시실에 들어와 두런두런 황토빛 이야기들을 쏟아낼 터이고, 주말이면 가출(?)한 주인장 맞아 고샅까지 웃음소리 터져 나올 게다.

기장군 철마면 백길리 〈갤러리 이(李)〉의 화가 이태호 선생은 긴 머리 쓸어 올리며 가을의 한가운데에서 호젓한 시골의 풍경으로 익어가고 있을 것이고.

5 다시 금정산에서

 가다가 길을 잃으면 처음을 되돌아볼 일이다. 부산의 예술문화 기행도 달맞이 언덕을 내려와 다시 욕망의 수영만에 서서, 부산 예술문화의 원류를 좇아 수영강을 거슬러 올라가야 한다. 옛 부산인 동래에서, 부산의 진산인 금정산에서 뜻밖에 한소식을 얻을 수도 있기 때문이다.

 온천천(溫泉川)과 사천(絲川)이 합류해 이뤄진 수영강을 거슬러 올라가다, 온천천으로 방향을 틀어 금정산을 바라보고 가는 길은 처음부터 심상치 않다.

 어라, 여기 다 모여 있네. 부산의 국보급 무형문화재가 모두 수영강과 온천천 유역에 몰려 있는 것이다. 부산의 중요무형문화재는 모두 다섯이다. 동래야류(제18호, 동래구 온천1동), 수영야류(제43호,

동래야류

수영구 수영동), 대금산조(제45호, 동래구 온천동), 좌수영어방놀이(제62호, 수영구 수영동), 동해안별신굿(제82의 가호, 해운대구 반여1동)인데, 한결같이 수영강 유역에 둥지를 틀고 있다.

그리고 부산시 지정 무형문화재 13개 중 8개인 수영농청놀이, 동래학춤, 동래지신밟기, 동래고무, 동래한량춤, 가야금산조, 충렬사 제향, 주성장(鑄成匠)이 이곳에 포진하고 있다.

뿐만 아니다. 유배문학의 원류로 꼽히는 정과정곡(鄭瓜亭曲)도 수영강변에서 나왔다. 고려 문신 정서(鄭敍)가 동래로 유배를 와 과정(瓜亭)에서 생활하다 읊은 정과정곡은 10구체 향가 형식으로 지은 충신연주지사(忠臣戀主之詞)로, 고려가요 가운데 유일하게 작자를 알 수 있는 작품이다. 정과정의 현재 위치는 수영강변의 수영하수처리장 인근으로 추정되고 있다.

이 중에서도 특히 동래야류와 수영야류는 부산 예술문화의 원형에 가깝다. 야류는 악가무(樂歌舞), 탈바가지를 그리고 만드는 조형예술, 대사를 주고받는 연극과 퍼포먼스에다 풍자의 문학 등을 두루 갖춘 총체예술에 다름 아니기 때문이다.

또한 지배계급의 주류문화에 맞선 기층민중의 대안문화였다. 나아가 들판에서 노동과 더불어 놀던 들놀음(野流)으로 일과 예술이 분화되지 않은 삶의 예술이요, 그래서 예술의 진경을 보여줬다. 삶의 풍경이 예술이라는 절경이 되고, 절경은 다시 들판으로 돌아와 삶의 풍경이 되었던 것이다.

그러나 빛나는 부산 예술문화의 원형은 일제 강점기를 거치면서 수난의 세월을 보내야 했다. 동래야류와 수영야류를 비롯한 민속놀이가 민족성을 고취한다는 이유로 1935년께부터 일제의 탄압을 받아 줄다리기와 함께 중단되고 말았던 것이다.

광복 이후 정국 혼란과 한국전쟁으로 부침을 거듭하다 1960년대에 들어와 뜻 있는 이들의 노력으로 복원되었지만 근대화 바람으로 농경문화의 중심축이었던 민속놀이는 자꾸만 뒷전으로 물러나게 되었고, 밀려오는 외래문화의 영향 역시 부산 전래문화의 퇴조에 한몫을 했다.

수영강과 온천천에서 부침을 겪은 이 같은 부산 예술문화의 전통은 오늘에 와서 한 시사점을 주고 있다. 첫째는 문화를 '인간의 모든 활동과 삶의 형식들의 총체'라고 했을 때, 예술문화는 사회적, 경제적 토대 위에서 꽃을 피울 수 있다는 점이다. 동래는 조선시대 동래부가 있던 곳으로 부산의 도읍이자 농경문화의 중심지였고, 수영 또한 좌수영(左水營) 혹은 경상좌도 수군절도사영(慶尙左道 水軍節度使營)이 있던 곳으로 수군의 사령이자 어로문화의 중심지였다. 이 같은 토대를 기반으로 예술문화가 활짝 꽃피어 만개한 것이다.

둘째는 근대화에 대한 반성과 미래에의 전망에 관한 것이다. 1876년 개항 이후 부산은 서쪽의 부산항을 중심으로 개발이 이뤄졌고, 광복 이후에도 같은 역사가 되풀이되면서 부산항 주변의 예술문화는 번성한 반면 수영강변은 침체를 면치 못했다. 그런데 수영만이 부산 발전의 중심으로 떠오르면서 수영강의 르네상스가 점쳐지고 있다. 항만기능이 북항에서 부산신항으로 옮아가면서 이 같은 현상은 더 심화될 것으로 보인다.

수영강의 르네상스는 옛 부산인 동래의 전통문화와 수영만의 현대적 문화가 만나 부산의 정체성을 중심으로 부산 문화가 재편될 때 가능성의 실체를 드러낼 것이다. 수영만으로서는 일제 강점기와 한국의 근대화 과정에서 소외되었던 문화적 자양분을 동래에서 충원하고, 동래는 수영만으로부터 새로운 문화 활력을 받아들인다면 수

온천천

영강은 다시 부산 문화의 중심에 진입하게 될 것이다.

이는 어떤 측면에서는 일제의 강점과 근대화 바람으로 왜곡된 부산 문화의 지형을 바로잡는 계기로 작동할 수도 있을 것이다. 그런 점에서 수영강 유역인 동래, 금정, 연제, 수영, 해운대구의 문화적 전망은 그 어느 때보다 밝다고 할 수 있을 것이다.

수영강 르네상스의 좋은 징조들은 이미 곳곳에서 발견되고 있다. 먼저 온천천이 되살아나면서 시민들의 휴식공간으로 다시 자리 잡고 있다는 사실이다.

온천천은 부산의 진산인 금정산에서 발원하여 금정, 동래, 연제구를 거쳐 수영강으로 흘러들어가는 15.62km 길이의 하천이다. 옛 부산인 동래의 젖줄이었지만 직강화, 무분별한 복개, 하천 제방의 콘크리트화 등 난개발로 하천 생태계가 파괴되어 젖줄은커녕 도시의 하수구로 전락했다.

1995년부터 온천천 살리기 사업이 꾸준히 전개되면서 온천천이 점차 옛 모습을 회복하고 있는 것은 반가운 일이 아닐 수 없다. '온천천 살리기 네트워크'를 비롯한 시민들의 열화와 같은 관심과 성원이 온천천에 집중되었고, 또 낙동강 물금취수장으로부터 하루 3만t의 물이 공급되고 있는 데다 온천천 정비사업이 마무리되는 2010년 후에는 하루 5만t으로 공급량이 늘어날 계획이어서 온천천이 옛 모습과 명성을 되찾을 날도 머지않은 것으로 전망된다.

무엇보다 온천천이 산책이나 운동은 물론 각종 문화행사가 열리는 도심 속 문화공간이 되어 이미 삶의 일부로 들어왔다는 사실이다. 하천을 떠나갔던 시민들이 다시 돌아왔다는 사실은 다시는 물줄기를 포기하지 않겠다는 신념의 내면화로 이어질 것이며, 따라서 온천천을 되살리려는 노력은 한층 더 힘을 얻어갈 것으로 보인다. 달라진 온천천을 시민들이 이미 알아버렸기 때문이다.

놈이 언제부터 도심 한가운데 잠복했는지는/아무도 모른다./ 미동도 않고 엎드린 채/가끔 이빨을 쩍 드러내고 하품을 하며/제 곁을 지나는 사람들의 발자국 소릴 음미하고 있다./초여름의 꽃창 포 사이로 운동화들과/인라인스케이트가 미끄러져 가는 모습을 좀 더 잘 보려고/그의 눈알이 슬며시 열릴 때,/놀란 수련이 덜컥 벌어진다./푸른 갈대수풀 곁을 지나던 남자가/뭔가를 얼핏 본 듯 뛰기 시작하지만/은신술이 기가 막힌 그는/들키는 일이 없다./하 류 쪽에 숨긴 꼬리를 한 번씩 휘저어/역류해온 물고기를 꿀꺽 삼 키는,/불편한 이빨 사이를 왜가리에게 맡기고/느긋한 오수를 즐기 던 그가/문득, 꿈틀거리기 시작한다./사나운 빗방울 소리!/흥분한 놈이/점점 불어난 몸통으로 잔디밭에 올라/옥잠화꽃밭을 마구 짓 뭉갠다./폭우다. (전명숙 '온천천엔 악어가 산다')

온천천뿐만 아니라 사천에도 수질정화 작업은 시작됐다. 사천은, 반송의 석대천과 만나는 지점 위의 경우 심각한 오염을 겪어왔다. 회 동댐에 물이 갇히면서 스스로를 유지할 물조차 없었기 때문이었다. 하천 유지수가 없는 바람에 곳곳이 웅덩이로 변해 녹조류가 번성하 는 등 생물화학적산소요구량(BOD)이 10~30ppm에 달하는, 5급수 이하의 신세를 면치 못했다.

부산시가 온천천과 마찬가지로 낙동강 물로 사천 살리기에 나섰 다. 회동수원지에 있는 맑은 물을 하루 3만t씩 흘려보내기 시작한 것 이다. 회동수원지 회동댐에서 직경 700㎜의 댐 방류구를 통해 2008

년 7월 22일부터 물을 내보냈다.

이에 따라 사천이 하천으로서 당당할 수 있는 유지수를 얻게 됐고, 동부하수처리장 고도처리수의 석대천 유지용수 사용과 더불어 수영강이 더욱 푸르게 되살아날 것으로 전망되고 있다. 시민들이 직접 가꾼 온천천의 수질 개선효과도 수영강을 맑고 푸르게 하는 데 크게 기여하고 있는 것은 두말할 필요가 없다.

수영강이 살아나면서 강변을 친수공간화하려는 노력도 이어지고 있다. 수영구청이 2012년까지 370억 원을 들여 광안리 바다와 수영강으로 이어지는 8.2㎞ 구간에 너비 10~34m 규모의 산책로를 조성하는 '수영 수변 드림로드'를 만들겠다고 나선 것이다. 구간은 삼익비치아파트–광안리 해변 테마거리–민락항–민락 수변공원–민락교–수영교–좌수영교–과정교–온천천 입구다.

망미동 수영강변 e-편한세상 아파트에서 수영하수처리장에 이르는 1.8㎞를 공원으로 조성한다면 강 건너 해운대 쪽에 이미 다채롭게 들어선 공원들과 조화를 이뤄 수영강의 강변 모습이 한결 훤해질 전망이다.

'수영 수변 드림로드'는 시민친수공간으로 거듭난 온천천과 연결되어 수영강변의 옛 영화를 되살리는 한편 동쪽으로는 해운대 동백섬과 해운대해수욕장, 서쪽으로는 남구 이기대와 신선대로 이어지면서 부산 바닷가가 시민들이 걷고 즐길 수 있는 친수공간으로 확대되는 중심축 역할을 할 것으로 기대되고 있다.

문화는 사람이 모이는 곳에서 탄생한다. 한동안 시민들의 발걸음이 뜸했던 수영강에 다시 사람들이 몰리면 저마다의 삶의 이야기를 담은 문화도 속속 되살아날 것으로 전망된다. 문화란 '인간의 모든 활동과 삶의 형식들의 총체'에 다름 아니기 때문이다.

온천천에 사람이 돌아오듯 옛 부산 동래도 사람들의 목소리로 한층 소란스러워지고 있다. '가을 야구'로 집약되는 스포츠에의 열정이 그것인데, 사직야구장은 2008년 들어와 늘 '부산의 솥(釜)'으로 들끓었다. 사람들이 많이 모이는 장소는 특유의 문화적 아우라가 생겨날 수밖에 없는데, 사직야구장 또한 부산의 기질, 혹은 부산 사람들의 감수성을 확연하게 드러내는 문화공간으로 자리 잡았음에 틀림이 없다. 따라서 사직야구장과 부산 사람들의 기질을 둘러싼 상관 관계를 문화적으로 접근하여 연구한다면 흥미로운 주제가 될 것으로 여겨진다.

다시 온천천으로 돌아와 금정산으로 길을 재촉하면, 온천천은 공공미술의 장소로 부산뿐만 아니라 전국적으로 이미 유명하다. 부산은 그래피티(graffiti)의 성지로 젊은 미술인들 사이에 널리 알려져 있는데, 전국 최대 규모의 그래피티 작품이 지하철 1호선 장전역과 구서역 사이 온천천 벽에 그려져 있다. 10여 년 동안 이곳에 공을 들여온 젊은 작가들이 있었기에 가능한 일이었다.

2006년 부산비엔날레 현대미술전에서 선보인 '카페3'은 덴마크 작가 방크말벡라우의 벽면 설치작품인데, 평면, 설치, 영상작품 등 20여 점이 지하철 1호선 부산대학앞역과 장전동역 사이의 온천천에 설치됐다. 2008년 10월에는 민·관·학 공공미술 프로젝트 '세병교 환경개선사업'이 실시돼 동아대 및 동주대학 학생들이 온천천 세병교 교각에 벽화를 그리는 등 온천천은 공공미술의 장일 뿐만 아니라

사직야구장

유역을 살아가는 이들의 문화공간으로 거듭나고 있다.

　이 온천천 유역권에서는 특히 젊은 문화의 약진이 두드러진다. 부산대 앞의 대학가 문화가 그것인데, 부산대 앞은 부산의 대학문화를 선도해온 곳이랄 수 있다. 뿐만 아니라 인디밴드 등 대안문화의 본산이기도 하다.

부산대 앞의 젊은 문화는 대학생들이 상아탑에서 거리로 문화를 들고 뛰쳐나오면서 시작됐다. 무라카미 류의 소설『69』에서 따온 말로, '비뚤한 세상에 복수하는 길은 스스로 재미있게 노는 것'이라는 뜻을 담고 있는 젊은 대안문화행동 '재미난 복수'가 부산대 앞을 점령하면서부터다. 이들은 2003년 부산대 앞을 '차 없는 거리'로 선포하고 지역주민과 청소년들이 문화의 주체가 되는 '문화거리 조성을 위한 거리축제-재미난 복수'를 연 것이다.

거리에서는 록밴드, 힙합 등의 공연과 함께 시민 노래자랑대회가 열리고, 아마추어 작가들의 그림과 사진 등 창작소품을 전시하고 판매하는 행사와 옷, 가방, 액세서리 등 수공예 디자인 작품을 사고파는 프리마켓이 마련되는 등 부산대 앞은 떠들썩한 문화장터가 되었다.

이 같은 '재미난 복수'가 5년째 계속되면서 록밴드, 힙합, 퍼포먼스, 그래피티, 독립영화, 설치미술 등 그동안 일반인들에게는 다소 낯설었던 젊은 문화들이 소통되기 시작했고, 2008년 연말에는 전국의 독립문화 활동가들을 부산대 앞으로 불러들여 독립예술, 대안예술, 다원예술의 진로를 놓고 의견을 나누는 독립예술 활동가 대회로 이어졌다.

2009년에는 부산에서 전국 독립예술문화제를 열어 독립문화, 대안문화 등의 붐을 전국 어느 지역보다 앞서 일으켰던 부산의 저력을 유감없이 보여주게 된다. 이 중심에는 대안문화행동 '재미난 복수'

와 금정구 장전동 부산대 상대 건물 옆에 자리한 독립문화공간 〈아지트(Agit)〉가 있다. 아지트는 대안문화행동 '재미난 복수'가 중심이 되어 대안문화의 거점을 지향하는 곳으로, 예술 작업, 체험, 거주, 네트워크 거점 등의 공간을 지향하고 있다.

부산대 앞에는 또한 밴드들의 공연장이 많기로도 유명하다. 지금은 부산 출신들이 서울 홍대 앞으로 대거 진출하는 바람에 과거와 같은 영화는 볼 수 없지만 그래도 꾸준히 라이브 음악이 살아있는 곳도 이곳 부산대 앞이다.

외국인들도 자주 섞여드는 음악공간으로는 매주 목요일 밤마다 누구나 무대에 설 수 있는 '오픈 마이크' 시간이 마련되는 〈크로스로드(at the Crossroads)〉를 비롯하여 같은 혹은 다른 블록에 옹기종기 모여 있는 〈베이스먼트(at the Basement)〉, 〈비-사이드(B-side)〉, 〈모스(Moe's Lounge)〉, 〈솔트레인(Soul Trane)〉, 〈인터플레이(Interplay)〉 등이 있다.

이들 클럽과 바들은 '부산대 펍 크롤(PNU Pub Crawl)'이라는 행사를 매달 한 차례 열어 그들만의 축제행사를 갖기도 한다. '펍 크롤'은 이 집 저 집 다니며 술 마신다는 뜻으로, 1만 5천 원짜리 쿠폰 하나를 구입하면 6곳을 돌며 맥주 1병을 마셔가며 즐길 수 있는 행사다.

금정구청과 연계하여 부산대 앞 클럽문화의 활로를 찾는 한편 부산시까지 고리를 확장하여 부산을 찾은 외국인들이 쉽게 이곳 클럽문화에 접할 수 있도록 한다는 게 부산대 앞 클럽과 바들의 계획이기도 하다.

부산대 앞

한편 온천천 등 수영강을 따라가다보면 문학의 아우라도 곧잘 만나게 된다. 수영구 민락동에서는 조선 선조 때 문인인 박인로의 가사비 '군기는 휘날려서 바람에 나부끼니', 수영구 망미동에서는 정서

제2장 부산, 공간의 미학 | 91

의 고려가요 '정과정곡'을 볼 수 있으며, 동래구 칠산동에는 부산에서 가장 오래된 시비로 여겨지는 조선 고종 때 동래부사 정현덕의 '태평원(太平園)' 시비가 있다.

금강공원에는 "꽃씨 속에는/파아란 잎이 하늘거린다/꽃씨 속에는/빠알가니 꽃도 피어서 있고/꽃씨 속에는/노오란 나비 떼가 숨어 있다"는 최계락 시인의 동시 '꽃씨' 시비가 향파 이주홍의 글씨로 새겨져 있다.

금강공원에는 또한 향파 이주홍(1906~1987)의 문학비 '해같이 달같이만'도 세워져 있다. 향파 탄생 100주년을 맞아 2006년 부경대 교정에 들어선, 작가 정진윤의 석재작품과 한글학자 류영남의 글씨로 새겨진 "문학은 곧 발언이다"로 시작되는 작품집 '해변' 문학비도 있지만, 금강공원의 이 시비는 향파가 작고한 이듬해인 1988년에 세워진 것이다.

부산의 현대문학에 있어 요산 김정한과 더불어 일가를 이룬 향파는 요산만큼이나 그를 따르는 문인들이 많아 오늘의 부산 문단은 거의 향파 아니면 요산의 음덕을 입고 있다 해도 과언이 아닐 정도다.

향파는 특히 아동문학, 소설, 시, 시나리오, 희곡 등 문학 전반에 걸쳐 빼어난 재능을 보인 만능 문학인이었는데, 문학비에 새겨진 동시 '해같이 달같이만'을 특히 애송했다고 한다. 실제 이주홍문학관에는 향파가 이 시를 애지중지하여 도자기에도 새겨 넣은 것을 볼 수 있다.

어머니라는 이름은/누가 지어내었는지/모르겠어요/어……

머……니…… 하고/불러보면/금시로 따스해 오는/내 마음//아버지라는 이름은/누가 지어내었는지/모르겠어요/아……버……지…… 하고/불러보면/오오-하고 들려오는 듯/목소리//참말 이 세상에선/하나밖에 없는 이름들/바위도 오래 되면/깎여지는데/해같이 달같이만 오랠/엄마 아빠의/이름 (이주홍 글, 글씨)

경남 합천 출생인 향파는 부산에 정착한 이후 60년 동안 동래에서만 살아 동래 토박이와 다름없었고 그의 문학세계를 한눈에 가늠할 수 있는 이주홍문학관도 동래 온천장 부산전자공고 옆에 있어 의미를 더하고 있다.

2008년 탄생 100주년을 맞은 요산 김정한(1908~1996)의 문학정신을 기리는 요산문학관은 선생의 생가가 있는 금정구 남산동에 있다.

2006년 11월 20일 개관한 요산문학관은 2003년 6월 준공된 생가와 함께 자리를 잡았다. 요산 생가는 기와 한옥이고, 옆의 요산문학관은 지하 1층, 지상 3층의 슬라브 건물이다. 건물 총 면적은 690㎡이며 지하 195㎡, 1층 165㎡, 2층 225㎡, 3층 105㎡이다.

지하에는 다목적 강당, 1층에는 북 카페, 2층에는 전시실(110㎡)과 도서관(65㎡), 3층에는 문인 등에게 개방되는 두 개의 집필실이 있다.

수영강을 거슬러 온천천을 따라온 부산 예술문화기행은 부산 정신의 한 풍경이 된, "사람답게 살아가라! 비록 고통스러울지라도 불의에 타협한다든가 굴복해서는 안 된다. 그것은 사람이 갈 길이 아니다"라고 했던 요산의 생가와 문학관에 와서, 이제는 범어사를 지나 부산의 진산인 금정산으로 가야 한다.

온천천과 수영강, 나아가 부산 전체의 상징적 시원을 이루는 금샘이 있는 곳이 금정산이다. 금정산에서는 해마다 푸른 5월이면 금정산생명문화축전(집행위원장 이청산)이 열리고 있다.

2008년으로 5회(5월 25일~6월 1일)를 맞았는데, '생명의 금어를 찾아서'라는 주제로 열리는 금정산생명문화축전은 물질만능과 개발독재로 얼룩진 근대화의 그늘 부산을 되돌아보고, 생명의 화두를 곧추세울 때 예술문화 또한 생명력을 갖는다는 것을 느리고 조용하지만 강렬한 호소력으로 오늘에 일깨워주고 있다.

북·사상 너머 경남과 을숙도의 사하 너머 낙동강 하구에 이르기까지 부산 전역을 조망할 수 있는 금정산은 개발과 근대화 바람으로 위협받고 있는 생명의 소중한 가치를 늘 일깨우고 있는 부산의 진산이며, 물질문명으로 스러진 신화와 전설의 회복을 통해 부산의 예술문화가 날마다 새로워질 것을 요구하는 상상력의 근원이 되고 있다.

제3장

부산, 예술문화의 미학

제3장
3 부산, 예술문화의 미학

　　예술문화는 미적 삶의 절경(絶景)이다.
　　"예술이야, 정말 예술이야!" 삶의 한 단면이 지극할 때, 풍경이 어느 한 경계를 넘어 뚝 끊어져 새로운 느낌으로 환기될 때, 우리는 미적 삶의 절경인 '예술'을 곧잘 떠올린다. 예술문화는 그만큼 우리 삶 가까운 데 있는 것이다.
　　2008~2007년이라는 시간의 한 허리를 베어 바라본 부산 예술문화의 현장은 사뭇 역동적이다.
　　영화는 부산국제영화제를 중심으로 '아시아 영상문화 중심도시'로 가는 길에 속도를 내고 있고, 영화도시 부산의 가능성을 일찍이 보여줬던 부일(釜日)영화상이 중단 35년 만에 부활했다.
　　미술은 5회째를 맞은 부산비엔날레와 개관 10주년을 맞은 부산시립미술관 등으로 분주하고, 춤은 부산국제해변무용제가 부산국제무용제로 말을 갈아타면서 명실상부한 국제무용제로서의 체계를 갖쳤다.

　음악은 국립부산국악원 개원으로 뒤늦게나마 부산에 국립문화시대를 활짝 열은 데 이어 오페라하우스 추진 등으로 진도를 이어나가고 있다.

　문학은 소설가 요산 김정한 선생의 탄생 100주년을 맞아 요산의 정신을 부산 정신으로 곧추세우면서 '부산'을 문학 속에 바싹 끌어당겼다.

　연극은 부산국제연극제를 춤과 음악까지 아우르는 다채로운 공연예술 중심으로 가져갔고 소극장 활성화를 통한 내실 다지기 움직임도 인상적이었다.

　이런 가운데 부산에서 전국 독립예술가 모임이 열려 독립문화, 대안문화, 다원문화라는 보다 역동적인 문화 피돌기의 전망도 한층 밝아졌다.

1 영화

부산, 출렁이는 '영화의 바다'

 부산국제영화제(PIFF, Pusan International Film Festival)의 성공은 '일대 사건'이다.
 1996년 돛을 올려 '영화의 바다'로 항해를 시작한 후 짧은 기간에 '아시아 최고 영화제'로 우뚝 섰거나, 부산이 '아시아 영상문화 중심도시'로 문화적 정체성의 가닥을 잡아나가고 있다는 이유만은 아니다.
 '문화 불모(不毛)의 땅'이라는, 아주 오래된 불온하고 하 수상한 소문을 단박에 잠재운 일대 쾌거였기 때문이다. 불모는커녕 막상 '영화'라는 문화의 씨앗을 뿌려놓고 보니 옥토도 이런 옥토가 없었으니, 상전벽해(桑田碧海)가 따로 없다.

부산 문화의 상처입은 자존심을 말끔히 치유한 부산국제영화제의 성공에는 분명 그만한 이유가 있다. 중앙집권의 근대화가 야기한 서울을 향한 상대적 박탈감 혹은 피해의식의 잔상(殘像)을 망막에서 잠깐 지운다면 부산 문화의 가능성은 영화처럼 어느 날 문득 우리 앞에 돌출할 것이다.

부산에서 영화는 시간(역사)이라는 날줄과 공간(현재의 부산)이라는 씨줄로 조망했을 때 미학적으로 기름진 토양을 갖고 있다. 부일(釜日)영화상 등 영화비평 및 담론의 역사가 면면히 이어져온 것이 날줄이라면, 여기에 열정적인 부산 사람들의 기질이 씨줄로 스파크를 일으켜 부산국제영화제라는 축제의 폭죽을 터트린 것이다.

우리나라에서 첫 영화가 상영된 1903년 이전에 설립된 〈행좌〉, 〈송정좌〉를 비롯한 극장에서 연극과 활동사진(motion picture)이 활발히 소개되어 일찍이 관람문화의 꽃을 피운 부산은 1924년 7월 11일 한국 최초의 영화제작사인 조선키네마주식회사가 창립되어 4편의 영화를 부산에서 제작함으로써 '한국 영화의 발상지'로 자리 잡았다.

광복과 한국전쟁을 거쳐 부산 영화는 1958년에 들어와 새로운 전기를 맞는다. 1940년대 말부터 편집국 안에 영화부를 두고 '영화평' 난을 통해 영화비평과 담론의 장을 꾸준히 마련해왔던 부산일보가 1958년 1월 15일 한국 최초의 영화상인 '부일영화상'을 제정하고 나선 것이다.

"영화문화의 급속하고 올바른 발전을 위하여 제작 관계자에게는 예술성을 높일 것을 자극하고 흥행 관계자에게는 예술성이 높은 작품을 홍행하는 의욕을 조성하기 위해…."

부일영화상 제정과 발맞춰 부산일보 박두석(부산대 교수) 논설위원과 허창도(필명 허창·영화평론가) 문화부장을 중심으로 1958년 3월 20일, 한국영화평론가협회보다 7년이나 앞서 한국 최초의 영화평론 모임인 부산영화평론가협회(부산영평)가 출범했다. 박두석이 초대 회장을, 허창이 초대 총무를 맡은 부산영평은 장갑상, 황용주, 이주홍, 여수중, 김일구 7명으로 구성됐다.

부산영평 발족으로 탄력을 받은 부일영화상은 일주일 후인 1958년 3월 27일 부산 중구 중앙동 국제극장에서 영평 회원들이 심사위원으로 참여한 가운데 작품상, 감독상, 남·여주연상 등 11개 부문을 시상하면서 역사적인 막을 올렸다.

"오직 영광이 전부인 꽃다발과 상패를 받으러 국내 수상자 전원이 항도 부산에 내려왔다"(부산일보 1958년 3월 28일자 기사). 부일영화상은 시상식 때 극장 주변이 시민들로 인산인해를 이루고 수상자들의 시내 카퍼레이드가 펼쳐지는 등 '부산 최대의 문화행사' 라는 형식과 '가장 공정하고 권위 있는 상' 이라는 내용성을 안팎으로 갖추면서 1973년 16회까지 이어졌다.

1960년대 영화의 황금기를 보낸 후 1970년대 들어 TV에 밀려 영화가 위축되었으며, 중앙집권적인 근대화 정책의 본격화에 따른 강고한 서울 중심의 문화판도로 인해 부일영화상은 역사의 뒤편으로 사라졌지만 오늘 부산국제영화제의 기름진 자양분이 되었다는 것이 영화계의 중론이다.

여기서 주목할 것은 신자유주의 세계화 논리에 따른 경제성, 효

제12회 부일영화상

율성 등을 빌미로 한국의 할리우드를 지향하는 충무로의 반격이 언제든 기다리고 있다는 점이다. 따라서 부산의 문화적 자긍심인 부산국제영화제를 지켜나가고, 또 아시아를 넘어 세계적인 영화제로 유지·발전시켜 나가는 것은 결국 깨어 있는 문화시민들의 몫일 수밖에 없을 것이다.

다시 거슬러 올라가 부일영화상의 단절 이후에도 부산의 영화비평과 담론의 물결은 중단 없이 이어져왔다. 부산대 영화연구회, 씨네클럽, 시네마떼끄 1/24, 부산 팬시네 클럽, 프랑스문화원과 가톨릭센터의 영화감상회 등이 그것이다.

오늘에도 '영화 불면의 밤'을 마련하고 있는 부산영화예술연구회 플럭스, 시네마테크 부산 영화 제작 워크숍 수강생들이 중심이 된 금요영화다락방, 독립영화 상영회를 마련하고 있는 음주문화공간 다락, 영화를 매개로 문화이슈를 짚어가는 국도 & 가람예술관 등에서 영화비평과 담론의 역사가 이어지고 있다.

부산국제영화제가 2008년 제13회 행사를 맞아 '비평과 담론의 장 활성화'를 선언하고 나선 것도 이 같은 부산의 영화비평과 담론의 전통을 이어나가겠다는 취지였다. 전 세계 영화제 중 비평이 가장 활성화되어 있다는 평가를 받는 베를린영화제를 뛰어넘는, '비평과 담론이 살아 있는 영화제' '가장 수준 높은 관객을 가진 영화제'로 부산국제영화제를 세계에 각인시켜나가겠다는 야심찬 기획의 일환이었다.

영화제의 본질과 정체성에 대한 고민에서 비롯되었다는 '비평과 담론의 장 활성화'는 영화제 출범 초기인 1996년과 비교해 볼 때 단편이나 다큐멘터리를 주로 소개하는 와이드 앵글 부문에 대해 시민들의 관심이 줄어들었고, 언론매체의 리뷰기사도 점차 축소되고 있는 현상에 주목한 것이다.

이에 따라 영화제 측은 시네마테크 부산이 개설한 비평과정을 이수한 15명으로 시민평론가단을 꾸려 '시민평론가상'을 시상하는 제도를 마련했고, 타 분야 문화예술인의 시선으로 영화제를 평가하는 '시네마 투게더'도 마련했다. 관객과 영화인들이 심도 있는 대화를 나누는 '아주 담담하고 아주 뜨거운 영화인들과의 대화(아주담담)'도 13회에 걸쳐 진행됐다.

특히 초청작들에 대한 본격 비평을 묶은 리뷰집이 개막에 앞서 출간돼 화제를 모았다. 부산대 영화연구소(소장 이왕주)가 펴낸 제13회 부산국제영화제 특별리뷰집「시선과 담론(Asian Perspectives & Discourse)」은 세계 여느 영화제에서는 볼 수 없는 부산만의 풍경이다. 이번 초청작 315편 가운데 아시아 영화 20편에 대한 비평을 실어 취재진과 게스트들에게 배포했고, "고급담론을 만들어내 PIFF에 축제만 있는 게 아니라 인문 정신도 있다는 것을 알리는 계기로 매년 리뷰집을 발간 하겠다"는 것이 부산대 영화연구소의 입장이다.

이 밖에 부산영화학과교수협의회(회장 채희완·부산대 교수), 아시아영화연구소(소장 김진해·경성대 교수)를 비롯하여 인문콘텐츠학회, 한국독립영화협회 등과 함께하는 전문적인 비평문화의 장 및 세미나도 다채롭게 개설됐다.

이런 가운데 부산의 영화비평 및 담론의 대명사였던 부일영화상이 부활돼 영화계 안팎에서 비상한 관심을 모았다. 부산일보사가 1973년 제16회 부일영화상의 맥을 이어 2008년 10월 9일 부산 해운대 그랜드호텔에서 제17회 부일영화상(운영위원장 김종렬 부산일보사 사장, 심사위원장 임권택 감독) 시상식을 개최한 것이다. 국내 최초의 본격 영화상인 부일영화상의 35년 만의 부활이다.

　35년 만에 부활한 부일영화상의 최우수작품상은 홍상수 감독의 〈밤과 낮〉이 수상의 영예를 안았다. 최우수감독상은 〈추격자〉의 나홍진 감독, 남우주연상은 〈추격자〉의 김윤석, 여우주연상은 〈님은 먼 곳에〉의 수애가 각각 수상했다.

　후보작 가운데 최다인 8개 부문에 노미네이트된 〈추격자〉는 감독상과 남우주연상을 비롯하여 편집상과 부산일보 독자들이 온라인 투표를 통해 선정한 부일독자심사단상 등 4개 부문에서 수상했다. 김지운 감독의 〈좋은 놈, 나쁜 놈, 이상한 놈〉도 촬영상, 미술상, 기술상과 함께 촬영 중 사망한 고 지중현 무술감독에게 수여된 심사위원 특별상까지 포함하여 모두 4관왕을 차지했다.

　남우조연상은 〈사랑〉의 김민준, 여우조연상은 〈무방비도시〉의 김해숙, 신인남자연기상은 〈은하해방전선〉의 임지규(신인여자연기상은 해당사항 없음), 신인감독상은 〈경축! 우리사랑〉의 오점균 감독이 각각 수상했다.

　시상식에서는 35년 전 제16회 남·여우주연상을 받은 김희라 씨와 윤정희 씨가 직접 시상에 나섰는데, 김희라 씨는 불편한 몸을 이끌고 시상식에 힘들게 나왔고, 윤정희 씨는 프랑스에서 부산으로 날아와 눈길을 끌었다.

　심사에 참여한 허문영 시네마테크 부산 원장은 "선친(허창도)이 부산일보 문화부장으로 재직할 당시 부일영화상이 제정돼 부일영화상에 남다른 감회를 갖고 있다"며 "한국의 영화상들이 대부분 다중투표방식을 도입하고 있는데, 예술적 성취는 다수결과는 무관하며, 그래서 부일영화상이 이런 방식을 도입하지 않은 것을 지지하며, 나는 부일영화상이 보다 편파적이기를 희망한다"는 심사 소회를 밝혔다.

영화도시 부산은 부활한 부일영화상에서 보듯 영화비평 및 담론의 활달한 전통을 오늘의 부산이 이어받은 데다 부산 사람들의 대표적인 기질인 '열정'이 가세하면서 '영화도시 부산'은 그 정체를 더 또렷이 했고, 또한 '아시아 영상문화 중심도시'로 가는 길을 크게 열어젖히게 됐다.

과거 부일영화상 시상식 때 구름같이 몰려든 인파와 수상자 카퍼레이드에서 보여준 부산 사람들의 열정은 오늘의 부산국제영화제에서도 고스란히 재현되고 있다. '전 세계에서 가장 열정적인 영화제', '전 세계에서 가장 역동적인 영화제'로 부산영화제가 평가받고 있는 것은 열광하는 관객들이 있었기 때문에 가능했다. 세계 영화 관계자들을 깜짝 놀라게 한 것은 무엇보다도 PIFF광장 등을 가득 메운 10~20대 젊은 세대들의 열광이었기 때문이다.

부산국제영화제를 세계 영화제로 우뚝 일으켜 세운 1등 공신인 김동호 집행위원장은 『부산국제영화제 10년사』에서 영화제의 성격을 이렇게 정리했다.

"부산국제영화제는 결국 영화를 사랑하는 모든 이들이 만들어낸 축제였다. 흔히들, 부산국제영화제에 가면 사람들을 휘감는 기묘한 기운이 있다고들 한다. 관객들은 미친 듯이 영화를 찾아다니고, 영화인들은 모두의 사랑을 받는 대상으로 격상된다. 그들이 만나면 마치 오래된 연인이 그러하듯 스스럼없이 속 깊은 대화를 나누곤 하였다.

이 '열정'은 영화제 기간 동안에는 폭발적으로 발산되지만, 영화제가 끝난 뒤에는 약속하지 않아도 다 알고 있는 것처럼, 아무도 가르쳐주지 않아도 연어가 고향으로 돌아오는 것처럼 다음해의 '길을 가르쳐 주는 별'로 변화한다."

열정은 전염된다. 부산국제영화제 콘텐츠 기업인 발콘(BALCON, Busan Alternative Content Network · 대표 오석근)은 2008년 1월 KT와 아시아 영화 콘텐츠 제휴를 맺고 발콘이 판권을 갖고 있는 아시아 영화 45편을 제공하는 계약을 맺는 한편 2009년 출범하는 케이블TV '피프(PIFF) 채널'에서 아시아 영화를 배급하게 됐다.

부산에 본사를 둔 문화산업창투사(벤처캐피털)인 아시아문화기술투자(주)(ACTI, Asia Culture Technology Investment · 대표 유인택)는 지역을 기반으로 하는 문화콘텐츠 전문 펀드 1호를 전국 최초로 2008년 5월에 띄웠다. 150억 원 규모의 이 펀드는 2014년까지 영화 40%, 방송 20%, 공연 15%, 게임 20% 등으로 나눠 투자될 계획이다.

영화 소비도시에서 기획–투자–제작–유통 등 영화 · 영상산업도시로 면모를 일신해가고 있는 가운데 부산영상위원회가 공모하는 2008년 부산 장편영화 제작비 지원 사업에서는 예년에 세 배 가까운 12편이 선정됐고, 2007년 '메이드 인 부산독립영화제'의 경우 한 해 1~2편에 그쳤던 장편이 10여 편에 이르기도 했다.

또한 2008년도의 성과를 살펴보면 우선 3회째를 맞은 부산국제어린이영화제가 미래의 영화 주역을 발굴할 영상교육 및 체험 위주의 프로그램으로 안정궤도에 올랐고, 부산아시아단편영화제도 예년보다 참가 규모가 크게 늘어나 21개국 694편의 응모작 가운데 13개국 80편을 본선 경쟁작으로 골라 선보였다. 전 세계 대학생들의 디지털 영상축제인 부산디지털콘텐츠유니버시아드도 총 35개국 478편의 응모작 가운데 72편을 골라 상영했다.

2008년 10월 2일 부산 해운대구 우동 센텀시티 내 영상센터 부지에서 첫 삽을 뜬 부산국제영화제 전용관인 부산영상센터 〈두레라움〉도 '아시아 영상문화 중심도시' 부산의 미래를 밝게 하고 있다. 지상 9층, 지하 1층 규모인 〈두레라움〉은 2011년 완공된다. 또한 1천500억 원의 기금 모금을 통한 영화제 조직위의 재단법인화도 영화제의 안정화에 기여할 전망이다.

하지만 부산 문화예술에 대한 지원이 오로지 영화, 그 중에서도 부산국제영화제에만 쏠리고 있다는 볼멘소리도 터져 나오고 있다. 게다가 부산국제영화제의 주인은 부산 시민이지만 영화제의 내용에 있어서는 부산을 배려한 행사가 없고, 외부인들이 주축이 되어 부산은 들러리 신세가 아니냐는 말도 나온다.

최초의 영화 미학자로 평가되는 리치오토 카누도(Ricciotto Canudo)는 영화를 '제7의 예술'이라고 명명한 바 있다. 최초의 예술로 건축과 음악을 꼽고, 건축에는 회화와 조각, 음악에는 시와 무용이라는 하위 범주가 있다고 했다. 회화와 조각의 종합으로서의 건축은 조형적이며 시와 무용의 종합으로서의 음악은 시간적이다. 그리고 건축과 음악을 다시 종합한 것이 영화라는 것이다. 이렇게 본다면 영화는 모든 예술을 종합한 '제7의 예술'이 된다.

부산 영화의 발전이 부산의 다른 문화예술 발전에도 기여할 수 있다는 사실을 뒷받침하는 주장이랄 수 있겠다. 물론 단위 범주에서는 씨가 먹혀들지 않을 수 있지만, 각각의 예술은 더 이상 홀로 떨어져 있는 것이 아니라, 적극적으로 통섭하고 있는 것만큼은 분명한 사실이다.

현장 ## 제13회 부산국제영화제(PIFF)

'한국 영화 구하기.'

'아시아 영화의 중심'으로 진입한 부산국제영화제가 2008년 제13회를 맞아 '한국 영화 구하기'에 나섰다. 침체의 늪에 빠진 '라이언 일병' 한국 영화에 따뜻한 시선을 던진 것이다.

부산국제영화제는 부산 시민들이 직접 일군 값진 문화적 자긍심이지만 한국 영화인들의 열성적인 지지 또한 성공적인 영화제로 안착하는 데 크게 기여했다. 부산국제영화제가 한국인이 가장 가보고 싶은 축제가 된 것이 이를 증거한다.

한국축제미래포럼이 코리아리서치를 통해 전국 1천200명을 설문조사한 결과 전국 121개 축제 가운데 9.8%의 지지로 '가장 가보고 싶은 축제'로 뽑혔다. 특히 10월의 대표적인 축제로, 30.4%라는 가장 높은 지지를 받아 '가을 축제'의 대명사가 됐다.

부산에서 '가을 영화의 전설'이 계속 이어졌다. 제13회 부산국제영화제가 참가국과 상영편수에서 다시 역대 최대 규모의 기록을 경신하면서 2008년 10월 2~10일 수영만 요트경기장 야외상영장 등 해운대와 남포동 일원에서 열렸다.

초청작은 60개국 315편. 1회와 비교하면 곱절이나 늘었고, 2007년보다는 34편이 많다. 특히 영화가 만들어지고 난 이후 국내외를 막론하고 세계 최초로 상영되는 '월드 프리미어'가 85편, 자국에서만 상영되고 해외에서는 처음 소개되는 '인터내셔널 프리미어'가 48편이었다. 아시아 프리미어는 모두 95편.

2008 부산국제영화제

월드·인터내셔널 프리미어 133편은 칸이나 베니스, 베를린영화제를 능가하는 수치인데, 비슷한 시기에 열리는 로카르노(8월), 몬트리올(8월), 토론토(9월), 밴쿠버(9월), 도쿄(10월), 로마(10월), 뉴욕

(10월), 런던(10월) 등의 영화제와 치열한 경합 끝에 확보한 것이어서 의미를 더했다. 특히 프리미어가 많은 영화제는 아무래도 평단과 언론의 주목을 받기 마련이어서 덩달아 마켓 규모도 커지는 등 영화제의 위상을 돈독히 했다.

항구도시 부산의 정취가 물씬 묻어나는 수영만 요트경기장 야외 상영장에서 선보인 개·폐막 작품은 카자흐스탄 영화의 기대주로 떠오른 루스템 압드라쉐프 감독의 〈스탈린의 선물〉과 윤종찬 감독의 신작 〈나는 행복합니다〉.

1분 30초 만에 인터넷 예매가 매진된 개막작은 소수민족 강제 이주 정책 후 남겨진 한 유대인 소년을 주인공 삼아 인종과 종교 등을 초월한 인류애를 그렸고, 폐막작은 2008년 7월 31일 68세를 일기로 타계한 소설가 이청준의 단편 「조만득 씨」를 각색한 작품이었다.

이번 제13회 부산국제영화제는 근자에 들어 크게 위축되고 있는 한국 영화에 주목하고 사기진작을 각별히 배려했다. 폐막작으로 한국 영화를 고르는 한편 아시아 지역 영화 관련 펀드를 한자리에 모은 아시아필름펀드포럼, 한국프로듀서조합과 함께 국내 젊은 프로듀서들의 프로젝트를 소개하고 투자자를 찾는 코리안 프로듀서스 인 포커스(KPIF) 등의 프로그램을 마련했다.

부산국제영화제의 또 하나의 장관은 스타와 관객이 함께 만나는 자리. 이번 영화제에는 우에노 주리(일본), 임희뢰(대만), 아론 유(미국), 리샤오루(중국), 마리아 디누레스쿠(루마니아) 등 배우들과 왕자웨이(홍콩), 장위안(중국), 에릭 쿠(싱가포르), 고레에다 히로카즈(일본), 야구치 시노부(일본) 등의 감독이 초청돼 영화팬들로부터 환호를 받았다.

　해외에서 영화제를 찾은 것은 스타들만이 아니다. 부산시가 영화제를 활용한 체류형 관광상품을 처음으로 개발해 일본에서 마케팅을 벌인 결과, 1천여 명의 관객을 모으는 데 성공했다. PIFF 개막작 관람을 중심으로 2박 3일 혹은 5박 6일짜리 패키지 관광상품이 주효했는데, 부산바다하프마라톤대회와도 연계되어 눈길을 끌었다. 영화제 조직위도 남포동 대영극장에서 영화 〈좋은 놈, 나쁜 놈, 이상한 놈〉에 일본어 자막을 입혀 일본인 단체 관광객 400여 명을 맞았다.

　부산의 젊은 영화인들이 할리우드 영화를 배제하는 등 탈권위 문화운동으로 1996년 돛을 올린 부산국제영화제는 13회 자원봉사자 모집에도 4천851명이 몰려 7대 1의 경쟁률을 보여준 부산 시민의 열화 같은 지지에 힘입어 '영화의 바다'로 순항을 거듭하고 있다.

현장   **제3회 부산국제어린이영화제**

부산국제영화제의 성공에 힘입어 '아시아 영상문화 중심도시' 부산의 꿈이 차근차근 영글어가고 있다. 영화·영상도시 부산의 전망에 있어 빼놓을 수 없는 이들이 미래의 부산 주역인 어린이들이다.

여기서 '어린이 참여형 영상문화축제' 개최의 당위성이 더 뚜렷해진다. 더욱이 영상 시대를 맞아 어린이들이 무방비 상태로 미디어의 홍수 속에 노출되어 있어 대안적인 어린이 영상문화의 중심공간이 더욱 요청된다 할 것이다.

국내 유일의 어린이영화제인 부산국제어린이영화제(BIKi, Busan International Kids' Film Festival · 집행위원장 김상화)의 3회째 행사가 2008년 8월 13~17일 해운대 씨네파크, 시청자미디어센터 등지에서 열렸다.

개막작으로 1967년 제작된 한국 최초의 장편 만화영화 〈홍길동전〉(감독 신동헌)의 복원판이 41년 만에 상영돼 화제를 모았다. 폐막작은 BIKi의 유일한 경쟁 부문으로, 어린이들이 직접 제작한 영화로 경합을 벌이는 '레디~ 액션!' 에서 최고상인 부산시장상을 받은 제주 남원초등학교의 〈유쾌한 체인지〉가 선보였다. 본선 3년 연속 진출 끝에 대상을 안은 남원초등학교의 이 작품은 어느 날 갑자기 성격이 뒤바뀌어버린 두 친구의 이야기를 상상력을 발휘해 그려낸 단편이었다.

'레디~ 액션!' 은 어린이들의 영화 제작 열기가 뜨겁고 작품 수준도 높아 영화제 관계자들을 놀라게 했다. 1회 때 47편, 2회 때 72편의 작품이 들어온 데 이어 3회에서는 80편의 작품이 경합을 벌였다. 규모로 보면 25개 초등학교에서 연인원 250명이 참가했다. 내용은 어른들도 흥미를 갖고 볼 수 있을 정도로 소재가 다양했고, 이성교제나 학교생활, 도덕문제 등 성장과 관련한 것들이 주종을 이뤘다.

이번 3회 영화제에서는 14개국 111편이 '장편', '가족 시네마', '특별전', '단편', '애니메이션', '공모작', '레디~액션!'의 7개 섹션에 걸쳐 상영됐다. 관객 점유율 85.4%로 역대 최고를 보였고, 68회 상영 중 29회 매진을 기록했다.

특히 이번 영화제는 영화 상영보다는 영화·영상 교육과 체험 프로그램에 방점을 찍어 눈길을 끌었다. 3일간 시청자미디어센터에서 첫선을 보인 'Film & Fun'은 9회 모두 매진되는 기염을 토했다. 'Film & Fun'은 영화를 보고난 뒤 영화에 대한 이야기를 같이 나누고, 또 준비된 놀이를 통해 직접 영화를 몸으로 체험해보는 행사였다.

영화제 기간 동안 1박 2일씩 세 차례에 걸쳐 마련된 '어린이 영화캠프'는 영화를 보면서 친구들과 소중한 방학의 추억을 쌓도록 기획됐다. 어린이 영화인들이 모여 서로 영화 제작 경험을 나누는 '어린이 영화 제작 세미나'에서도 어린이들이 직접 파워포인트를 사용하여 세미나를 진행하는 등 시종 열기를 뿜어냈다.

2004년 부산 지역 독립영화인들을 중심으로 논의가 시작된 부산국제어린이영화제는 부산국제영화제가 10돌을 맞은 2005년 영화제 기간에 '프리 페스티벌'을 갖고 21세기 영상 미디어 시대의 주인공은 어린이라는 사실을 주지시키면서 어린이 참여형 영상문화축제로

2008 부산국제어린이영화제

서 그 시작을 알렸다.

2005년 프리 페스티벌에서는 6개국 45편의 영화가 초청되었고 관객 수는 1천571명(점유율 79%)을 기록했다. 1회 행사가 열린 2006년에는 19개국 102편이 초청된 가운데 6천799명(점유율 62%)의 관객이 들었고, 2007년에는 21개국 129편이 상영되어 1만 3천440명(점유율 70%)이 영화관을 다녀가는 등 차근차근 내실을 다지고 외연을 확대해왔다.

영화 대담 부산 영화의 정체(正體)

김지석 (부산국제영화제 수석프로그래머)
김희진 (독립영화 감독)

— 바로 질러가자. 부산 영화의 정체(正體)는 무엇이라고 보는가. 거창하기도 하고 다소 막연한 물음이랄 수 있지만 즉흥적인 답변이 용인되는 것도 감성의 제국인 '미학'에서 누릴 수 있는 호사가 아니겠는가.

김지석 _ 부산 영화보다는 부산 영화문화라는 차원에서 접근한다면 여러 가지 말할 거리가 있다고 본다. 부산 영화문화의 정체성을 찾으려면 비평문화로 거슬러 올라가야 한다. 비평문화의 뿌리가 부산에는 있는 것이다. 부산에서 국제영화제를 만들 수 있었던 배경도 그런 뿌리가 있었기 때문에 가능했다.

최근에 부산대 안에 영화연구소가 생겼고, 지역 6개 대학교가 참여한 아시아영화연구소도 탄생했다. 동서대에도 임권택 영화연구소가 생겼지 않은가. 부산은 어느 지역보다 영화비평과 영화담론이 활성화되어 있는 도시다. 따라서 부산 영화문화의 정체성이나 특징은 비평문화의 활성화에서 찾아야 할 것이다.

부산은 할리우드를 지향하는 곳이 아니다. 영화문화에서 본다면 부산만의 정체성이 분명히 드러난다. 부산의 영화문화는 앞서 얘기했듯 비평의 활성화에서 시작되어 이제 산업 쪽으로 가고 있는 추세다. 이런 가운데 독립영화가 소외되고 있는 것은 아쉬운 대목이다. 부산시 차원에서 영화영상산업을 부산에 우뚝 세우겠다고 공언하고 있는데, 독립영화가 썩 매력적으로 인식되고 있지는 않은 것 같다.

지금 부산 영화는 그런 방향으로 나가고 있다. 영화 관련 기구들인 부산영상위원회나 시네마테크부산 등이 속속 생겨났다. 최근 들어 부산에서 아시아 영화 아카이브 작업에 주목하고 있는데, 부산국제영화제가 아시아 영화에 초점을 맞추다보니 부산이 아시아 영화의 허브로 자리 잡는 방향으로 가닥을 잡아나가고 있다. 이에 대해서는 국내외에서도 많이들 동의하고 있다.

산업 쪽과의 연결은 지금 현재 과도기인데 부산영화제 안에 필름마켓이 만들어졌고, 영화후반작업 시설과 오픈 스튜디오 등도 하나하나 작업을 진행하고 있는 중이다. 부산의 영화영상산업이 아직은 100% 성공한다는 보장이 없다보니 영화 쪽에 일하는 사람들이 하루하루 긴장감 속에 살아가고 있는 것이 현실이다.

특히 영화 제작은 하루아침에 되는 것이 아니다. 시간을 두고 지켜봐야 한다. 모델로 삼은 도시가 캐나다의 밴쿠버인데, 원래 이 도시에는 영화문화나 영화산업의 뿌리가 없었다. 영화제를 만들면서 영화산업의 기반이 잡힌 곳이다. 부산이 걸어가고자 하는 방향이 그런 쪽이다. 이제 스튜디오 두 동 정도를 지었고, 영화후반작업 시설이 연말에 1차 완공되는 등 차근차근 계획을 진행하고 있다.

김희진 _ 부산국제영화제가 갖고 있는 특정의 모델이 있는 것 같다. 그러다 보니 권위화되었다고나 할까. 지향점 자체가 그런 면모를 많이

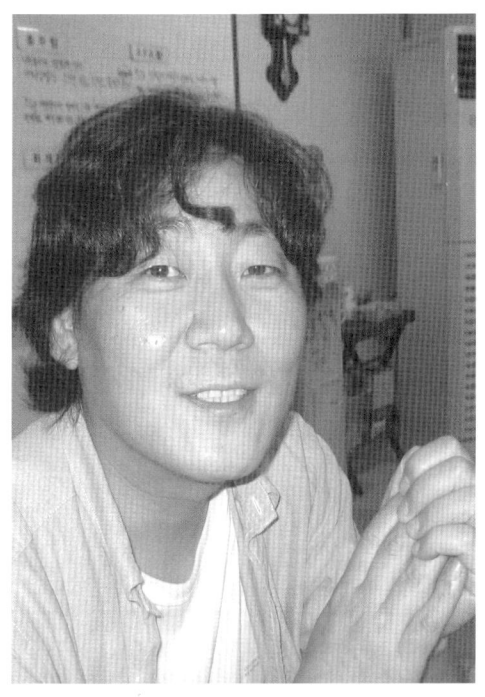

김희진

보여왔다. 역사를 되돌아보면 일제 강점기나 한국전쟁 시기, 그리고 부산국제영화제 시대로 나누어 볼 때 부산이 자체적으로 영화 발전을 추동해온 것은 아니었다. 부산국제영화제는 전문 인력이 전국구적으로 모이는 구조를 갖고 있다. 제작 쪽은 더욱 그런 구조를 필요로 한다. 그러다 보니 지금껏 부산이 주체적으로 영화 활동을 한 적이 없었다.

　부산이 주축이 되는 시대가 언제 올 것인가 하는 기대를 숨길 수 없다. 영화 제작이 요구하는 환경적인 요소나 경제성, 효율성 같은 것이 있을 것이다. 많은 물량이 요구되며 산업 클러스트처럼 인프라가 필요한데 부산은 이제 갖춰가고 있는 중이다. 영화를 만들기 위해서는 일차적으로 지역을 떠나야 가능한 부분이 있었고, 삶에 밀착한 환경을 갖기 위해서는 인력이나 기술이나 재화가 없었던 것도 사실이다.

부산국제영화제와 부산 영화산업은 서로 좋은 영향을 주고받고 있고 서로를 위한 동력이 되고 있다. 쉽게 말하면 부산국제영화제가 없는 것보다 있는 것이 훨씬 나은 게 사실이다. 그렇다고 부산국제영화제가 모든 사안들을 책임질 수 있는 것도 아니다. 영화를 선택하고 감독을 프로모션하고 하는 것은 영화제가 할 수 있는 일이다. 하지만 영화의 기술이나 배급 부문까지 전적으로 책임질 수 있는 것은 아니다. 어느 정도까지 발을 맞춰 상승작용을 할 것인가가 중요하다. 끊임없이 선순환의 사이클을 갖고 가야 한다. 현재까지는 그런 리듬을 제대로 만나지 못하고 있다.

요즘 많이 이야기 되는 소통이란 차원에서 서로가 장기적인 안목을 공유할 필요가 있다. 영화 인력이나 창작의 맥이 이어지지 못하는 부분에 있어 특히 그렇다. 공동의 목표를 세우는 것이 필요하고 내부의 소통을 이뤄야 한다.

다른 영화영역에 대해 일차적으로 자기 생각만 갖고 접근하는 경우도 많았다. 전공자들이나 종사자들의 태도, 특히 영화제에 대한 이해에서 현실적으로 불협화음이 있는 것이 사실이다. 비판은 좋은데 대안과 비전을 갖고 해야 하며, 제작과 관련한 의견 제시도 풍성하게 마련돼야 한다. 영화제도 해마다 위태위태한 것 같다. 부산국제영화제를 지역 영화선배들이 하고 있는데 후배로서 정말 잘 되기를 바란다.

김지석 _ 다른 예술 장르에서 말들이 많이 나오는데, 부산국제영화제가 규모가 크고 예산도 많은 것은 사실이지만 우리가 그냥 가만히 있는데 정부나 부산시에서 지원을 하고 있는 것은 아니다. 이 정도 예산을 따내려면 지난한 과정이 필요한 법이다.

그리고 두 번째로 강조하고 싶은 것은 정부와 부산시 예산 말고 40억 원 정도를 우리가 자체적으로 해결하고 있다는 점이다. 영화제가 끝나고 다음 영화제를 맞는 1년 동안 정말 피똥 싸며 전체 예산의 50%를 자체적으로 해결하고 있다. 마켓 등 90억 원에 가까운 예산을 마련하고 있는데, 이렇게 하는 것을 이해하지 못하는 분위기가 있다.

김지석

해외 사례를 보면 국가를 대표하는 행사의 경우 예산의 절반 이상을 국가나 자치단체가 지원한다. 칸영화제에 왜 예산을 지원하나, 프랑스에서는 그런 비난이 안 나온다. 시간이 걸리는 문제다. 따라서 하루아침에 해결될 일도 아닌 것이다. 현재 성과도 영화진흥위 등에서 지난 10여 년 동안 그런 터전을 닦아왔기 때문에 가능한 것이다.

그리고 영화제 밖에서 하는 일도 많다는 것을 알리고 싶다. 최근 '발콘(BALCON)' 이라는 회사를 설립했는데, 아시아 영화의 수입 배급에 전념하는 회사로 내년에 3편 정도의 영화 제작에 들어간다. 부산을 기반으로 하는 문화산업 관련 창업투자회사인 아시아문화기술투자(ACTI)도 생겨났는데, 어느 날 갑자기 생겨난 것이 아니다. 부산시를 설득하고 재원을 확보하는 일을 부산국제영화제가 맡았다. 워낙 한국 영화산업이 어렵고 해서 그런지 ACTI 쪽으로 영화 시나리오가 많이 들어오는 상황이다.

부산 영화의 미래는 어쨌든 우리가 어떻게 하느냐에 달려 있다고 생각한다. 영화제의 규모가 커졌고, 외형적으로 화려하게 보이지만 우리는 아시아 영화에 초점을 맞추고 있고, 앞으로 비평과 담론 중심의 영화제로 갈 것이다.

그런데 언론에서 영화제를 바라보는 시선이 좀 달라진 것 같다. 개막작 리뷰는 언제부터인가 사라져버렸고, 여배우 등짝 사진만 보이고 있다. 적어도 1~2회 때는 그러지 않았다. 고민스러운 것은 관객도 변하지 않았는데, 언론의 시각이 변했다는 점이다. 영화제의 원래 목적대로 갔으면 한다.

리뷰를 강화하고, 시민평가단을 통해 리뷰집을 만드는 등 비평을 활성화시켜야 한다. 관객들이 배우를 보러오는 데에만 그치는 것도 확실히 문제가 있는 것이다. 앞으로 이 모든 일들은 우리 하기 나름이라고 생각한다.

— 조금 범위를 확장해보자. '지금, 여기', 부산의 오늘에서 펼쳐지고 있는 부

산 영화를 조망한다면. 깊이와 넓이, 모두 부산 영화를 바라보는 잣대가 될 수 있을 것이다. 얕아도 풍성한 쪽인가, 깊어도 치우친 편인가. 그도 아니라면….

김희진 _ 부산 영화의 폭이 넓지는 않다. 그리고 지금은 뭔가 부산 영화의 색깔을 만드는 과정이라고 생각한다. 서울에서 작업하는 친구들도 부산은 좀 다르다고 한다. 뭔가 2% 부족하다는 것이다. 부산 영화는 작품성이나 기술적인 면 그리고 정서적으로 이야기하는 방식이 다르다고 한다. 나는 이를 긍정적인 현상이라고 본다. 2% 부족한 것을 만족감으로 끌어내려고 한다.

일본의 오사카 영화가 그러한데 거칠게 막가파식의 영화를 한다. 펑크다. 자유로우면서도 거칠다. 일본에 갔을 때 오사카 영화가 독특하다고 많이들 이야기하더라. 부산 영화도 그런 것 같다. 부산에서 독립영화 하는 친구들은 세련됨이 부족하고 미숙한 점이 있다. 하지만 중앙을 따라가는 형식으로 가서는 안 되며, 우리 방식으로 앞날을 모색해야 한다. 2% 부족은 세련됨이나 이야기의 극적인 효과 및 메시지의 전달력, 기술적인 완성도 등 모든 면에서 그렇지만 말이다.

그런데 영화를 하면서 느낀 것인데 확실히 부산 사람들은 부산 사람들만의 정서가 있는 것 같다. 미지근한 것은 안 돼, 라고 누가 그러면, 왜? 그러면 어때, 하는 정서가 있다. 참 설명하기 힘들다. 부산의 정서는 스펀지 같은 면이 있다. 잘 흡수한다. 그리고 원형으로 이내 복귀한다. 지속되다가 물 빠지면 다시 원형으로 가는 방식이다.

역사적으로도 사람들이 부산으로 왔다가 나중에는 제 갈 길 다 찾아가고, 크게 성공하지 않더라도, 풍족하지 않더라도 다들 부산에서 먹고 살아가지 않았는가. 눈에 크게 띄지 않지만, 원형 그대로 살아가고자 하는, 그런 태도를 보이는 것이 부산의 정서인 것 같다. 거창한 것을 해보라는 식은 부산 사람들과 정서적으로 맞지 않다.

김지석 _ 부산국제영화제에 대해 질투하는 분위기가 있다는 것을 잘 알고 있다. 지금 전 세계 어느 영화제치고 어렵지 않은 곳이 없다. 예를 들어 우리하고 규모가 비슷한 노트르담영화제의 경우 올해 영화제가 끝난 뒤 후버트 발스 펀드의 예산을 잘랐다.

그런데 예산 때문에 겪는 어려운 것을 갖고 영화제의 앞날을 운운하는 것은 맞지 않다. 그 다음에 관객이 안정적이지 않다는 점도 있다. 올해는 관객이 20만을 넘을 것 같아 크게 걱정하지 않아도 되지만 말이다.

이제 영화제는 축제로 끝날 것이 아니라 산업으로 가야 한다. 산업 쪽으로 기여하는 등 영화제의 미래가 어떻게 될 것인가, 늘 고민하고 있다. 영화제가 이러저러한 한계로 매너리즘에 갇혀서는 안 된다. 로카르노영화제의 경우 60년이 되었는데 점차 힘을 잃어가고 있다. 베니스영화제는 바로 다음에 열리는 토론토영화제 때문에 힘들어한다. 영화제는 가만있으면 있을수록 힘들다. 대응방식을 늘 준비해야 한다.

― 영화 등 문화예술은 이제나 저제나 소통이 늘 문제였다. 독립영화인을 비

롯한 젊은 영화인들의 생계 문제도 중요하겠지만, 일반 시민과의 불화를 먼저 해소할 수 있는 묘안은 없을까.

김지석 _ 관객과의 소통 부재는 현실적인 이유로 발생하는 부분도 있는데, 앞으로 관객이 원하는 것을 충족시켜나가려 하고 있다. 우리는 부산 한 곳에서 작업을 하고 싶은데, 현실적으로 그럴 수 없다. 우리도 불편한 게 사실이다.

부산에서 영화 하는 사람들과의 소통 부재도 인정할 수밖에 없다. 현실적인 이유로는 한국 영화 담당은 서울에 있어야 해 접점이 잘 찾아지지 않는다. 아시아 영화를 맡는다 하더라도 소통을 해야 하는데 그런 지점은 늘 반성하고 있다.

그런데 소통을 하려면 상대 주체가 있어야 하는데, 부산 독립영화가 안고 있는 문제도 있다. 소통의 상대가 일정치 않다. 한국독립영화협회만 하더라도 조직이 안정적이어서 즉각적인 소통이 되는데, 부산독립영화협회는 활동이 왕성하지 않고, 또 누가 대표를 하는지도 애매하다. 그런 점에서 아쉬운 점이 많다.

부산 영화인들과의 소통에 대해 정말 고민하고 있다. 부산 영화 섹션을 따로 만들까 생각도 한다. 부산 영화인의 밤 등 파티 후원도 있으면 좋겠고. 그런데 솔직히 아직은 부산 영화 섹션을 만들 만큼 작품이 안 나온다. 전문 인력이 부족하며 촬영, 녹음 등 장비나 기술의 문제도 있다. 점차 부산에서 그런 시설들이 자리 잡게 될 것이고, 그러면 2% 부족한 것들이 충족될 것이다. 공공 성격의 펀드가 조성되어 제도적인 장치가 마련된다면 좋겠는데 이 모든 것을 영화제에서 다 할 수는 없다.

김희진 _ 인식의 문제라고 생각한다. 부산국제영화제는 부산만의 행사가 아니다. 부산의 특성을 고려한, 부산의 지역성만 갖고 있는 영화제가 아닌 것이다. 전체 규모로 봐서 예산의 비중 가운데 부산의 예산은 많지 않다. 상대적으로 많지 않다는 것이다. 부산국제영화제는 좀 더 넓은 관점에서 이해하는 문화행사가 되어야 한다.

 부산국제영화제가 잘 되면 다른 예술·문화 장르로까지 긍정적인 영향을 끼칠 것이다. 타 장르에서 가지는 비판은 긍정적인 측면도 있지만 좁은 생각에서 나오는 것도 많다. 부산의 문화 발전은 좀 더 폭넓은 관점에서 출발해야 한다. 사람 생각이 금방 바뀔 수는 없겠지만 점차 변화될 것으로 보인다.

― 특히 젊은 영화인들의 활동공간을 넓히는 데서 부산 영화의 활로를 찾을 수 있을 것이다. 부산에서 영화하기, 그리고 부산에서 영화를 한다는 것의 의미를 한번 모색해 보는 데서 부산 영화를 한 단계 차원 변화시킬 수 있는 가능성을 찾을 수 있지 않을까.

김지석 _ 부산국제영화제는 많은 분들이 인정하고 있듯 안정궤도에 들어갔다. 앞으로 부산의 영화산업이 구축되어야 향후 부산영화제가 발전할 것이다. 부산시가 나름대로 열심히 하고 있다. 기반은 된 것 같은데 영화산업의 궁극적인 지점이 무엇인가에 대해 고민해야 한다. 아시아의 할리우드 등 말은 많은데 부산 지역에 서울에 버금가는 영화산업이 생겨야 하고 산업과 문화가 적절히 조합된 부산 영화로 나아가야 한다. 그렇게 되면 부산의 독특한 영화가 생길 것이며 이에 대한 기대가 크다. 그렇다면 젊은 영화인들이 활동할 수 있는 공간이 넓어지지 않겠는가.

김희진 _ 경제상황과 비슷한데 한국 영화의 위기라는 이때가 새로운 대안적인 영화가 나오는 계기가 될 것이다. 부산을 빠져나간 인력이 되돌아오는 계기가 생겨나고 국내 인력뿐만 아니라 아시아와의 교류 등 다문화된 성격의 영화작업이 나오지 않을까 생각한다.

위기나 급격한 변화상황 속에서 부산 영화의 새로운 가능성이 생겨나지 않을까. 2007년에는 저예산 독립장편영화가 10여 편이 나왔고, 올해는 12편이 영상위원회로부터 지원을 약속받는 등 새로운 활력이 이어져갈 것으로 본다. 앞으로 부산에서 빠져나간 인력들뿐만 아니라 다른 지역의 인력들도 부산에서 활동하게 된다면 여러 시너지 효과가 나타나게 될 것이다

― 그렇다면 이제 우리는 부산 영화의 미래를 어떻게 맞이해야 할까.

김지석 _ 지금 영화제 차원에서 펼치는 사업들이 있다. 시네마테크에서 아시아 영화 아카이브를 시작했는데 일반적으로 시네마테크를 잘 평가하지 않는 경향이 있지만 부산만한 곳이 없다. 서울도 그런 곳은 없다. 서울은 자체공간이 없이 더부살이를 하고 있다. 타 지역의 시네마테크는 35미리 영화를 틀만한 시설이 많이 부족하다. 시네

마테크 부산은 굉장히 중요한 영화문화의 공간인데 사람들이 잘 모르고 있다.

시네마테크가 활성화되면 중요한 역할을 할 것이며, 굉장히 중요한 영화는 시네마테크에 다 있다. 영화제는 열흘이지만 시네마테크는 1년 내내이니까 언제든 이곳에서 좋은 영화를 접할 수 있다. 이에 따라 영화비평이나 담론도 서울보다 더 활성화될 것이다. 문제는 영화인과 시민들의 활용이다.

아카이브가 정착되면 어떤 영화제이든 아시아 영화를 상영하려면 부산을 찾을 수밖에 없다. 아카이브 작업을 통해 부산을 아시아 영화의 중심으로 만들 수 있다. 영화제가 올해 준비하는 특별전 같은 경우 돈을 써서라도 아카이빙을 하려고 한다. 베를린영화제에서도 부산영화제에 나온 작품을 아카이빙한 것을 구입해 상영하려고 한다. 새로운 영화의 수출이 가능한 것이다.

아시아 영화를 아카이브 하는 것은 후쿠오카종합도서관밖에 없는데, 우리는 이곳을 뛰어넘을 수 있는 자신이 있다. 후쿠오카는 다만 영화를 모을 뿐이고, 우리는 영화제가 있으니까 이를 제대로 활용할 수 있는 것이다.

김희진 _ 먼저 영상위원회의 활동이 지속되어야 한다. 샌프란시스코가 모델이 되지 않을 까 생각해본다.

저예산이나 독립영화 쪽은 아직 여건이 안 된다. 하지만 매체의 다양성에 관심을 가지면 달라질 것이다. 제작 방법의 다양성 등을 통해 다양한 층위의 영화들이 만들어졌으면 좋겠다.

시민과 어린이들이 만드는 다큐멘터리나 애니메이션, 단편·장편의 다양한 극영화 등이 만들어져야 한다. 지역의 삶을 다루는, 여기서만 경험할 수 있는 이야기 중심으로 부산 영화가 앞으로 나아가야 한다. 부산국제영화제에 참여하는 열정으로 시민들이 부산 영화에도 관심을 기울여야 할 때다.

2 미술

비엔날레에서 부산을 보다

　미술관에 갈 때는 마음의 옷깃을 여미게 된다. 시선이 따라붙는 좁은 갤러리보다는 나을지 몰라도 여하튼 조심할 일이다.
　미술관, 하면 영화 〈미술관 옆 동물원〉을 떠올리며 침팬지를 생각하게 된다. 분석미학자 조지 디키(Goerge Dickie)는 '사회제도로서의 예술'을 설명하면서 시카고의 자연사박물관에 전시된 한 침팬지의 그림을 예로 든다. 침팬지의 그림은 예술인가? 아니다. 만약 시카고 미술관에 내걸린다면? 예술이다. 예술은 그것을 예술이라 호명하는 예술계(artworld)의 제도적 장치에 달려 있다는 것이다.
　1950년대에 출간된 서양미술사에 관한 불후의 고전 『서양미술사』 저자이자 미술사학자인 에른스트 곰브리치(Ernst H. J.

Gombrich)는 책의 첫머리에서부터 말한다. "미술이라는 것은 사실상 존재하지 않는다. 다만 미술가들이 있을 뿐이다."

미술관은 역시 두려운 곳이다. 그곳에서는 어떤 일이 일어날지 모른다. 혹 침팬지의 그림을 만나게 되는 것은 아닐까.

'2008 부산비엔날레'가 2008년 9월 6일~11월 15일 부산시립미술관을 비롯하여 부산 일원에서 열렸다. 5회째를 맞은 부산비엔날레는 △현대미술전 △바다미술전 △부산조각프로젝트 3개 부문으로 나뉘 40개 나라에서 모두 189명의 작가가 참가한 가운데 막 올랐다.

현대미술의 새로운 흐름을 보여주는 비엔날레의 본령은 역시 현대미술전이다. 현대미술전이 열리고 있는 부산시립미술관으로 가는 길에는 이번 비엔날레의 주제를 알리는 조잡하면서도 화려한 이미지의 포스터 '낭비 Expenditure'가 덕지덕지 나붙어 있다. 현대미술전의 세부 주제는 '낭비―이미 항상 지나치기 때문에(Expenditure- as it is always and already excessive)'.

'낭비'는 프랑스 사상가 조르주 바타이유(Georges Bataille)에게서 빌은 개념이라고 한다. "초과된 에너지는 원하든 원하지 않던, 찬란하게 또는 재앙을 통해 필연적으로 낭비되어야 한다." 현대미술전 예술감독 김원방은 바타이유의 생각 틀을 도록에서 이렇게 풀어놓았다.

"2008 비엔날레는 과잉과 불가능의 세계를 향해 나아가는 작품들로 구성되어 있다. 바타이유는 이 세계가 '땅 위에 으깨어진 벌레'나 '거미', '가래침'과 닮았다고 말한 바 있다. 그것은 이 세계 자체가 항상 이미 지나치고, 기괴하고, 언어적으로 표현 불가능함을 말한다. 여기에 전시된 작품들은 정의될 수 있는 것, 분석 가능한 것, 읽혀지는 것, 시(視)지각에 종속되는 것, 인식, 재현, 의미, 소통, 견고한 형태, 불변성, 범주, 절대적 차이, 조화로운 질서 등에 의해 가두어진 에너지를 방출, 낭비시킨다. 그러한 낭비의 결과는 바로 공포, 재앙, 희생, 소멸, 비천함, 성스러움, 죽음 같은 적막, 놀이, 쾌락, 웃음, 신비함, 기괴함, 맹목, 무한, 비현실성, 시간성, 생성, 예측불가능성, 위반, 무질서, 난교, 혼성성, 차이의 소멸, 돌연변이 등의 모습이다. 바타이유는 이미 회화와 조각을 '상징적 낭비(symbolic expenditure)'라고 규정한 바 있고, 오늘날의 현대미술은 그러한 특징을 매우 선명하게 보여준다고 생각된다. 그것이 필연적일 수밖에 없는 이유는 오늘날 우리가 '상징의 과잉' 시대를 살고 있기 때문이다."

애초부터 틀려먹었다. 침팬지의 그림 정도가 아니다. 정의될 수 있는 것, 분석 가능한 것, 읽혀지는 것, 시(視)지각에 종속되는 것 따위에 가두어진 에너지를 방출하라는 것이 이번 비엔날레의 목적이고 보면, 미술관 입구에다 아예 비엔날레와 미술에 대해 갖고 있던 생각들을 송두리째 맡겨놓고 들어가야 한다.

'쾅! 세일러 마스'(음각 주물, 섬유, 철, 280×400×600㎝). 미술관 1층에 들어서자마자 "쾅"하며 거대한 물체 하나가 갑자기 위협적으로 달려든다. 일본 작가 니시오 야스유키의 이 조각 작품은 일본 TV 애니메이션 〈기동전사 건담〉에 나오는 미모의 히로인 '세일러 마스'를 모델로 삼았다. 드라마에서 이 여성은 늘 정의의 사도다. "너라면 할 수 있어." 겁먹은 병사들을 정의의 이름으로 전쟁터로 내몬다. '정의'라는 이름으로 세계를 활보하며 파괴하는 '괴물'을 그려낸 것이다.

2008 부산비엔날레 현대미술전 '쾅! 세일러 마스'

본격적인 관전(?)을 위해서는 2층에 올라야 한다. 계단을 오르자 욕망의 비계들이 도열해 있다. '즐거운 인생' '유물론의 신' 등 중국 작가 첸 원링의 작품들은 돼지 머리를 뒤집어 쓴 인간의 욕망을 드러

2008 부산비엔날레 현대미술전

낸다. 육체적 욕망을 재현하고, 돈, 육체, 권력으로 이어지는 욕망의 끝없는 변주를 보여준다. 성모마리아가 죽은 예수를 무릎에 안은 구도를 띤 이용백의 '피에타'(합성수지, 400×340×300cm)는 생물학적 복제가 사이버적 복제로 변환하고 있는 오늘을 담아냈다.

회화, 조각, 설치, 영상 등 전시작품들은 끊임없이 관객을 낯설게 하고 불편하게 만든다. 불편함은 쉽게 전염된다. 이 많은 작품을 언제 다 볼 수 있을까, 마음이 서둘러 불편해지기 시작한다. 마치 쇼윈도를 따라 걷듯 대충 건너뛰기로 한다. 어둑어둑 구석진 방이 있어 들어가본다. 극장 같은데 너무 어두워 한 치 앞도 보이질 않는다. 영상에서는 알 수 없는 잡음과 기호들이 뒤섞여 흐르지만 알 수 없다. 넓은 방이 있어 들어가보기로 한다. 아무것도 없다. 도대체 무얼 보여주려고 하는가. 작품명을 적은 표지는 있을 것 아닌가. 구석진 자리에 표지가 있기는 있다. 그곳에서 보니 벽에 눈에 보일 듯 말 듯, 못 하나가 박혀 있다. 이 공간은 눈에 띄지 않는 벽의 못 하나로 작품이 되었다.

미술관에서 한참을 길을 잃고 헤매다 미술관 밖으로 나왔다. 현대미술로 뒤덮인 미술관에는 개관 10주년을 맞은 부산시립미술관이 없다. 수장고에 갇혀 '낭비되지 못하고 발산되지 못하는' 작품들의 에너지는 어떡할 것인가.

미술관 앞에서 셔틀버스를 타고 또 하나의 현대미술전이 열리고 있는 요트경기장으로 이동한다. 요트경기장 안에서 또 길을 잃는다. 그 많은 건물들 중 전시장이라고 알려주는 표지 하나 없다. 물어물어 전시장을 찾아들어간다. 박스와 쓰레기통 등으로 만들어진 중국 신세대 작가 리우웨이의 '그린 호텔'(혼합재료, 가변크기)에 잠깐 들렀다가 전 지구적 권력이 세계를 파괴하고 있는 것을 고발한 짧은 영상 '코카 킬러'를 인스턴트하게 소비하고, 휙 전시장 밖으로 나온다.

안내를 맡은 자원봉사자가 뒤따라온다. 저쪽 작품들은 보셨어요? 다른 전시장이 있나요? 저기 문이 보이죠? 입구가 눈에 띄지 않아 놓쳤던 다른 전시장으로 간다. 하수구라는 도회의 밑을 드러내는 영상, 살아 있는 새와 나무들이 전시기간 내내 인공의 친환경적 공간 속에 살아야 할 작품도 있었다.

다시 셔틀버스를 타고 광안리 미월드 놀이공원으로 간다. '비시간성의 항해(Voyage Without Boundaries)'를 주제로 내건 바다미술제(예술감독 전승보)의 실내 전시가 열리는 곳이다. 미월드라는 놀이시설이 예술의 공간인 미술관으로 변환된 것 자체가 예술(?)이다. 섣불리 놀이기구를 예술이라 해서는 안 되며, 어디서부터가 전시장인지 안내 표지를 제대로 해독해야 낭패를 당하지 않는다.

어둑한 공간 속으로 들어갔다가 끝없이 칠흑의 어둠이 이어지는 바람에 그냥 내빼듯 나온 곳도 있고, 문을 여니 작품이 계속 나와 자꾸만 열다가 밀대가 놓인 청소실과 맞닥뜨려 이것도 예술일까, 잠깐 고민에 빠지기도 했다.

노랫소리를 따라가보니 합창 연주회 장면을 담은 영상작품이 전시되어 있었다. 요즘 전 세계적으로 인기를 끌고 있다는 불만합창단 공연이다. 텔레르보 칼라이넨(핀란드)과 올리버 코차–칼라이넨(독일)의 작품으로 세계 각 도시의 일반 시민들이 자신의 도시에 대한 불만을 합창으로 노래한 장면들을 묶어놓았다.

"자전거 도로랍시고 만든 게 죄 컴컴한 터널투성이에 바닥엔 구멍이 1000여 개나 뚫렸네. 약속 지키는 정치인은 단 한 명도 없고, 시장이란 자는 항시 도시 개발 생각뿐. 좋은 영화는 하필 늦은 밤에 상

2008 부산비엔날레 바다미술전

영하지"(함부르크 불만합창단). "버스 기사는 하나같이 무뚝뚝해. 내 컴퓨터는 엄청 느려 터졌어. 시내에서 파는 맥주는 터무니없는 바가지야. 특대 사이즈 광고게시판 꼴도 보기 싫어"(버밍엄 불만합창단).

다른 작품들을 보러 갔다가 슬그머니 다시 돌아와 불만합창단 공연을 킬킬거리며 또 봤다. 도록에서 살펴본 불만합창단은 이렇다. "불평과 불만을 노래하는 합창단으로 누구든 참여할 수 있으며, 노래실력이 좋아야 될 필요도 없다. 유일한 자격조건은 불평할 만한 거리를 가지고 있느냐 뿐이다. 사람들이 제시한 불평과 불만들은 모두 노래의 소재가 될 것이며, 합창단이 함께 노래의 내용을 결정한다."

불만합창단은 자본주의 사회든 공산주의 사회든, 부자이든 가난하든, 나이가 적든 많든 사람들은 각자가 처한 삶의 조건과 무관하게 불평불만이 많다는 것에 주목하여 2005년 영국 버밍험에서 시작됐다고 한다. 불만의 목소리는 이내 유럽으로 퍼져나갔고, 지금은 알래스카에까지 합창단이 있을 정도라고 한다. 한국에서는 2008년 10월에 불만합창단이 결성된다고 비엔날레 측은 밝혀두었다.

놀이공원을 나와 셔틀버스를 타고 바다미술제의 야외전시가 열리고 있는 광안리해수욕장으로 갔다. 바다라는 확 트인 공간이 주는 여유로움 혹은 바닷바람의 환기 효과 때문인지 한결 가뿐한 기분으로 작품을 접할 수 있었다.

"단디해라" "만다꼬" "밥 문나" "니 내 존나" "용기하고 쪽팔리는 거는 조우 한창 차이다" "꽁바리도 길을 바꾸면 일등한다"…. 부산 사투리가 벽면 가득 하나다. 수영구문화센터 건물 벽이 부산 사투리 경연장이 되어 있었다. '부산갈매기가 그냥 갈매긴 줄 아나'라는 제목으로 출품된 서양화가 이진경의 작품이다.

다시 셔틀버스를 타고 지하철 2호선 금련산역(그곳에서도 전시작품이 무엇인지 헷갈리게 했다)을 거쳐 '전위 정원(Avant Garden)'

을 주제로 내건 부산조각프로젝트(예술감독 이정형)의 나루공원에 내렸다.

2005년 부산에서 열린 APEC을 기념하기 위해 조성된 나루공원은 세월의 풍파라는 연륜이 축적되지 않은 '새물'이어서 새롭고 산뜻한 뜻에서 '새뜻하다'는 느낌이 강했다.

로버트 모리스, 데니스 오펜하임 등 미국 출신의 조각 거장을 비롯하여 20명의 작가가 만든 한 점씩 해서 모두 20점을 새로 전시했다고 한다. 새로 전시했다는 말은 나루공원이 이미 지난 2006년 비엔날레 때 조각 작품 20점을 들여놓았기 때문이다.

전통적인 조각 개념을 탈피하여 빛과 소리, 움직임을 섞어 넣은 새로운 개념의 '전위 정원(Avant Garden)'에서 새로운 작품을 찾아가는 길은 미로와 같았다. 누군가에게 묻고 싶어도 행사 관계자를 찾아볼 수 없었다.

부산의 새 도심으로 바다와 수영강에 둘러싸여 섬 같은 인상을 주는 센텀시티, 그 중에서도 나루공원은 도회적인 세련미로 반짝이고 있지만 사람의 손때를 타지 않은 관상식물만 같아 또 하나의 섬으로 정물화되어 있었다.

모호한 현대미술을 중심에 놓은 2008 부산 비엔날레는 끝없이 낯설고 불편한 질문들만 골라 쏟아부어댔다. '이래도 미술로 보이나, 이래도?' 소통 부재, 익숙한 것들과의 결별. 나루공원 벤치에 주저앉아 말없이 흐르는 수영강을 물끄러미 바라보면서, 썩 괜찮은 내용이라며 늘 입에 달고 다녔던 경구 하나를 업보처럼 떠올렸다. '모욕이 준비되었을 때 비로소 인생이 시작된다!'

현장 대안공간 오픈스페이스 '배(bae)'

　대안공간 〈오픈스페이스 '배'〉가 있는 곳(住所)은 부산 기장군 일광면 삼성리 297-1번지다. 해운대를 지나 동쪽으로 내처 달리다 도회의 풍경이 아득해질 무렵이면 더듬이를 곤두세워야 한다. 아스팔트를 벗어난 길은 끊어질 듯 이어지고, 비포장도로와 산길을 휘휘 돌아 나간 배 밭 한가운데에서 섬처럼 아득한 오픈스페이스 '배'를 만나게 된다.

　배 밭의 배, 부산을 상징하는 배(ship), 발전하고 증가하는 곱절의 배(倍, double)를 함의하고 있다는 오픈스페이스 '배'. 2000년 3월 창작 및 전시공간으로 출범한 〈아트 인 오리〉 시대를 마감하고 2006년 9월 새로운 공간(배 밭)에서, 한 배를 타고, 현대미술의 발전을 배가하자는 취지를 담아냈다고 한다.

　2008 부산 비엔날레의 대안공간 연계 전시인 'Artist-in-Residence, OPEN TO YOU'(2008. 8. 29~10. 31)는 오픈스페이스 '배'의 속살을 모두 보여줬다. 전시는 '숲 속 미술관', '이토록 뜨겁고 황홀한 만남', '첫 만남'으로 짜여 있다. 오픈스페이스 '배'의 일상적인 활동과 다름없이 진정성을 느끼게 했다.

　'숲 속 미술관'은 오픈스페이스 '배'가 자리한 공간 그 자체다. 4만여 평의 숲 속에 조각과 설치작품 등 21점이 흩뿌려져 있다. 40여 분간 느긋하게 숲길을 걷다보면 차례로 작품들이 말을 걸어온다. 밤이면 빛으로 도란도란 속삭이는 듯한 박재현의 '빛 이야기', 어둑한 배 밭을 지켜주는 허수빈의 '창문 가로등', 현대를 살아가는 삶의 편

오픈스페이스 '배' (선셋 라이브 2008)

린을 비추고 있는 박경석의 '오늘 하루 사람들'은 빛 예술의 가능성을 보여준다. 이 밖에 박은생, 박용선, 박윤희, 박주현, 신무경, 안재국, 오윤석, 이욱상, 전영진, 정만영, 정종훈, 정혜련, 홍상식, 고(故) 정진윤 등의 작품들이 숲 속 어딘가에 숨어 있다.

'이토록 뜨겁고 황홀한 만남'은 '숲 속 미술관'에 참여한 작가들 중 오픈스페이스 '배'의 레지던시 프로그램에 따라 이곳에 입주한 작가들의 작업실을 공개해 관객과 더불어 대화를 나누는 자리다. 현재 입주 작가는 총 8명인데 박은생, 안재국, 신무경, 박경석은 5년 장기 입주자이고, 박용선, 박윤희, 김대홍, 허수빈은 6개월 단기 입주자다.

'첫 만남'은 창조자라는 예술가들의 정체성을 일깨우는 프로젝트로 관객에게 예술의 의미에 대해 질문을 던지는 퍼포먼스를 비롯하여 비엔날레 참여 작가 및 국내외 미술전문가들의 토론회로 이뤄졌다.

이번 행사가 보여주듯 오픈스페이스 '배'는 연 5회에 달하는 신인작가 발굴전과 한국 혹은 부산 미술의 이슈를 담은 기획전 등 전시 프로그램, 부산을 비롯하여 전국의 작가들을 대상으로 공모를 통해 작업공간을 제공하는 레지던시 프로그램, 지역 작가와 함께하는 게릴라 포럼을 비롯하여 어린이 대상 문화예술교육 프로그램인 '미술아! 놀자' 등 다채로운 행사를 마련해 복합미술 체험공간으로서의 가능성을 확대해나가고 있다.

뿐만 아니라 공연 등 다원예술 쪽에도 관심을 쏟고 있다. 대표적인 사례가 2007년에 이어 2008년 8월 30일 열린 친환경음악제인 '선셋 라이브 2008'이다. 무대에 오른 한국 10팀, 일본 2팀 등 12개 팀은 이날 전국에서 이곳 열린 극장을 찾은 200여 명의 관객을 열광의 도가니 속으로 몰아넣었다.

오픈스페이스 '배' 서상호 디렉터는 "대안공간이 생기면서 꼭 미대를 나와야 예술가가 될 수 있다는 인식이 바뀌었고, 작가 사회의 학연이나 지연도 많이 타파돼 가능성이 있으면 바로 예술현장으로 나올 수 있게 됐다"면서 "우리 '배'가 닫고 있는 것은 아무것도 없기 때문에 기획을 갖고 와서 스스로 기회를 만들어나가면 된다"고 말했다.

현장 2008 화랑미술제 - 부산

서브프라임 모기지(비우량 주택담보대출) 부실사태에 따른 미국발 금융위기로 세계 경제가 지진 만난 듯 요동치던 2008년 9월 16일, 영국 런던 소더비에서 날아온 한 뉴스가 한국 신문에 일제히 비중 있게 실렸다.

'현대미술의 슈퍼스타' 데미안 허스트(1965~)가 신작 경매 첫날에 54개 작품을 총 7천50만 파운드(약 1천470억 원)에 팔아 단일 작가의 경매로는 사상 최고가를 기록, 피카소가 이전에 세웠던 기록을 갈아치웠다는 뉴스다.

특히 허스트는 작품 판매가의 40~60%를 커미션으로 가져가는 화랑을 통하지 않고 직접 대중을 상대로 신작 223점을 경매에 붙여 화랑가의 반발을 샀다. 하지만 "미술시장이 사람들이 생각하는 것보다 더 큰 것 같다"며 "미술을 사랑하는 게 나 혼자만이 아니라는 것을 이번 경매는 보여줬다"며 넉살을 부렸다.

미술시장의 규모가 갈수록 커지고 있다. 전 세계는 물론 부산에서도 이른바 '돈 되는 미술(?)' 에 대한 관심이 증폭되고 있다. 이론의 여지는 있지만 '시장의 미술'은 미술에 대한 관심과 작품의 가치를 돈으로 환산하여 숫자로 직접 보여준다는 점에서 오늘날 미술이 처하고 있는 좌표를 더 선명히 돋을새김 한다고도 할 수 있다.

한국화랑협회가 1979년부터 마련한, 국내에서 가장 오랜 전통을 가진 아트 페어(Art Fair, 미술견본시장)인 화랑미술제가 서울 이외 지역에서는 부산에서 처음 열려 관심을 증폭시켰다. 2008년 3월

6~10일 벡스코(BEXCO, Busan Exhibition & Convention Center)에서 열린 '2008 화랑미술제–부산'은 지역 미술시장의 현주소를 수치로 명료히 보여줬다.

부산 행사는 지역화랑 6곳을 비롯하여 전국에서 모두 86곳의 화랑이 참여했고, 출품작도 2천여 점에 달해 화랑미술제 26년 역사상 최대 규모로 치러졌다.

규모에 걸맞게 결과도 역대 최고 수준으로 집계됐다. 미술제를 다녀간 관람객 수는 2만 1천600여 명으로 조사됐다. 2006년 4천882명, 2007년 1만 2천430명과 비교한다면 가히 폭발적인 증가세를 보여줬다.

이를 두고 지역민들의 예술에 대한 욕구가 서울 못지않다는 평가가 나왔는데, 어쨌든 부산 시민들이 기질적으로 갖고 있는 '열정'이 다시 한 번 확인된 자리였다.

작품 판매에 있어서도 성과가 두드러졌다. 650여 점이 팔려 금액으로는 70억 원에 달했다. 애초 40억 원 정도면 성공이라 여겼던 한국화랑협회로서는 예상 밖 성과를 거둔 것이다. 2006년의 270여 점에 13억 8천만 원, 2007년의 590여 점에 28억 6천여만 원과는 비교도 할 수 없는 대박(?)을 터트렸다.

부산에서 개최된 화랑미술제였지만 6곳의 지역화랑만 참여했고, 지역 작가들의 출품율도 저조했다. 인기작가에게만 판매가 집중되는 양극화 현상이 뚜렷했는데, 국내 작가로는 이수동, 전명자, 오치균 등 20~30명 정도의 작가들에 관심이 쏠렸다.

하지만 데미안 허스트나 미국 팝아트의 거장 앤디 워홀

2008 화랑미술제 - 부산

(1928~1987)에 당할 바는 아니었다. 이들 두 작가가 화랑미술제에서 올린 매출이 전체 판매액의 절반에 달했기 때문이다.

"나는 원래 상업미술가로 시작했는데, 이제 사업미술가로 마무리하고 싶다. 사업과 연관된 것은 가장 매력적인 예술이다."

미국 팝아트의 거장 앤디 워홀이 한 말인데, '2008 화랑미술제-부산'에서도 앤디 워홀과, 그의 입장을 충실히 따라갔던 데미안 허스트의 영향력은 파괴적인 수준이어서 미술의 신자유주의 세계화 바람을 다시 한 번 입증했다.

미술 대담 **부산 미술의 정체(正體)**

강선학 (미술평론가)
김성연 (대안공간 반디 디렉터)

— 부산 미술의 정체(正體)는 무엇인가. 서울이라는 중심과 다른, 그리고 여타 지역과도 변별력을 갖는 부산 미술만의 특성을 어떻게 말할 수 있을까. 그리고 그 지형에서 과거와 잇댈 수 있는 '맥락(context)'을 찾는다면.

강선학 _ 과거와의 맥락과 부산 미술만의 특성을 정체성이라고 한다면, 양식과 내용면에서 부산 미술은 다른 지역과 큰 변별력이 없다고 본다. 해방과 전쟁이라는 혼란기를 거치고 현대미술이 시작된 1970년대 초·중반 이후까지 서울의 미술 흐름과 그곳에서 활동하고 있는 그룹의 영향을 받아 진행되어왔다고 보이며, 부산 미술은 그 영향권에서 전혀 자유롭지 못하다.

하지만 부산 작가들의 개인적인 성과를 기준으로 볼 때, 추상화에 김종식, 오영재, 김종근, 김인환, 양철모, 김응기, 입체에서 염태진, 김청정, 권달술, 김정명, 박종선을 들 수 있지만, 구상화에서 김종식으로부터 시작해서 김윤민, 양달석, 박춘재, 80년대 이후의 이태호, 안창홍, 송주섭, 정진윤, 최석운, 오순환을 거쳐 오늘의 김은주, 방정아, 심점환, 이진이 등으로 이어지는 구상적인 맥락이 있다. 이를 염두에 둔다면 나름의 정체성을 보아낼 수 있을 것이다.

다른 지역에서는 인상파나 사실적인 구상성을 갖고 있는 데 비해, 부산은 조금 다른 양식의 구상성을 갖고 있다. 시대상황에 대한 반응이 민감한 형태로서의 구상성이다. 1950년 전후의 한국적 사회상과 무관하지 않은 삶의 일상성에 관한 관점들이 바탕이 된 것으로 1980년대로 이어지면서 두드러지게 드러나는 특징이다. 부산의 형상미술이라 부르는 맥락적 경향성이다. 미술의 역할에 있어 사회나 문화 등 삶에 대응할 수 있는 양식들이나 작가 의식 등을 크게 강조하는 흐름이다.

　요컨대 부산 미술의 정체성을 이야기할 때 다른 지역과 크게 변별되는 것이 없지만 형상미술이라는 맥락으로 묶을 수 있는 부산의 구상적인 형태가 그나마 변별력을 갖고 있다는 것이다. 다른 지역의 사실적인 구상화나 민중미술과는 다른 특징을 갖고 있기 때문이다. 지금도 형상미술의 전통이 이어지고 있다고 본다. 이를 회화에만 한정짓지 않는다면 미디어아트나 입체로 분류되는 작품에서도 현실을 비판하는 작업들이 없지 않은데 이를 형상미술로 계열화할 수 있다.

　그런데 형상미술로 부산의 독특함을 이야기할 순 있지만 고정된 양식적 특성으로 판단하고 시기적 한정과 특징으로 규정짓는 유혹을 당분간은 조심하면서 이에 대한 성과와 평가를 지켜봐야 할 것이다. 단기적 특징으로 부산 미술을 말하려는 조급성을 스스로 조심해야 하고, 어떤 이슈를 선점해서 단정짓고 당파화시켜서는 안 된다고 본다. 그런 점에서 형상미술에 대한 이러저런 글들을 써왔지만 나는 좀 더 지켜보자는 입장이다.

김성연 _ 타지에서도 질문을 많이 해오는데, 대부분 부산이 항구도시이니까 항구도시의 성향과 연관된 특징이 있지 않나, 라고 생각하는 것 같다. 타 지역에 비해 비교적 자유로운 미술판의 분위기나 솔직하고 조금은 거친 경향들을 보면 그런 면이 있는 듯도 하지만 오늘날 미술이 워낙 다양하게 전개되고 있어 부산 미술의 정체성을 하나로 정리하기는 어렵다. 주목할 만한 것은 젊은 작가들이 과거와 달리 약진하고 있다는 사실이다. 외부에서도 부산의 젊은 작가들 작품을 보고 많이 놀란다. 지역만 본다면 다른 도시에 비해 다양한 젊은 작가들이 부산에서 활동하고 있다는 사실은 긍정적인 대목이다. 동시대 미술이 전개되는 세계의 흐름 속에서, 지역이어서 뒤떨어질 것이라는 생각이 일반적이어서 그런지는 몰라도 어디에 견주어도 뒤지지 않는 좋은 작가와 작품들이 부산에 많다는 데 놀라는 것 같다.

타 지역과 비교해보면 특정한 사단이나 운동에 얽매이거나 특정 인물의 영향력에서부터 자유로운 것도 부산 미술의 특징이다. 그래서 젊은 작가들이 다양하게 작품 활동을 할 수 있는 배경이 된 것이다.

하지만 언급되었던 형상미술에서도 전체 작가 수와 비교해 형상미술 쪽의 작가가 그리 많지 않듯 전국에서 주목받는 부산의 작가들 또한 많지는 않다. 현대미술이라는 측면에서 부산의 작가 저변이 넓지 않고 제반 여건들도 썩 좋지 못하다.

그런 면에서 부산 미술의 정체(正體)는 오랫동안 정체(停滯)되어 있는 지역의 현실과 무관하지 않다. 지역이라는 한계라고나 할까. 지역의 한계는 분명히 있는 것 같다. 지역의 미술이 담론화되지 못하고 있고, 지역보다는 중앙의 담론이 중요하게 대두되고 있는 것이 안타깝지만 현실이다.

강선학 _ 미술은 양보다는 질이다. 부산미술협회 회원 수가 2천 명이 넘는다는데 10명이라도 좋은 작가로 언급될 수 있느냐가 중요하다. 담론구조도 그렇다. 지역의 담론이 개인이나 지역 담론으로만 끝날 것이 아니라 미술계 전체의 담론으로 발전할 수 있는 내용이어야 하는 것이다. 현실은 그렇지 못하다.

한국 사회가 다 그렇지 않은가. 부산에는 광복 이후 일본에서 작가들이 건너왔고, 한국전쟁 때에는 부산이 마지막 피란지여서 전국의 작가들이 많이 왔다. 하지만 부산에서 그것들은 어떤 힘으로 결집되지 못했고, 1979년 부마민주항쟁 등 중요한 포인트가 있었음에도 불구하고 정치의 중심부가 되지 못한 채 늘 소외되었다. 그러다 보니 큰 이념보다 삶의 일상성에 주목하게 되었고, 그런 것들이 형상미술이라는 부산의 구상미술을 형성하게 된 계기가 되었다. 그 밖의 사람들은 정물이나 인물, 풍경을 그렸는데 이를 갖고 다른 지역과의 변별성을 언급하기는 힘들 뿐 아니라 대체로 여느 지역과 마찬가지로 서울의 흐름에 따르는 경향이었다.

— '지금, 여기', 그러니까 부산의 오늘에서 펼쳐지고 있는 부산 미술을 조망한다면. 깊이와 넓이, 모두 부산 미술을 바라보는 잣대가 될 수 있을 것이다.

김성연 _ 부산 미술의 깊이와 폭은 상대적이지 않나 싶다. 도시 규모로 봐서 부산 미술이 빈약하다고 할 수 있고, 미술의 빈약한 수요를 보자면 풍성하다고도 할 수 있을 것이다. 시민들이 작품을 관람하거나 구매하는 등 문화 향유나 참여도에 비하면 작품 전시나 작가들의 활동이 적은 편이 아니다. 전시와 관람객 그리고 작품과 수요의 규모로 보면 그렇다는 것이다. 질적인 면에서는 전반적으로는 다양한 장르나 형식을 수용하지 못하고 있다고 본다. 작은 규모지만 지역 미술 시장에서 관심을 갖는 지역 작가들의 작품양식도 한정적이고.

부산에는 화랑이 서른 곳 정도 있는데 기획력을 갖추고 비중 있는 활동을 하는 곳은 그리 많지 않다. 미술관도 부산에는 하나뿐이다. 도시 규모로 볼 때 다른 국가의 도시와 비교하면 결코 많은 숫자가 아니다. 그렇지만 미술에 대한 수요나 관객 수를 볼 때 화랑이나 미술관 수가 현재 부산의 상황에서는 오히려 적은 숫자가 아닐 수도 있다. 워낙 시민들의 관심이 없으니까. 비평의 기능, 기획자의 활동, 전시공간의 역할, 시민의 관심과 시장의 규모 등을 볼 때 전반적으로 부산은 그리 역동적이고 유기적으로 잘 짜여진, 자생력을 지닌 건강한 판은 아니다.

강선학 _ 창작과 교육에 있어 부산 미술은 폭이 넓지만 가시적으로 확인할 수 있는 것은 순수미술밖에 없다. 지금 여기 부산 미술이라 할 때 마땅히 언급되어야 할 것은 장르 전체여야 하는데 순수미술 이외의 타 장르에 대한 언급이 불가능하다. 디자인이나 공예 쪽은 전시가 너무 드물어 평가할 자료가 희박하다. 회화, 조각, 미디어아트 등은 개인적 발표가 왕성해서 상대적으로 눈에 띈다. 그런 구조적인 문제를 전제하고 '부산 미술, 지금, 여기'라는 말을 써야 할 것이다.

한 해 대학에서 나오는 작가 수가 250명이 넘는데 작가로서 활동할 수 있는 공간이라면 화랑밖에 없고, 인구 350만 명에 활동하는 화랑이래야 다섯 손가락 안에 들 뿐이다. 그나마 그 다섯 곳도 제대로 돌아가느냐 하면 그렇지도 않다. 활동 양이 적다 하더라도 발표 공간이 갖는 힘이 있어야 하는데 힘도 별로 없다. 작가들이 작품을 발표함으로써 성장하고 주목받는 경우가 드물다. 미술인끼리 주목하는 정도이지 미술시장이나 사회, 다른 지역에서의 주목은 기대하기 힘들다. 대안공간의 몇몇 전시와 작가들이 주목받는 현상은 특별하다. 발표량이 적고, 평가도 거의 없다보니 발전할 계기가 없는 것이다.

장르 간의 활동을 보면 순수미술을 제외하고는 거의 활동이 없다. 부산 미술이라는 포괄적인 차원에서 깊이나 넓이를 이야기할 수 없는 것이다. 순수미술로 본다면 적어도 부산에서 활동하고 있는 몇몇 작가들의 수준은 전국 어디에 내놓아도 뒤지지 않는 조형적 성과와 깊이를 갖고 있다. 미술은 질의 문제라고 한 것은 이런 점을 염두에 둔 말이다. 부산 미술의 지금 여기의 폭과 깊이를 말하면서 수량적 통계를 원한다면 의미 없는 질문이며, 평가될만한 작품이 얼마이며 그 의미가 무엇인지를 묻는 것이어야 의미 있는 질문일 것이라는 말이다. 김성연 선생이 지적하듯 젊은 작가들의 약진이 눈에 띄지만 시장주의적 관심이 아니길 바랄 뿐이다.

— 화제를 미술과 관객의 소통으로 돌려보자. 미술인들의 생계 문제도 소통과 연관될 것이다. 소통 부재가 미술의 '현장부재증명(alibi)'으로 나타나는 경

우를 종종 보게 된다. 미술과 일반 시민과의 불화를 해소할 수 있는 길을 찾는다면.

김성연_ 오랫동안 지적되어온 문제여서 어느 하나를 푼다고 해서 쉽게 해답이 나오지는 않을 것 같다. 특히 미술은 일반 시민과의 소통방식에 있어 음악 등 공연 혹은 대중예술과는 다른 미술만의 속성 혹은 특성이 있다는 것을 인정해야 한다. 그 종류와 추구하는 방향도 다양해서 모든 장르나 모든 작품들이 쉽게 소통 가능한 것만은 아니다.

장기적으로 부산의 경제적 풍요와 문화 및 예술에 대한 관심이 늘어난다면 나아질 수 있겠지만 현재는 여러 문제가 유기적으로 얽혀 있지 않나 싶다. 시민들의 관심과 참여를 제외하면 개별 작가들의 노력과 역량이 우선되어야 하고, 이들을 소개하는 기획자들과 공간의 역할, 비엔날레 같은 행사, 담론화를 위한 비평의 장, 미술교육 등 하나하나 문제점을 지적하면 끝이 없을 것이다.

일반적 의미로서 시민과의 소통 부재를 해소하기 위한 시도들은 다각적으로 이루어져야 한다. 미술계 내부로는 지역의 의식 있는 작가나 비평가, 기획자들이 활동할 수 있는 정책적 지원시스템이 필요하다. 이러한 공공기금도 대중적 관심과 경제효과로만 지원해서는 곤란하다. 상업 화랑도 과거 적극적이지 못했던, 지역 작가들을 발굴하고 키워나가는 노력이 필요할 것이고, 작은 규모라고 해도 미술을 향유하는 시민들의 저변을 확대하는 노력이 필요하다. 또한 미술관과 비영리 공간의 활동들도 의미 있게 이루어져야 한다.

여러 시도들 중 하나로 도시 내에서 자연스럽게 많은 작가들이 모여 작업실이 생성되고, 이를 배경으로 아트타운이 만들어진다면 작가나 시민들에게도 좋을 듯하다. 물론 어떤 작가들인지 또 어떤 환경인지도 문제이겠지만. 도시 재개발을 자본의 논리에서만 접근할 것이 아니라 정책적으로 이런 문화 환경을 조성하는 시도도 해볼 수 있을 것이다.

물론 외부의 개입에 의해 의도적으로 만들어진 사례는 많지 않을지라도 커다란 미술관만이 아니라 도시 속 문화공간 확산을 통해 시민들과의 거리감을 좁히고 어려운 여건의 미술인들을 지원하는 효과도 얻을 수 있지 않겠는가. 조금 더 가까운 미술 환경이 조성되었을 때 미술에 대한 호기심도 많아지고 자연스럽게 새로운 가치를 추구하는 현대미술에 대한 충격 완화와 저변을 확대하는 효과, 그리고 다음 세대라도 시각예술에 대한 관심을 가지게 하는 교육적 측면도 기대할 수 있을 것이다. 거시적 정책도 필요하겠지만 공공기관의 정책과 지원만 기대해서는 안 되고 각 분야 미술인들의 자구적인 노력이 필수적이다.

강선학 _ 소통이라는 말을 너무 시장주의적인 용어로 사용하고 있는 듯하다. 그것은 시장의 용어가 아니라 미술작품의 존재 이유를 탐색하는 용어이다. 이 말을 조심스럽게 썼으면 한다. 현대미술은 소통하는 것이 아니라 소통하지 않으려는 것이다. 현대미술은 대중과의 소통을 거부한다. 소통하지 않는 데서 새로운 가치와 사유가 생겨난다. 그 가치와 사유가 다시 새로운 소통을 만드는 것이다. 그게 예술의 가치이고 작가라는 말에 부응하는 것이다. 이 시대에 자본과 시장에 대응할 수 있는 사람은 작가뿐이다. 소통이라는 말의 오해로 해서 자칫 시장주의로 미술을 호도할 수 있다. 지금은 도리어 소통하지 않는 미술에 대한 인식의 소통이 필요하다. 오늘날 자신이 작가라고 생각한다면 자신의 작품을 통해 사람들에게 새로운 시각이나 가치, 사유를 내놓은 적이 있었는지, 그것으로 사람들이 미술에 관심을 갖게 할 정도로 좋은 작품을 만든 적이 있는지 반문해야 한다. 좋은 작품을 만들지 않아서 대중이 관심을 갖고 있지 않을 뿐이다. 천박한 시장주의만 탓할 수는 없다.

강선학

근본적으로 현대미술은 소통을 원하지 않고 불화를 자초하는 것이다. 작가는 전위적인 사유로 기존 질서에 반발하는 사람들이다. 대중은 기존 질서에 따르는 사람들이다. 이 둘의 간극은 해결되기 힘들다. 이런 사실을 양쪽이 모두 이해해야 한다. 현대미술에 대한 명쾌한 이해를 갖고 있는 작가라면 내 작품이 왜 안 팔리나, 왜 보러오지 않나, 그런 말 하지 않는다. 소통을 거절하는 것이 미술인들에게는 소통의 길이다. 일부 작가들에게서나 일반인들 중에 시장에서 팔리는 것을 소통이라고 이해하는 것을 본다. 시장을 소통이라 보고, 판매를 소통이라고 판단하는 것이다. 소통이 된다는 말은 작품이 잘 팔린다는 또 다른 말이 된 것이다. 이들에게는 작가들의 작품이 소통되지 않는다고 할 것이다. '소통 부재가 미술의 현장부재증명(alibi)'이라는 웃지 못할 난센스가 생겨나는 것이다. 그렇다면 미술을 상품으로 삼고 작업하는 사람들에게는 소통 부재가 심각한 문제임에 분명하다.

 내 경험으로 되돌아보면 부산 미술은 지난 20여 년 동안 시장에 구속받지 않았기에 좋았다. 지금은 시장에서 자신의 작품이 상품이 되기를, 고가의 상품이기를 원하고 있다는 게 심각한 문제이다. 이것이 되레 작품 이해를 막고, 새로운 가치와 사유를 제공하지 못함으로써 모처럼의 시장에서 소통(?)되지 못하고 있다는 점을 애써 부인하려 한다. 작품이 상품화되고 작가가 연예인 취급을 받고 있는데 부화뇌동하여 대중적 가치와 대중적 호응에만 맞추다보니 그렇게 된 것이다. 오늘의 소통은 그렇게 오지랖이 넓은 대신 냉정한 것이 아닐까.

 나는 자발적 가난을 선택한 사람들이 작가가 아닌가 한다. 작가는 외로워야 하고 그리고 외로움에 자신의 삶을 투자할 수 있어야 한다. 부산 미술의 환경은 지난 20년 전과 하나도 달라지지 않았는데,

달라졌다면 시장을 더 염두에 두고 있다는 것뿐이다. 하지만 현실적으로 좋아진 것은 없고, 되레 작품에 대한 순수성과 결기를 잃지 않았나 싶다. 시장에 끼어들려고 할 뿐 조형적 성과는 별로 없다.

현대미술은 근원적으로 대중과 기존 미감에 소통되지 않으려는 속성을 지니고 있고 그것이 현대미술의 존재이유이다. 그래서 대중성을 확보하기 힘들다. 그래서 정책적인 지원이 필요하다. 다음 세대의 가치를 생산하는 작가들이 활동할 수 있도록 지원해야 한다는 말의 뜻은 여기 있다. 소통되지 않는 미술품이 왜 필요한가에 대한 인식이 필요하다. 그것은 거북할 정도의 새로운 사유이자 미학적 실험이기 때문이다. 그것은 곧 다음 세대의 우리 감성의 기반이 될 자원이다. 미술이나 문화의 논리는 경제 논리와 다르다. 미술은 오해된 소통보다는 가치 창조에 나서야 한다. 그래서 미술은 안목 있는 사람, 후원자(patron)가 필요한 것이고 현대 사회의 정책적 지원과 제도가 필요한 것이다. 미술 환경도 그런 차원에서 고려되어야 한다.

— 부산 미술의 활성화 길은 어디에 있을까. 미래를 생각한다면 젊은 작가들에게 주목하지 않을 수 없다. 부산 미술의 앞날을 어떻게 전망하나.

김성연 _ 서울로 가야만, 중앙으로 향해야만 주목받거나 활동이 가능하다는 생각이 많았고 실제로 그런 사례도 있었다. 작품성이나 작가 역량에 비해 지역에 있다는 이유만으로 제대로 평가를 받지 못한 작가들이 있었고 또 지금도 그런 것이 사실이다.

오늘날 부산의 젊은 작가들 사이에는 중앙으로 가야만 활동이 가

김성연

능하다는 생각이 많이 사라지고 있는 것 같다. 부산에 있으면서, 지역을 근거로 하면서도 주목받는 젊은 작가들의 사례가 잇따라 생겨나고 있다. 부산에서 작업을 하면서도 타 지역이나 세계로 활동하는 것이 가능하다는 생각을 갖게 된 것이다.

대안공간 반디에서 만든 작가 도록을 해외에 배포하면서 부산 작가들이 외국의 주목을 받기도 했고, 중앙에서도 지역으로 눈을 돌려 젊은 작가들을 찾고 있다. 부산에서 작업하면서도 한국과 세계를 조망할 수 있는 것이다. 부산에서 교육받고, 부산에서 작업하는 전준호는 전 세계를 배경으로 활동하고 있으며, 상업적으로 주목받고 있는 최소영도 부산에서 작업을 하고 있다. 반디에서 소개했던 강태훈과 김한나 같은 작가들도 활발히 활동하고 있다. 이런 사례들을 보면서 부산에서 작업을 해도 가능하겠구나 하는 생각을 후배들이 하게 된 것이다.

부산 미술의 앞날이 우울하지만은 않다. 10여 년 전과 다르다는 것을 체감하고 있다. 개별적이긴 하지만 지역 작가들이 주목을 받는 사례가 늘기도 하며, 미진하지만 지역 작가들의 작품이 유통되는 사례가 생기기도 하고, 외부에서도 지역의 범주를 넘는 좋은 작가들이 많다고 생각하는 등 부산에 대한 인식도 변하고 있음을 실감한다. 1980년대 중반부터 지역의 미술대학에서 교육을 받은 작가들이 나오기 시작해 현재 작가로서 또는 교육자로서 활동을 펼치고 있는데 또 다른 차원에서 부산 미술을 풍성하게 만드는 계기가 되지 않겠나 생각하고 있다.

무엇보다도 작가 개개인의 치열한 작가정신과 작품 활동이 가장 중요할 것이고 이를 지원할 수 있는 시스템도 필요하다. 또 미술계 뒷전에서 비판, 한탄, 외면하거나 말만 앞세우고 사욕을 위하는 것보다는 작은 일이라도 지역을 위해 실천하는 사례가 늘어나기를 기대한다.

강선학 _ 작가 개인 활동의 활성화가 부산 미술의 활성화 길이다. 문화상품이 되고 있는 비엔날레나 관료화되고 있는 미술관에 진출하는 것이 활성화의 길이 아니다. 더구나 시장에서 잘 팔리는 작가가 되는 것은 더욱 아니다. 그것은 한 요인일 뿐이다. 이런 환경에 대응하는 길은 작가 개인 활동의 활성화에서 가능성을 찾을 수 있다.

미술판은 미술관, 비엔날레, 개인 화랑이라는 세 개의 구조로 짜여 있다. 여기서 작가가 살려면 개인역량을 강화해야 한다. 미술이 권력화되거나 관료화로 빠질 때, 전시가 이벤트화하면 미술은 끝나는 것이다. 작가끼리의 소단위 활동을 통해 대형화, 권력화하는 미술관과 비엔날레에 대응할 수 있어야 한다.

미술관이 제대로 되려면 시장주의에서 벗어나 작가들에 대한 기획을 강화하고 그들의 작품을 소장하는 데 적극 나서야 한다. 미술관은 독특한 사유, 다양한 사유, 새로운 가치를 창출하라고 국민 세금으로 지어졌다. 미술관이 나서서 시장에 복속하는 지각 없는 짓들에 대해 양식 있는 작가들이 대응해야 하며 그들의 고군분투를 개인적 문제로 축소시켜서는 안 된다. 이벤트화된 비엔날레에 선정되기를 원하고 그 여세로 미술시장에 진입하려는 수작은 양식 있는 작가가 할 일은 아니다. 미술이란 자신의 일이자 우리의 일이며 한 시대의 사유라는 점을 잊어서는 안 된다. 1950~70년대 작은 화랑에서 작가들이 스스로 전시를 만들어가던 그런 결기가 이 시대에 더욱 더 필요한 듯하다.

그리고 활동공간은 젊은 작가에게만 필요한 것이 아니라 중견, 원로작가에게도 필요하다. 개선되지 않은 부산의 미술공간은 전 세대에 걸친 갈증의 요인이다. 젊은이에게 더 많은 기회를 제공하는 것이 바람직하지만 젊지 않은 세대에게도 손에 쥔 것이 없기는 마찬가지이다. 시장주의에 매료되어 있기로는 젊은 작가들이 더 심하다. 이들에게서 시장주의를 넘어서는 계기로서 공간과 제도가 주어질 때, 한 단계 차원 변화가 가능할 것이다.

부산에서 활동하고 있는 작가 중에서 전국 어디에 내놓아도 좋은 평가를 받는 작가들이 여럿 있다. 그들은 부산을 배경으로 성장했다. 그들이 주목받지 못하는 것은 시대적 흐름을 따르지 않은 데 있다.

미술이 갖고 있는 원래 가치를 지키려 했기 때문이다. 그런 작가들이 활동할 수 있는, 시장주의에 함몰되지 않는 공간을 확보하는 데서 부산 미술의 미래를 찾을 수 있다. 그렇지 않다면 서울의 물량과 다양성, 서울의 영리와 비영리를 부산이 도저히 따라갈 수 없다. 돈이 없어도 마음대로 할 수 있는 것이 미술이 되어야 한다. 여기서 나고 여기서 공부한 사람들이 지금 30~40대인데, 이제 부산의 정체성이 무엇인지 말할 수 있는 시기가 온 것이다. 부산은 그런 면에서 희망적이다.

부산에서 미술을 한다는 것은 자발적인 가난을 선택하는 일이다. 그럴 때 비로소 작가로서의 의미가 찾아진다. 국가적, 사회적 지원이 있다면 그런 작가들이 활동할 수 있도록 제도적 뒷받침을 하는 것이다.

3 춤

거리의 풍문 '춤은 역시 부산?'

'소리는 호남이지만 춤은 영남이다.'

예부터 춤에 관한 한 영남은 예향(藝鄕)으로 불리는 호남 부러울 게 없었다. 부산, 경남의 들녘에서 질펀한 춤판 한번 벌어지면 "춤은 영남, 소리는 호남"이라는 말이 절로 터져 나왔다 한다. 부산 동래의 들놀음에서, 경남 밀양의 백중놀이에서 그랬다. 경상도 사람들의 '밖으로 드러내는' 활달한 기질 때문인가.

부산은 동(動)과 정(靜)의 춤을 두루 아울렀다. 들놀음인 동래야류와 수영야류가 거칠게 솟구친 산악이라면, 그 사이로 사뿐히 날아들어 깃든 동래학춤, 한량춤, 동래고무가 있어 장단을 맞추고 호흡을 조절했다. '악(樂)·가(歌)·무(舞) 일체', 연주, 노래, 춤이 한데 어우러지는 전통이 오롯했고, 춤은 소통과 진정성에 육박해 들어갔다. 요컨대 부산 춤의 독자적인 미학이 있었던 것이다.

부산에서 들놀음으로 불리는 야류(野遊)는 경남의 오광대(五廣大), 중부지방의 산대(山臺)놀이, 황해도의 탈춤처럼 민속가면극이다. 정월 보름날 마을의 안녕과 한 해의 풍년을 빌던 들놀음은 부산 춤의 원형으로, 동래야류는 중요무형문화재 제18호, 수영야류는 제43호로 각각 지정되어 있다. 농촌에 들놀음이 있다면, 어촌에는 풍어를 빌던 동해안별신굿(중요무형문화재 제82의 가호)이 있어, 삶과 춤은 본디 단단히 결속되어 있음을 보여준다.

조선 후기 부산의 중심지였던 동래와 수영의 들녘에서 은성했던 야류와 해안가의 별신굿 전통은 오늘날 부산의 춤패, 연극패, 풍물패 등에 면면히 이어져 내려오고 있다. 탈판에서 잔뼈가 굵은 이들이 부산 공연예술에서 뚜렷한 하나의 흐름을 형성하고 있는 것이다. 한국춤이 다른 장르에 비해 부산에서 단연 강세를 띠는 것은 따라서 당연하다. 부산시립무용단이 애초부터 한국춤 전공자들로 꾸려졌고, 대학 동인춤패에서 한국춤패의 활약이 두드러지거나 전국무용제에 나가 성과를 거둬오는 것도 이런 춤의 내림이 있는 까닭이다.

들놀음과 별신굿이 문화재보호법에 따라 문화재로 지정되어 보호(?)되고 있는 것은 이들 부산 춤의 원형이 점차 현실에서 유효성을 잃어가고 있다는 반증처럼 읽힌다. 농경사회의 춤이 산업화를 거쳐 정보화, 국제화, 신자유주의적 세계화로 팽팽 돌아가는 오늘을 담아내기란 아무래도 역부족인지 모른다. 삶의 조건이 바뀌면 예술 또한 그 틀을 달리할 수밖에 없는 것이 제 운명인 것인가.

물론 부산 춤의 창조적 계승 발전의 흐름은 있다. 부산대 출신의 춤꾼들을 중심으로 한 창작 탈춤패 '창탈 지기금지(至氣今至)'(대표 채희완·부산대 교수)가 2008년 5월 26일 부산민주공원에서 '전통과 현대, 씻김과 신명의 기우뚱한 만남'을 무대에 올리는 등 전통탈춤의 의미와 양식을 계승하여 오늘의 시대정신을 담아내려는 노력을 계속하고 있다.

이런 가운데 최근 몇 년 새 부산 춤의 퇴락을 우려하는 목소리가 춤판 안팎에서 커지고 있다. 부산 춤의 전통과 기반이 여느 지역보다 빼어남에도 불구하고 대학 무용학과 지망생들이 줄어들고 있고, 춤에 대한 일반의 관심도 예전만 못하다는 지적이다.

삶의 현장에 굳건히 터 박고 있던 부산의 춤이 흙투성이와 비린내를 털어내고 상아탑에 안주하면서 특유의 활력을 잃어버린 듯 여겨진다. 이는 춤에만 국한되는 것은 물론 아니다. 그리고 부산에만 나타나는 현상도 아니다. '순수예술'을 강조하는 풍조를 타고 대부분의 예술 장르가 현실에 한 발 비켜나면서 정도의 차이는 있지만 역동성을 상실해온 것이다.

특히 의식을 갖고 있는 몸을 매체(medium)로 이뤄지는 춤은 접근하기 까다로운 예술 장르여서 문제의 심각성을 더한다. 손을 뻗고 발을 내딛는 매 동작마다 의식의 팽팽한 긴장이 흐르는 춤이 순수일변도로 나아갔을 때 관객에게는 고차방정식도 이런 고차방정식이 없다.

되돌아보면 춤이 예술(미적 예술 혹은 순수예술·fine arts)로 당당히 자리를 잡게 된 데는 샤를 바퇴(Charles Batteux, 1713~1780)에 힘입은 바 크다. 18세기 들어와 근대적 예술개념을 확립하면서 바퇴

정신해무용단 '산산히' ⓒ

2008 부산국제무용제

는 회화, 조각, 음악, 시, 무용에다 건축과 웅변을 덧붙여 7개 목록으로 예술 체계를 구성했다.

순수예술로 호명받은 탓에 '순수'를 직접 보여줘야 하는 소명이 예술가들에게 되돌아왔다. 장르마다 규범(canon)이 요구되었고, 춤 또한 여기서 자유롭지 못했다. 특히 예술 춤과 일반 춤의 경계짓기가 요망되었고, 음악이나 연극 같은 여타 공연예술과의 변별점도 보여주어야 했다. 예술을 위한 춤, 춤을 위한 춤이 모색되면서 춤의 소외가 시작된 것이다.

춤의 수용에 있어서도 난해함이 뒤따를 수밖에 없다. 춤에서 감성적인 정서나 가치를 발견하는 '미적 태도' 보다는 기법과 양식에 천착하는 '예술적(혹은 비평적) 태도' 가 거꾸로 득세하면서 춤의 소외가 더 가속화되었다고 볼 수 있다.

다시 부산의 춤판으로 돌아오면 현재 부산 춤의 중심은 아무래도 상아탑에 있는 듯 여겨진다. 부산시립무용단을 제외하고는 직업적인 춤패가 전무한 데다, 공연 대부분이 대학 춤판이나 동인춤패 춤판으로 이뤄지고 있기 때문이다.

부산 유일의 춤 경연무대이자 춤의 새로운 가능성을 일궈내야 할 것으로 요청되는 부산무용제가 이를 단적으로 보여준다. 2008년 7월 10~11일 개최된 제17회 부산무용제의 객석에는 춤의 비전공자를 찾아보기 힘들었다. 출품작이 4개에 그쳤고 이 중 세 팀이 대학 동인춤패였다. 장르도 한국춤, 현대춤, 발레로 도식화되었다. 내용에 있어서도 부산 춤이라는 차별화된 지점을 발견할 수 없었다.

부산 춤의 위기 징후는 깜짝 놀랄 정도로 판을 크게 키운 부산국제무용제(BIDF, Busan International Dance Festival · 운영위원장 이윤자)가 역설적으로 웅변했다. 2008년 8월 2~4일 광안리해수욕장 특설무대에 오른 제4회 부산국제무용제는 지난해까지의 부산국제해변무용제를 개명하면서 부산 시장에게 조직위원장을 맡겼고, 1억 원에 그쳤던 예산을 3억 원 가까이 늘렸다. 세계 9개국 17개 단체를 불러 역대 최대 규모를 유지했고, 폐막 날에는 '시민과 함께 춤을!' 이라는 이름으로 객석과의 소통을 위한 화끈한 춤판도 마련했다.

이런 가운데 최근 부산 춤판에서 순수무용 일변도에서 벗어나려는 움직임이 일고 있어 주목된다. '이야기'가 풍성해지고 있는데, 부산국제연극제 때 선보인 트러스트무용단의 '올리브 나무 all live' (2008. 5. 13~14)나 젊은 프로젝트 춤 그룹 '연분-홍'의 '품다, 풀다' B팀 공연(2008. 6. 22)이 대표적이다. 대사 등 연극 언어를 과감하게 끌어오면서 춤 욕망의 새로운 탈주(脫走)를 선보인 것이다. 객석이 한결 편안해진 것은 물론이다.

시와 음악, 춤 등이 분화되어 있지 않았던 고대 그리스 시대의 '코레이아(choreia)'와 부산 춤의 '악(樂)·가(歌)·무(舞) 일체' 전통은 일맥상통한다. 근대예술이 순수예술이라는 이름으로 '장르 제일주의'에 함몰되었다면, '예술의 종말'이 운위되는 포스트모던한 오늘에는 장르의 벽이 무너지고 서로를 넘나드는 통섭의 기운이 완연하다.

'춤은 영남, 소리는 호남'이라는 부산 춤의 전통은 아직 유효하다. 활달하고 외향적인 부산 사람들의 기질 속에는 꿈틀거리는 몸짓의 욕망이 있다. 부산 출신의 춤꾼이 유난히 많았고, 용두산공원을 세계적으로 인정받고 있는 한국 비보이문화의 성지로 만든 부산 스트리트 댄서들의 활약도 부산 춤의 내면화한 가능성을 보여준다. 이 같은 기질에다 삶에 육박해 들어가는 내용성과 춤의 다양성을 담아냈을 때 '춤은 역시 부산'이라는 풍문이 다시 거리에 넘쳐날 것이다.

현장 2008 부산국제여름무용축제(BISDF)

'춤바람 나 바다에 첨벙 뛰어들다!'

부산국제여름무용축제(BISDF, Busan International Summer Dance Festival)는 전국의 춤꾼들이 오르고 싶어하는 꿈의 무대다. 따가운 햇볕이 내리쬐는 8월의 여름날, 바다가 열리면서 마음도 더불어 열리는 백사장에서, 수평선까지 이어지는 쪽빛 바다와 하얀 갈매기, 그 사이를 느릿느릿 유영하는 유람선을 배경으로 몸의 언어가 솟구치고 자맥질하는 날것의 춤판이기 때문이다.

제21회 부산국제여름무용축제(운영위원장 최은희)가 2008년 7월 3~6일 해운대해수욕장 특설무대, 경성대 콘서트홀 등지에서 열렸다. '젊은 작가전', '국제 무용인의 밤', '바다·춤 1, 2부'의 3개 춤판과 부산여름무용학교로 프로그램이 짜졌다.

'젊은 작가전'에는 부산 춤판에서 가장 왕성하게 활동하고 있는 중간세대 5명이 직접 안무하고 출연한 작품을 통해 부산 춤의 가능성을 보여줬다. 이유리(홀춤연구회 회원)의 '泉', 임현미(임현미 MDC 대표)의 '사람꽃-"바람을 품고"', 정두순(그랑발레 단원)의 '0/1', 하연화(춤패 배김새 대표)의 '길에서 길을 묻다', 강희정(예술공동체 마르 대표)의 '개인적인 중력'은 한국춤, 현대춤, 발레 언어를 통해 춤꾼 저마다의 '세계내존재(世界內存在)'를 형상화했다.

'국제무용인의 밤'은 세계 춤의 흐름을 한자리에서 감상할 수 있는 자리였다. 아켈키나 마리나(러시아 모스크바국립발레안무아카데미 지도자)의 '그 후의 정적', 김은이(동아대 교수)의 '태평무', 마츠

최은희 '일, 춤' ⓒ

2008 부산국제여름무용축제

야마 요시히로(일본 리소난스무용단 안무자)의 '경계선상의 순례자들', 줄리엣 맵(미국 뉴욕 무용가)의 '아그네스 그 후', 임현선(대전대 교수)의 '바람이 소리를 만나면 IV-연감(緣感)' 이 무대에 올랐다.

김은이 교수는 근자에 들어와 부쩍 태평무에 공을 들여왔다. 원시반본(原始返本)인가. 창작 춤으로 전국무용제에서 대상과 안무상을 받았던 그는 전통춤으로 다시 회귀해 장단이 복잡해 가락을 타지 않으면 춤이 되지 않고, 발 디딤마저 현란한 이 춤을 특유의 기품과

정제된 춤사위로 풀어나갔다. 가락을 타는 맛이 화려하면서도 애절한 태평무였다.

부산국제여름무용축제의 메인 디시(main dish)는 아무래도 해운대해수욕장 특설무대에서 열린 '바다·춤 1, 2부', '태양 아래의 무대' 1부는 윤덕경(서원대 교수)의 '기쁨도 슬픔도 넘치지 않고(樂而不流 哀而不悲)', 한은주(경성대 교수)의 '리듬 속으로', 아켈키나 마리나의 '그 후의 정적', 정귀인(부산대 교수)의 '안', 최은희(경성대 교수)의 '일(日), 출(出)'로 짜여졌다. '밤바다의 무대' 2부에서는 신정희(경성대 교수)의 'The Game', 줄리엣 맵의 '아그네스 그 후', 마츠야마 요시히로의 'Catch me', 김긍수(중앙대 교수)의 'Concertante', 황문숙(용인대 교수)의 '태양 아래', 강미리(부산대 교수)의 '금빛 바다'가 선을 보였다.

최은희 교수의 '일(日), 출(出)'은 햇빛 쨍쨍한 바다를 미명(未明)의 시간으로 되돌려, 여명(黎明)이 차차 번져 붉게 바다를 물들여가는 기다림과 탄생의 시간을 춤 언어로 시각화함으로써 출렁이는 생명력을 보여줬다. 특히 바다 쪽 무대 뒤로부터 갑자기 불끈 솟구쳐 오르는 붉은 옷의 미장센(mise en scéne)은 바다 무대만이 보여줄 수 있는 압권이었다.

20년 동안 바다를 무대로 꾸려져온 부산국제여름무용축제는 '부산 춤 대중화'의 대명사에 다름 아니다. 대학이 주관하는 국내 유일의 국제무용축제로, 해마다 부산국제여름무용축제를 개최하는 것만으로도 경성대는 부산 문화예술 발전에 톡톡히 기여하고 있는 것이다.

현장 민병수발레단, 제12회 정기공연

부산은 발레, 특히 특출한 발레리노를 키운 곳으로 유명하다. 물론 국립발레단의 수석무용수로 있는 발레리나 김주원도 부산 출신이지만 발레리노들의 카리스마에는 조금 딸린다고나 할까. 2006년 발레리나 최고상인 '브누아 드 라 당스' 여성 무용수상을 받은 김주원이지만 혼자서 셋(?)을 당해내기가 아무래도 좀 버거워 보인다.

부산의 발레리노에는 프랑스 파리오페라발레단의 동양인 최초 솔리스트인 김용걸이 있다. 그는 2008년 8월 23일 부산으로 귀향해 클래식 발레의 고전인 '지젤'을 김주원과의 호흡으로 선보였다.

김용걸 위로는 한국발레에서는 처음으로 가는 곳마다 팬들을 몰고 다녔던 '스타 발레리노' 이원국(전 국립발레단 수석무용수, 현 이원국발레단 대표)이 있다. 그도 2008년 3월 25일 부산에서 열린 김옥련발레단과의 공연에서 국립발레단의 중압에서 해방된 듯 한결 가뿐해진 춤을 보여줬다. 그 위로는?

발레리노 민병수다. 국립발레단과 유니버설발레단 수석무용수를 지내면서 발레의 '남성 무용수 시대'를 열었던 그는 지금은 발레 교육자로 변신해 부산대 무용학과 교수로 있다. 이원국, 김용걸에 뒤질세라 2008년 6월 5일 금정문화회관 대공연장에서 안무 작품을 무대에 올렸다.

민병수발레단의 이름으로 갖는 제12회 정기공연은 교육적 성과가 두드러진 무대였다. 한때 발레리노 민병수는 "발레 전공 신입생을 받으면 토슈즈 신기는 것부터 가르쳐야 한다"며 푸념을 늘어놓았다. 그런데 이번 공연은 발레 전공 학생들의 기량이 예전보다 일취월장하여 부산 발레에 대한 새로운 기대를 안겨줬다. 스타 발레리노가 이제 발레 교육자로서 안착했다는 증거로 읽히는 대목이다.

민병수 발레는 정통 발레다. 무엇보다 음악에 민감하다. 그는 이번에 림스키 코르사코프와 알비노니의 곡을 골랐다. 클래식은 발레를 타고 흐르고, 발레는 음악에 젖어든다. 마치 천상을 향하듯 수직으로 비상하는 발레는 내면의 리듬에 충실한 현대춤과는 달리 음악과 떼려야 뗄 수 없는 관계를 갖는다.

발레와 음악의 하모니에 있어서만큼은 민병수의 감수성을 따라잡기란 만만치 않은 일이다. 알비노니의 곡에는 8명의 발레 전공자들이 클래식을 타고 발레 테크닉을 보여주는 데 충실했다. 'Le Grand Ballet Classique'는 독무, 2인무, 3인무, 4인무, 6인무, 군무에 이르기까지 발레의 훈육 과정을 보여줬다. 깔끔하게 정리된 기량이었고, 교육적 성과가 두드러진 무대였다.

아무래도 눈길을 끄는 것은 이날 공연의 하이라이트인 '오디세우스의 귀환'이다. 고대 그리스 시인 호메로스의 서사시 '오디세이아'를 발레 언어로 풀어낸 '오디세우스의 귀환'은 운명에 맞서는 모험적인 삶과 사랑으로 객석을 달뜨게 했다.

'오디세이아'라는 고전이 갖고 있는, 되씹을수록 새록새록 돋아나는 새 맛은 도쿄시티발레단 단원으로 활동하고 있는 오디세우스의 발레리노 서윤석과 부산대 강사로 있는 페넬로페의 발레리나 고지형이 있어 더욱 오롯하다. 이들은 벌써 몇 년째 민병수발레단에서 호흡을 맞춰온 만큼 척척 맞는 앙상블에다 안무자의 의도까지 충실

민병수발레단 '오디세우스의 귀환'

히 읽어내 발레 전공 학생들로 꾸며진 무대에서 중심을 잡아나갔다.
 발레 테크닉과 음악에 예민하게 반응하는 정통 클래식 발레의 힘이 느껴지는 무대였다.

춤 대담 **부산 춤의 정체(正體)**

배학수 (무용평론가 · 경성대 철학과 교수)
임현미 (춤꾼 · 부산 독립춤꾼 프로젝트 '연분-홍' 초대회장)

— 바로 질러가서 부산 춤의 정체(正體)는 무엇이라고 보는가. 거창하기도 하고 다소 막연한 물음이랄 수 있지만 즉흥적인 답변이 용인되는 것도 감성의 제국인 '미학'에서 누릴 수 있는 호사가 아니겠는가.
그리고 부산 춤의 정체를 그렇게 만든 오늘의 지형은 어떤 모습인가. 최근의 공연에서 예를 든다면. 그리고 그 지형에서 과거와 잇댈 수 있는 '맥락(context)'을 발견할 수 있는가.

임현미 _ 부산 춤의 정체라. 아무래도 부산 춤에는 '질퍽함'이 깔려 있다고 본다. 이것도 제가 보기에는 저희 세대에서 끝나버린 것은 아닌지…. 밑 세대의 작업방식과 생각의 구조가 또 다르기 때문이다. 다시 지나고 나서 지켜봐야 할 것도 같고.

배학수 _ 부산 춤의 개념 문제는 철학에서도 꾸준히 지적되어 왔는데, 한국철학의 정체성을 둘러싼 논란이 그것이다. 이런 논의에 기댄다면 부산 춤 혹은 부산 무용은 세 가지 측면에서 들여다볼 수 있을 것이다.
 첫째 부산에서 일어나는 모든 춤을 부산 춤이라 할 수 있다. 벨리

댄스, 팝핑, 비보이, 댄스스포츠를 비롯하여 무대에서 하는 모든 춤은 부산 춤이랄 수 있다. 벨리댄스, 팝핑, 비보이, 댄스스포츠 하는 사람들은 자신의 춤을 당연히 춤으로 생각한다. 한국춤, 현대춤, 발레를 하는 대학교수들은 춤이라 생각 않겠지만, 제가 보기에 당연히 춤이다. 제일 넓은 부산 춤의 정의랄 수 있다.

두 번째로 부산의 전통무용, 즉 동래야류, 수영야류, 동래한량무 등을 부산 춤이라 할 수 있을 것이다. 그런데 이 정의는 부산 춤의 미래에 있어 그다지 유용하지는 않다. 역사적 기록을 위해 보존할 뿐이지, 예술적 가치가 있다고는 생각하지 않는다. 동래한량무가 21세기에 의미가 있느냐, 그렇게 보이지는 않는다는 것이다. 박물관에 보관하듯이 할 뿐이다. 물론 예를 들어 동래한량무가 보존되어 있다면, 누군가가 그것을 새롭게 발견해내는 작업은 가능할 것이다.

세 번째는 바람직한 부산 춤으로, 부산의 삶을 반영하는 춤이 부산 춤이라 할 수 있다. 팝핑이든 벨리댄스이든 부산의 삶을 담아낸다면 부산 춤이랄 수 있다는 것이다. 중요한 것은, 그렇다면 부산의 삶이 도대체 무엇인가인데, 부산만의 특징도 있지만 다른 지역과 공유하는 측면도 있다. 부산이 항구이지만 뉴욕이나 로스앤젤레스도 항구도시이다. 부산이라는 대도시의 삶을 반영하는, 현재 우리가 살아가고 있는 부산의 문제, 부산이 주는 고통과 희망, 정서 등을 담아낸다면 부산 춤이라 할 수 있다.

20년 동안의 한국철학에 대한 고민에서 나온 것인데, 퇴계나 율곡 철학만을 한국철학이라 할 수 없으며, 우리 한국인의 삶을 제대로 설명해주는 것이 한국철학이라고 한다면 부산 춤은 부산을 리플렉

팅(reflecting)하는 것이다.

　일제 강점기의 부산 삶을 그린 김은이(동아대 무용학과 교수)의 '부산아리랑', 바쁜 도시인들의 일상을 담아낸 성은지(부산예술고등학교 교사)의 '찾아다니다, 찾아다니는 사람들', 공원 벤치를 찾아오는 이들을 통해 오늘의 삶을 보여주는 김정순(신라대 무용학과 교수)의 '벤치'를 비롯하여 춤꾼 신은주의 '백의'나 '서리', 춤꾼 임현미의 '폭포', 김희은(부산예술대학 교수)의 'Crazy' 등 부산의 삶을 반영한 작품이 부산 춤이랄 수 있다. 춤에 우리 삶을 반영하여 현재 우리 삶을 돌아보고 있는 작품들이기 때문이다. 그래서 저는 부산 춤은 세 번째 정의가 옳다고 본다.

임현미_ 30년 넘게 춤을 춘 입장에서 볼 때 배 교수님의 지적이 상당히 재미있게 느껴진다. 객관적으로 보이기 때문이다. 그런데 춤꾼인 제 입장에서는 적어도 5년 이상 부산에 살면서 시간과 삶을 투자하여 춤을 춘다면 부산 춤이랄 수 있다. 장르의 경우 독립춤꾼 프로젝트 '연분-홍'에서 현대춤을 표방하고 작업하는 이들도 댄스스포츠 공연을 하기도 한다. 그리고 그 같은 춤을 배우기도 한다.

　부산 춤의 특징은 앞서 말한 대로 '질펀함'인 것 같다. 만약에 물이 있다면, 맑고 깨끗한 물이 아니라 막걸리 같기도 하고 소주 같기도 한 것이다. 맹물을 마시면서도 맹물이 아니라고 말할 수 있는 감성적인 것, 그런 것을 부산 정서가 갖고 있다는 것이다. 서울에서 작업을 하면서 느낀 것인데, 색깔이 완전히 다르다. 다른 정서 속에서 자라났기에 춤을 표현하는 방식도 상당히 다르다. 서울에서 공연을 할 때 부산에서 내려오는, 부산에 존재하는 나만의 춤을 갖고 가자는 생각을 자주 했다. 서울 공연 갈 때마다 대부분 서울 사람들이 "너무 달라", "서울하고는 너무 달라"라는 말을 자주 한다. 부산 춤에는 향토성이랄까, 질퍽함이 있다. 잔가지가 없고, 큰 가지를 척척 잘라나가는, 손을 가슴에 확 집어넣어 심장을 끄집어내는 것 같은 게 부산 춤이다. 그것이 항구에서 오는 것인지, 산에서 오는 것인지는 알 수 없다. 부산 춤이 갖고 있는 말없는 강인함, 무거운 강인함을 알아주셨으면 좋겠다. 그리고 부산의 정체성을 갖고 다양성을 가져가는 것이 중요하다. 동양인이 서양 춤을 추고 있는 느낌, 이런 것들을 불식해나가야 한다. 자기가 추구하는 바를 분명히 갖고 있어야 한다는 것이다.

그리고 전통무용의 예술적인 가치를 교수님이 부정하셨는데, 나는 그 말에 단연코 반대한다. 전통춤 자체에 대한 이야기가 아니라, 그 전통춤을 배우는 것을 마치 따라한다고 하지만 춤꾼들은 그 전통춤을 따라하면서 현대춤을 풀어내는 것이다. 예술이 아니라고 말하는 것은 인정할 수 없다. 전통이 있어 오늘의 춤이 있고, 오늘을 무시하면 미래의 춤이 없는 것이다.

배학수 _ 한국철학이 뭐냐, 풍토병처럼 한국에서만 일어나는 특이한 사상인가 하는 주장이 있었는데, 나는 그것에 철저히 반대한다. 마치 부산에만 생존하는 풍토병 같은 춤이 있다고 하자. 형태든 정신이든, 그런 식의 춤 존재가 있다고 하더라도 큰 의미는 없다. 결국 예술은 우리 삶을 비춰주는 것이다. 어떤 지역이나 국가, 민족의 특성을 보존하는 것이 예술이라고 생각하지는 않는다. 부산의 삶을 비춰줄 때 예술이 된다. 서양 춤을 추더라도 부산의 삶을 드러낸다면 부산 춤인 것이다.

부산의 삶이라는 것이 대구의 삶, 서울의 삶과도 비슷할 것이다. 다른 점이 무엇일까. 그것을 찾아야 한다. 부산 춤에 대한 논의가 무의미할 수도 있기에 차라리 춤 일반에 대해 이야기하는 것이 나을 수도 있을 것이다. 지역을 굳이 나눌 필요가 있나. 작품 속에서 부산의 정체가 무엇이라고 생각하느냐를 묻고 싶은 것이다. 부산의 삶은 두 가지가 있다고 본다. 보편적인 것과 특수한 것. 모든 지역이 다 해당되는데, 두 개가 결합하면서 부산의 삶이 자연스럽게 드러난다고 생각한다.

― 조금 범위를 확장해보자. '지금, 여기', 부산의 오늘에서 펼쳐지고 있는 부산 춤을 한번 조망해보자. 부산에서 살아간다는, 삶의 조건에 대한 의미를 좇는 것도 필요할 것이다. 깊이와 넓이, 모두 부산 춤을 바라보는 잣대가 될 수 있을 것이다. 얕아도 풍성한 쪽인가, 치우쳐도 깊은 쪽인가, 그도 아니면…. 그리고 춤은 소통이 늘 문제였다. 춤은 난해한 예술이다. 의식을 담은 몸을 매체(medium)로 하는 예술이 갖는 숙명이랄 수 있을 것이다. 춤꾼의 생계 문제도 중요하겠지만, 오늘 부산의 춤에서 소통 부재가 심각한데 객석과의 불화를 해소할 수 있는 묘안은 없을까.

배학수 _ 저는 부산 춤이란 어떤 방식이든 부산의 삶을 비춰줄 수 있는 것이어야 한다고 보고 있다.

부산 삶의 조건은 첫째 열악한 경제다. 중국과의 교역이 늘어나면서 한국의 중심이 서해안으로 이동하고 있다. 미국이나 일본과 교류하는 부산은 점차 망해가는 형국이고, 서해안의 인천 등지는 뜨고 있다. 부산은 경제적으로 쇠락해가고 있고, 기업이 없어 젊은이들은 늘 취업 걱정이다. 취업과 연관되지 않은 대학의 학과 역시 위기에 처해 있다.

배학수

두 번째는 부산이 바다를 끼고 있다는 점이다. 항구는 개방성이고 여러 가지 문화가 섞여 국제화된다. 부산 사람들은 굉장히 국제적이다. 저는 대구에서 나고 자랐는데, 부산 사람들이 훨씬 넓은 것 같다. 여자들의 옷차림 등에 있어 훨씬 관대하고, 외국인 거리가 있는 등 굉장히 개방적이다. 내가 어떤 존재인지 정체성에 혼란을 느낄 수 있으며, 실제 부산 사람들은 많은 혼란을 갖고 있는 것 같다.

세 번째로 역사적인 환경인데, 여러 사람이 모이고 여러 문화가 섞이다보니 전통의 힘이 약한 대신 적응의 힘이 강하다. 부산 말을 들어봐도 부산의 특징이 보인다. 부산 말은 전국 어디를 봐도 가장 함축적이다. "오늘 저녁 됐나"라는 이 한마디가 갖는 함의가 대단히 넓다. 전통이 강한 지역은 형식의 힘이 있지만, 항구도시는 효율성을 강조하는 것 같다. 부산 말은 높은 말, 낮은 말이 따로 없을 정도로 위아래가 없다. 전통적인 위계질서가 자리 잡고 있지 않은, 항구문화의 특성을 보이는데, 변화에 대한 관대성 혹은 진취성이 강하다.

요즘 부산에서 펼쳐지는 춤 중 몇몇을 제외하고는 부산 춤이 아니라고 본다. 대부분 자아도취, 자신만의 감정을 표현하는, 관객을 무시하는, 전혀 주제도 없이 춤 동작만 연결하여 제목만 그럴듯하게 하는, 무식한 춤들을 많이 보게 된다. 순서만 지키는 춤들이 너무 많다. 서울도 마찬가지라고 생각한다. 이런 경향들이 계속 있어왔는데, 한국춤만 하더라도 민속무용 등을 정리한 한성준(1874~1942) 이후 그를 능가하는 춤꾼을 보기 힘들 지경이다.

임현미_ 지형적인 조건을 보면 부산만큼 아름다운 바다와 강, 그리고 산을 끼고 있는 도시가 있는지 의문스럽다. 나는 부산이 최고라고 본다. 광안리, 해운대, 기장 등 해안가를 잇는 바다를 좋아해서 어릴 적부터 그 바다에서 개헤엄을 치면서 자랐고, 금정산에 올라 돈이 없어 울어보기도 하는 등 환경적인 요인이 저를 지배했다고 생각한다. 저에게 배어 있는 고유한 향토성이 있다는 것이다.

배 교수님의 말씀에 공감하는 부분은 부산 경제인데, 경제와 예술은 떨어질 수 없는 사이이기 때문이다. 예술가는 배가 고파야 한다고 하지만, 돈이 있어야 예술이 되는 것이 엄연한 현실이다. 경제가 어렵고 부산 춤이 살아야 한다고 아우성인데, 갈수록 진취성을 잃어가고 있어 아쉽다. 무용 전공 대학 재학생의 10명 중 아홉은 이내 춤을 포기하고 마는 것이 오늘의 현실이다. 무용을 해서는 먹고살 수가 없다는 것이다. 10프로 정도가 고집스러운 진취성, 주먹 불끈 쥐는 인내성, 한마디를 내뱉고 가는 함축성, 이런 것들로 지금을 버텨나가고 있다. 형식미도 중요하지만 형식미만으로는 예술이 되지 않으며, 개인적으로 생각할 때 잔가지가 아니라 굵은 가지를 치고 나가는 함축성이 중요하다고 본다. 서울 사람과 얘기하면 너무 간드러진 느낌을 받는다. 부산 남자들은 "밥문나", 한마디로 끝내는 편이어서 부산 남자들은 서울에서 춤추기가 어렵다. 말하는 방식으로 춤추는 것이 현대춤이다. 부산 춤에는 형식미가 없고, 서울 춤은 형식미를 잘 갖추고 있는데, 형식미를 가진 춤은 일단 보기에 좋다. 이런 것도 정서에서 나오는 것이다. 부산의 정서는 그런 것이다.

배학수 _ 춤이 무엇이냐, 춤의 정신이 무엇이냐를 깨닫는 게 중요하다. 자기표현을 하거나 자기가 배운 스타일을 실험하는 것만이 예술은 아니라고 본다. 무언가 관객에게 의미를 전하고 좋은 방향의 삶을 살도록 유도하는 것이 필요한 것이다. 부산의 무용가들은 예술정신에 대해 모르거나 희미한 것으로 보인다. 작품을 통해 이런 의미를 주겠다, 그러니까 관객의 삶이 춤 보기 전과 보고 난 후가 달라지도록 해야 한다는 것이다. 그런데 부산 춤은 관객을 경멸하는 경향이 농후하다. 제일 먼저 해야 할 것이 예술의 정신, 예술의 본질에 대한 공부가 있어야 한다는 것이다. 부산 무용계의 권력구조, 몇몇 교수가 춤을 평가하고 판단하는 것이 문제다. 그러다 보니 의사소통할 필요를 전혀 못 느끼고 있다. 모든 권력과 돈을 다 갖고 있으니까. 예술가가 소통하려고 할 때 그 필요성을 느껴야 하는데, 학생들한테 표 팔아서 다 해결되니까, 굳이 소통을 할 필요가 없다는 것이다. 부산시립무용단도 문제인데, 한국무용으로 창단한 것부터 잘못이라고 본다. 한국춤으로 21세기의 삶을 담아내는 것은 한계가 있다. 지금의 시립무용단을 해체하고 현대무용과 발레, 나아가 팝핑 등 다른 춤들도 출 수 있도록 해야 한다.

부산 춤이 이렇게 독점화하고 권력화해 타락하고 있는 것에 대해 감시하는 역할이 필요하다. 이를테면 비평지 같은 것이다. 무용 감상자, 애호가들의 예술복원운동이 있다면 해결될 수 있는 가능성이 생긴다. 잘하지 못하면 관객이 떨어지고 교수직도 떨어지는 조건이 되어야 부산 춤이 제대로 설 수 있다. 부산 춤 애호가들의 세력 형성이 유일한 길이라고 본다.

임현미 _ 부산 춤판이 죽어가고 있고, 젊은 춤꾼들의 의욕을 찾을 수 없는 것이 사실이다. 지원을 받아 무대에 올리는 대학교수들의 작품에는 예술가 정신이 빠져 있고, 부산의 삶을 담아내지 못하는, 고민이 없는 경우를 보게 된다. 늘 그게 그것인 작품들이 많다.

부산에는 남자 무용수가 없는 편이다. 시쳇말로 춤출 놈들이 없다는 것이다. 그 놈들이 한 무리를 만들어 최근 엠-노트(M-note)라는 단체를 출범시켰는데 아주 기대가 크다. 젊은 춤꾼들이 어떤 형식이든 춤 프로젝트에 나가, 작품의 완성도를 떠나 자기 이야기들을 많이 해야 한다. 교수들이 아무리 공연을 많이 해도 부산 춤이 살아나지는 않는다. 자기 생각들을 진솔하게 이야기하는 것이 절실히 필요한 것이다. 지난 10년간 다들 부산 무용계가 죽었다고 말하는데, 젊은 춤 작가들이 없기 때문이다. 나이 50이 넘어 자기 인생이 정립된 분들의 작품은 부산의 삶이라기보다는 개인의 삶에 가깝다. 그래서 10년 전에 '연분-홍'을 만들었다. 학교를 등지고 공연을 하려고 보니 아무도 안 받아주고, 춤은 추고 싶어 미치겠는데 춤 출 공간이 없어 '연분-홍'을 만들었고 지금은 잘 굴러가고 있다. 매년 멤버들이 풍성해지고 있고, 내년에는 춤뿐 아니라 몸짓 전체로 활동 영역을 넓혀가려고 한다. 자아도취든, 관객모독이든, 사회반란이든 간에 관객에게 자꾸 말을 거는 것이 중요하다.

— 특히 젊은 춤꾼의 활동공간을 넓히는 데서 부산 춤의 활로를 찾는 것이 관건이라고 본다. 부산에서 춤추기, 그리고 부산에서 춤을 춘다는 것의 의미를 한번 모색해보자.

임현미 _ 지원금 주는 시스템을 바꿔야 한다. 젊은 춤꾼들에게 지원금을 모두 다 달라는 것이 아니다. 될성부른 춤꾼들에게는 3년 이상 지원금을 내리 주어야 한다. 적어도 세 번은 무대에 공연을 올려봐야 춤꾼의 가능성을 알 수 있기 때문이다. 싹을 틔울 종자돈인 셈이다. 그런데 부산에서는 한 해 받으면 다음해에는 못 받는다. 예외적

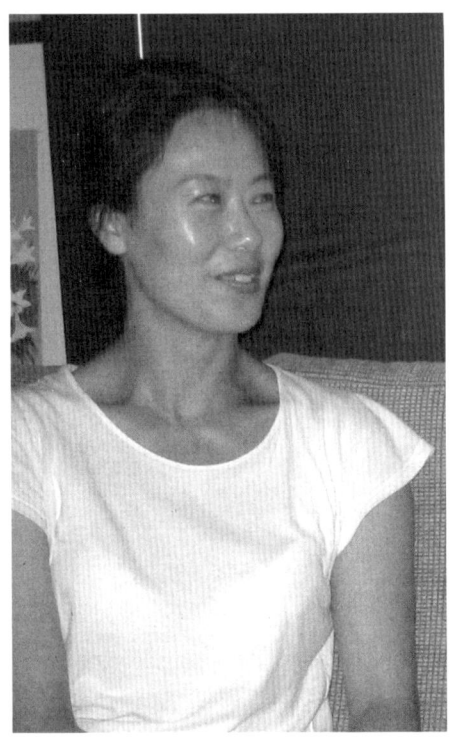

임현미

인 상황은 있는데, 교수들은 잇따라 받을 수 있다는 것이다. 액수로 보면 300만 원 정도인데, 싹수가 있으면 1,000만 원쯤은 투자해야 한다. 제가 그 돈을 받으면 무서워서라도 미친 듯 작품을 만들 것 같다. 다음 해에는 1,200만 원을 준다고 가정해보자. 또 미친 듯이 할 것이다. 그것이 젊은 예술가들을 밀어주고 지원하는 방법이다. 무엇보다 기회를 주는 것이 중요하다. 독립춤꾼들은 1년 벌어 공연 한 번 하면 돈을 다 쓰게 된다. 짓밟힌다는 느낌이 들 정도로 젊은 춤꾼들이 나가떨어져버리는 상황이 생긴다. 기자 분들도 젊은 친구들을 찾아가서 적극 보도했으면 좋겠다. 교수님들은 다 잘하니까, 젊은 애들을 찾아가서 보도 기회를 많이 주어야 한다고 생각한다. 그러면 자긍심과 책임감이 생길 것이다. 잘하면 칭찬, 못하면 질타를 아끼지 말아달라는 것이다. 관심만이 부산 춤을 살리는 유일한 길이다. 춤추려고 마음먹은 젊은 춤꾼들을 살리는 방안을 다각도로 찾아봐야 한다.

배학수 _ 그런데 저는 별로 도와주고 싶지 않다. 젊은 춤꾼들이 더 늙은 것 같고, 나이 든 선생보다 못하다는 것이 문제다. 책 좀 읽었으면 좋겠다. 너무 무식한 것 같다. 내가 왜 예술을 하는지, 어떤 것이 좋은 작품인지 공부를 해야 한다. 진짜 부산 춤이 무엇인지를 모르는 것 같고, 예술철학이 있어야 한다.

그리고 제도나 지원이 능사가 아니다. 1억 원을 줘도 좋은 작품이 나온다는 보장이 없다. 좋은 작품에 대한 견해가 잡혀야 좋은 작품이 나오는데, 우리 부산 무용계는 그런 것을 가르쳐주지 않는 것 같고, 무얼 공부해야 하는지도 모르고 졸업하는 경우가 많다. 문제제기나 노력은 보이지만 너무 유치한 수준에 놓여 있다. 예를 들어 '의사소통의 부재'에 대해 문제제기를 할 수 있는데, 이럴 경우 고장 난 TV를 들고 나오는 경우를 몇 번이나 봤다. 좋은 예술의 기준, 좋은 예술의 가치가 무엇인지 공부가 필요한 것이다.

— 그렇다면 부산 춤의 앞날은 어떤 모습으로 우리에게 다가오나. 우울한가, 화사한가, 그것이 문제의 핵심은 아니다. 우울하든 화사하든 오늘에 잇댄 내일의 부산 춤이 앞서 보인다면 지금 방향을 틀어 새로운 밑그림을 그려나갈 수 있을 것이다. 전망부재야말로 감당할 수 없는 우울 아닌가.

배학수 _ 부산의 춤, 물론 발전해야 한다. 앞으로 부산 사람들의 삶을 제대로 비춰주는 부산 춤이 많이 나와야 한다는 것이 저의 바람이다. 그게 안 되는 요인들을 앞서 계속 지적했는데, 그런 요소들을 없애야 한다. 부산무용제도 현대춤, 발레, 한국춤밖에 못 나오도록 되어 있는데, 팝핑, 벨리댄스, 댄스스포츠 등에 대한 문호도 개방해야 할 것이다. 기술과 주제의식도 모자라는 작품들이 지금껏 많이 나오고 있는데, 부산무용제의 문호를 과감하게 개방하고 적폐를 해결해야 한다.

임현미 _ 전망, 하니까 암담하다. 더욱 암담한 것은 춤을 추고자 하는 이들이 별로 없다는 점이다. 춤을 춰서 얻어지는 것이 없다고 생각하는 것 같다. 얻어지는 것이 없더라도 한번 부딪혀보자는 생각조차 없는 것 같다. 다음 작업할 끼 있는 친구들 어디에 좀 없느냐, 서로 고민하고 있는 것이 현실이다. 저는 부산 춤판의 중간세대인데 용기를 주고 키워나갈 수 있는 후배들이 없다는 데 문제의 심각성이 있는 것 같다. 전망을 말하는데, 참 암담하다. 그래서 같은 세대의 춤꾼 몇몇이 모여 이런 결론을 내렸다. 지금 너와 내가 더 열심히 춤추자, 더 열심히 작업하고, 삶에 대해 더 열심히 고민하자고 다짐했다. 나를 포함한 개개인들이 발전적인 생각을 갖고 노력하는 것이 중요하기 때문이다. 행하는 자가 실력이 있고 힘이 있어야 주변에서 도와주는 사람도 생기고, 주변에서 떡이라도 하나 더 주는 것 아닌가.

4 음악

'뮤즈의 삼각주', 한가운데에서

　부산 지도를 펼쳐놓고 빨간 펜으로 점을 찍어본다. 2008년 9월 3일 개원 20주년을 맞은 남구의 부산문화회관, 2008년 10월 문을 연 부산진구의 국립부산국악원, 부산시와 롯데그룹이 건립 기부 약정식을 가진 동구와 중구 일대 북항 재개발지의 부산 오페라하우스.
　이들 문화 거점을 선으로 이으니 바다를 밑변으로 하여 서면 등 부산의 중심 지역을 포섭하면서 내륙으로 뾰족하게 치닫는 날렵한 삼각형 구도가 된다. 부산 음악의 미래가 낙동강 하류의 기름진 삼각주 모습으로 형상화되면서 문화도시 부산에 대한 기대를 한층 드높이게 한다.
　공연예술, 특히 음악에 있어 공연장의 중요성은 아무리 강조해도 지나치지 않다. 하지만 부산 최고의 공연장이라는 부산문화회관은 고급 공연장으로서의 한계를 보인 지 이미 오래다. 대형 공연을 소화할 수 있는 공간적 깊이와 폭을 갖고 있지 못하기 때문이다. 〈미스사이공〉〈맘마미아〉 등 대형 뮤지컬을 소화하지 못하면서 시민들의 원성이 자자해졌다.

이 같은 이유로 인근의 김해 문화의 전당으로 부산 시민들의 눈길과 발길이 쏠리는 것은 어쩔 수 없는 노릇이다. 더욱이 대관도 힘들다. 부산에 있는 7개 공공 공연장 중 그나마 제대로 된 공연을 할 수 있는 곳이 부산문화회관이어서 대관요청이 쇄도한다. 하지만 공연장을 빌리기 어렵다. 부산시립교향악단, 국악관현악단, 무용단, 합창단, 극단 등 7개 공연단체로 구성된 부산시립예술단이 상주하고 있어 이들 단체의 사용 빈도가 높기 때문이다.

그 대안으로 나온 것이 부산 오페라하우스와 부산 예술의 전당 건립 건이다. 시드니의 오페라하우스처럼 도시의 랜드마크와 공연 중심 역할을 하면서 고급문화에 대한 수요를 충족시켜 줄 문화 인프라를 시민들은 진작부터 갈구해왔다. 하지만 예산 확보가 어렵다는 이유로 2007년만 하더라도 '부산 오페라하우스에 건립 타당성 연구용역'과 '부산 예술의 전당 건립 타당성 연구용역' 계획안을 부산시 학술용역심의위원회에서 부결시킨 바 있다. 부산시의 당시 예산 사정으로 봤을 때 시기상조라고 결론지은 것이다.

부산 오페라하우스 건립 건이 2008년 5월부터 다시 부산 문화계의 화제로 떠올랐다. 롯데그룹이 오페라하우스 무상건립을 약속하고 나섰기 때문이다. 2008년 5월 15일 부산시와 롯데그룹은 부산 오페라하우스인 '샤롯데 뮤지컬센터(가칭)' 건립 기부 약정식을 가졌다.

샤롯데 뮤지컬센터는 오페라뿐만 아니라 뮤지컬과 일반 공연까지 가능하도록 밑그림의 가닥을 잡았다. 삼성그룹이 대구 오페라하우스를 지어 기부채납 했듯, 롯데도 1천억 원을 들여 연면적 2만 3천 100㎡(7천여 평)에 오페라와 뮤지컬을 공연할 수 있는 1천500석의 대극장과 일반 공연을 위한 소극장 등을 지어 부산시에 기증한다는 것이다. 성공한다면 부산 메세나의 '랜드마크적인' 사례가 될 것이 분명하다.

하지만 앞날이 마냥 평탄한 것만은 아니다. 오페라하우스가 들어설 땅이 부산시 소유가 아니라 정부 소유이기 때문이다. 북항 재개발 부지의 소유권은 국토해양부에 있으며, 향후 용도에 따라 공개 입찰 형식으로 부지를 민간에 매각하게 된다. 부지를 확보해야 하는 부산시로서는 정부와 담판에 나설 수밖에 없다.

특히 오페라하우스가 들어설 자리가 요지 중의 요지라는 점에서 귀추가 더욱 주목된다. 북항 재개발의 핵심인 인공섬 형태의 해양문화지구의 한가운데에 자리 잡고 있는데, 재개발사업 시행자인 부산항만공사 측은 땅값이 3.3㎡ 당 최소 1천600만 원에서 최고 2천500만 원으로 시세를 매기고 있어, 전체 오페라하우스 부지를 1만6천500㎡로 잡을 때 1천억 원대에 달하는 것으로 알려졌다. 부산시와 정부의 협상노력이 요구되는 대목이다.

부산 시민의 입장으로서는 시민 친수공간으로 돌아온 북항에서 충분한 문화 향유를 누리고 싶은 것이 숨길 수 없는 사실이다. 경제

개발을 최우선 순위에 둔 근대화 정책의 그늘에 가려 부산 시민들은 북항에 갈 수 없었다. 시민들의 접근권을 박탈한 '보세구역' 북항은 가상의 공간인 셈이었다. 시민들에게 바다로 가는 길을 내주는 일, 북항 재개발에 따른 이득을 문화 향유로 시민들이 고루 나눠가지는 방향으로 부산의 항구는 다시 열려야 하지 않을까.

북항에 들어설 오페라하우스가 부산 음악의 미래를 보여주는 지점이라면 2008년 10월 개원한 국립부산국악원은 부산 음악이 이제 제대로 된 틀을 갖춰가는 좌표쯤에 위치하고 있음을 보여준다. 동래야류, 수영야류 등 전통예술의 자취가 그윽한 부산이지만 제대로 공연장에서 우리의 음악을 들을 기회가 없었다. 서양음악 편식에 그쳤던 부산 음악이 된장찌개 같은 한국음악을 되찾게 된 것이다.

국립부산국악원은 부산에서는 처음 들어서는 국립문화시설로서도 의미가 있다. 처음 국립국악원의 부산 유치가 결정되었을 때 부산 문화도 이제 국립 시대를 맞았다는 반김과 국립시설 하나 온 것 같고 웬 호들갑이냐는 자조가 교차한 것이 사실이다. 이런 환호와 자조의 교차 지점에는 국립국악원 부산 유치의 과정이 순조롭지 않았다는 것을 시사하고 있다.

국립국악원의 부산 유치 노력은 2003년으로 거슬러 올라간다. 당시 문화계, 학계, 시민단체 등에서 서명운동을 벌이면서까지 쟁취한 문화시설이다. 서울이 아니라 지역에서 전통예술을 살려나가는 작업이 얼마나 외로운 것인지를 잘 보여주는 대목이다. 뿐만 아니라 영남지역 전통공연예술의 조사 발굴과 보존 등은 마치 국가의 책임에서 면제되어 있는 듯, 지역에만 그 역할을 떠맡겨온 것이 사실이다.

부산일보ⓒ

국립부산국악원

우여곡절 끝에 개원했지만 인원과 직제 등을 둘러싸고 중앙과 지역의 갈등이 재연되기도 했다. 국립국악원이 행정안전부에다 총 69명의 행정직원을 요청했지만, 정부의 공무원 감축 방안에 따라 행정

안전부가 20명 선을 주장하고 나서는 바람에 갈등을 빚은 것이다. 국립부산국악원의 규모를 축소시키려는 것에 맞서 한때 '개원 자체를 거부하자' 는 움직임까지 일었다.

부산진구 연지동 옛 유솜(USOM · 미국 대외원조처) 자리의 연면적 2만 122㎡(지하 2층, 지상 4층)에 들어서는 국립부산국악원은 712석의 대공연장과 293석의 소공연장 등을 갖추는 등 국비 508억 원, 시비 84억 원 등 총592억 원을 들여 완공됐다.

이런 가운데 국립부산국악원과 도로 하나를 사이에 둔 하얄리아 부지 안에 들어설 계획이었던 부산 예술의 전당은 당분간 추진 여부가 불투명하다. 부지 1만 5천 평에 4층 건물(연면적 1만 3천 평)로 뮤지컬센터, 강당, 전시공간 등을 갖춘 부산 예술의 전당을 2011년 착공하여 2020년 완공하려 했지만 부산시의 재정난으로 수면 아래로 잦아들었다.

부산 예술의 전당은 북항에 세워지는 부산 오페라하우스와 역할에 있어 겹치는 부분이 다소 있어 공연장의 성격 규정에 따라 추진 여부가 결정될 것으로 보인다. 부산 오페라하우스가 부산시-롯데그룹이 기부 약정식 때 공개한 것처럼 명칭을 뮤지컬센터로 한다면 오페라뿐만 아니라 뮤지컬, 클래식 등을 아우르는 복합공연장이 될 것이다. 하지만 처음 설립 목적에 맞춰 오페라 전용공간으로 가게 되면 부산 예술의 전당은 다시 추진에 탄력을 받을 것으로 보인다.

부산 음악은 앞으로 남구의 부산문화회관, 북항의 오페라하우스, 부산진구의 국립부산국악원, 이 세 곳을 꼭짓점 삼은 '뮤즈의 삼각주' 를 바탕으로 한층 기름지고 풍성한 화음을 들려줄 전망이다. 부산 예술의 전당이 허남식 부산 시장의 선거 공약대로 '뮤즈의 삼각주' 안에 있는 하얄리아 부지 안으로 들어간다면, 음악의 토양은 더욱 기름지게 될 것이다.

현장   한울림합창단, 칸타타 '나의 땅, 나의 민족이여'

"자고 일어나 아침에 커튼을 열어 바다를 보고, 오륙도를 보고, 이제 고향에 돌아왔구나, 감개무량했습니다. 저항을 무릅쓰고 칸타타 '나의 땅, 나의 민족이여'가 대한민국에서 처음으로 내 고향 부산에서 연주되어 눈물이 나도록 기뻤습니다."

한국이 낳은 세계적인 작곡가인 '상처 입은 용' 윤이상(1917~1995) 선생의 칸타타 '나의 땅, 나의 민족이여'가 한국에서는 처음으로 2007년 9월 20일 오후 8시 부산문화회관 대강당에서 울려 퍼졌다. 1987년 작곡 이후 20년 만이었다. 그리고 부산사범학교 동료 교수로 만나 윤 선생과 부부의 연을 맺은 이수자 여사는 남편의 칸타타와 함께 꼭 40년 만에 고향 부산의 품에 안겼다.

공연 다음날 아침 해운대 바닷가의 한 호텔 커피숍에서 만난 팔순의 이수자 여사는 감수성 예민한 문학소녀처럼 마냥 설레어했다. 1967년 동백림 사건 이후 이국을 떠돌았던 이들 부부를 조국으로 불러들인 것은 다름 아닌 부산의 한울림합창단(단장 차재근)이었다.

음악을 사랑하는 아마추어들의 모임으로 출범한 한울림합창단은 이제 어엿한 부산의 전문예술단체다. 이들의 기획으로 무대에 올린 칸타타 '나의 땅, 나의 민족이여'는 지휘자 곽승이 이끄는 부산시립교향악단을 비롯하여 부산시립합창단, 김해시립합창단, 한울림합창단 등 230여 명이 출연해 민족의 대서사시를 빚어내는 역사를 일궜다.

여기서 주목할 대목이 있다. 아마추어에 가까운 한 합창단의 제안이 부산시립예술단을 움직일 만큼 부산 음악이 역동성을 갖고 있다는 점이다. 뿐만 아니라 부산시도 이수자 여사를 무대 위에 올려 객석에 소개한 뒤 부산 명예시민증을 건네 40년 타향살이의 한을 씻어주었다. 한국 사회가 아직도 좌·우로 갈려 이념적 쟁투를 벌이고 있는 것이 엄연하고, 특히 어떤 성악가는 가사 내용을 문제 삼아 뒤

이수자 여사

늦게 출연을 거부하기까지 한 상황인 데도 말이다.

그렇다면 관객의 반응은. 모처럼 부산문화회관을 가득 메운 1천 300여 관객들은 낯선 현대음악에 긴장하면서도 민요와 시조풍의 우리 선율에 안도했고, 백기완, 고은, 양성우 등 9명의 시인들이 수놓은 민족의 서사에 숨죽였다. 휠체어를 타고 공연장을 찾은 경남 통영 출생인 윤이상 선생의 친구, 이수자 여사의 경남여고 동문 등 시민들은 이날 음악회를 통해 떠올렸을 것이다.

"이 곡은 나의 양심에서 참을 수 없이 터져 나온 것이다…찢어진 심장에서 피를 흘리면서도 꿋꿋이 통일의 그날만을 기다리고 있는 우리 민족의 숭고한 정신 앞에 영예가 돌아간다면 나는 작곡가로서 행복할 것이다"고 말하던 윤이상 선생의 목소리를.

한울림합창단은 민족혼을 불러일으키는 공연들을 부산에서 유난히 자주 무대에 올려왔다. 항일독립투사로 한국 최초의 오페라 〈아리랑〉을 작곡했고, 숱한 독립군가를 남긴 것으로 유명한 먼구름 한형석(1910~1996, 전 부산대 교수) 선생을 발굴해 그를 기린 것도 한울림합창단이다. 광복 60돌을 맞은 지난 2005년 '대륙에 묻힌 이름, 먼구름 한형석'이라는 타이틀로 부산과 중국 베이징에서 잇따라 음악회를 열었다.

이 밖에 '다시 부르는 겨레의 노래' 음악회를 열어 남과 북의 음악적 소통을 시도했고, '섬 순회 음악회', '지친 이를 위한 희망 찾기-일어나!', '장애우합창단 어깨동무' 등을 통해 우리 사회의 그늘진 곳을 찾아왔다.

민족혼을 일깨우고 그늘진 곳을 다독이는 한울림합창단 공연 기획의 중심에는 2008년부터 단장직을 그만두고 평단원으로 있으면서 부산예술교육협의회 회장을 맡고 있는 차재근 씨가 있다.

현장   2008 부산국제음악제(BMF)

몇 해 전부터인가. 부산의 겨울 바다는 더 이상 외롭지 않다. 실내악의 온기가 겨울 바다의 쓸쓸함을 지워나가고 있기 때문이다. 되돌아보면 겨울, 그 중에서도 1월은 얼마나 잔인한 달이었나. 공연의 비수기, 그 불모(不毛)의 한가운데서 느끼던 문화의 허기가 아직도 기억에 새롭다.

2005년 1월 18일 돛을 올린 부산국제음악제(BMF, Busan Music Festival)가 순항을 거듭하고 있다. 2008년 1월의 4회 행사에 이르기까지 비교적 안정적인 항해를 거듭하는 중이다. 망망대해의 난바다로 가다보면 이런저런 풍파야 만나겠으나, 그럴 때마다 돛을 올리던 초심을 되돌아볼 일이다.

부산국제음악제는 각 연주 분야에서 세계적인 명성을 획득한 최고의 연주자들이 부산에 함께 모여 훌륭한 앙상블을 이루고, 뮤직아카데미를 통해 참가학생에게 기량을 전수하고 함께 공부하는 실내악 위주의 음악축제로 출범했다.

2005년 1월 18일부터 2주간에 걸쳐 부산 바다를 세계적 수준의 실내악 향연으로 수놓았던 1회 때의 화려한 선율이 아직도 귓가에 쟁쟁하다. 어렵게만 느껴지던 실내악이 기실 얼마나 서정적이며 또한 온기를 머금고 있는지 다만 놀랄 뿐이었다.

백혜선, 블랑카 유리베, 마르크스 그로흐(피아노), 루시 스톨츠만, 알리사 박, 김수빈, 쥴리앙 홀마크(바이올린), 최은식, 노부코 이마이, 나카툴라 인게냐마(비올라), 안드레스 디아즈, 로렌서 레써,

2008 부산국제음악제

프레드 쉐리(첼로), 리차드 스톨츠만(클라리넷) 등 세계적 명성의 연주가들이 펼치는 앙상블은 '어려운 실내악도 대가들이 하면 다르다'는 인식을 객석에 유감없이 심어줬다.

부산국제음악제는 2회 때부터 세계적 대가와 지역 연주가의 앙상블을 모색하기 시작했다. 2008년 1월 23일~2월 2일 부산문화회관 등지에서 마련한 제4회 행사에서는 부산의 대표적 민간오케스트라인 부산심포니오케스트라(지휘 오충근, 음악감독 임병원)가 대가와의 하모니를 선보였다. 기타리스트 고충진, 소프라노 김경희, 첼리스트 이명진 등도 앙상블에 가세했다. 지역의 오케스트라와 연주자들이 세계와 어깨를 나란히 한 것으로, 연주력 향상이 기대되는 것은 물론이다.

이번에는 백혜선, 제롬 로즈, 마티 라이깔리오, 클라우디오 마르티네즈 메너, 신수정, 주희성(피아니스트), 제임스 버즈웰, 양고운, 이유라, 데이빗 퀴글(바이올리니스트), 정명화, 윌리암 드 로자(첼리스트) 등 정상급 연주자들이 2~6중주 등을 통해 객석과 만났다.

부산의 유일한 국제음악제인 부산국제음악제는 이제 차곡차곡 자신만의 이력을 쌓아가고 있다. 세계 최고 수준의 좋은 연주를 들을 수 있는 기회가 매년 마련된다는 것은 고무적인 일임에 틀림없다. 가뜩이나 부산의 클래식 음악이 갈수록 위축되고 있는 현실에서 말이다.

음악감독을 맡고 있는 피아니스트 백혜선 씨는 "부산국제음악제는 부산 자체의 차별화된 인프라가 강점"이라며 "부산은 바다 위에서 피아노를 치고 있는 듯 여겨지는 좋은 경관, 좋은 연주 홀, 좋은 친구, 좋은 음식 등을 두루 갖추고 있다"고 말한 바 있다.

부산국제음악제가 명칭에 걸맞게 국제적 명성의 연주자를 초청해 열악한 부산 음악의 허기를 달래주고 있지만, 음악제 자체로서는

4회째 적자를 면치 못하고 있다. 민간기획사인 부산아트매니지먼트(대표 이명아)가 주최한다는 이유로 제도적 지원이 봉쇄되고 있기 때문이다. 부산국제음악제에 대한 지역 음악계의 폄하도 부산시 등의 지원을 이끌어내는 데 걸림돌이 되고 있다. 부산국제음악제의 순항에는 그래서 더욱 희망의 등대가 요구된다 할 것이다.

음악 대담 부산 음악의 특징

이명아 (음악기획자 · 부산아트매니지먼트 대표)
김창욱 (음악평론가 · 동아대 초빙교수)

— 부산 음악을 개념적으로 정의한다면. 개념이 제대로 정의된다면 그 개념이 오늘 부산 음악의 특성을 재단하는 잣대 역할을 할 수 있을 것이다. 그런 한편 개념을 떠나 현실적으로 나타나고 있는 부산 음악의 특징적인 현상은.

김창욱 _ 상당히 고민되는 문제제기다. 부산 음악이라고 할 때 우선 부산은 지역적 의미일 것이고, 부산에서 나아가면 영남, 더 나아가면 남한, 그리고 한국이 될 것이다. 한국음악은 한국적인 성격이나 내용을 담아야 정체성이나 특성을 갖는다. 한국적인 성격이나 내용이 뭐냐고 하면 한국의 역사적 사실에 근거를 둔 내용의 음악, 음악적으로는 전통적인 음악어법인 민요의 선율이나 리듬 등 5음계에다 3박자 등을 담는 것을 한국음악이랄 수 있을 것이다.

그런 관점에서라면 부산, 넓게는 경남까지 아우르는 경상도의 역사적 전통과 맥락에다 전통적인 선율이 어느 정도는 어우러질 때 부산 음악이랄 수 있다. 현대에 들어와서는 한국전쟁이나 부마민주항쟁 등의 내용성을 갖춰야 할 것이다. 음악적으로 경상도는 굿거리장단이나 세마치장단 등 다른 지역에 비해 리듬이 빠르고 힘차다. 이게 경상도 음악의 특징이다. '밀양아리랑', '뱃노래' 라든가, '울산아가

씨' 등이 그렇지 않은가. 음악의 내적 요소와 외적 요소를 아우르는 것이 부산 음악의 정체성이라고 할 수 있을 것이다. 개념 정의는 그렇다.

이명아 _ 너무 학문적으로 정의한 것 같다. 저는 서양음악을 주로 기획하는데, 현장에서 느끼는 바로는 부산의 서양음악은 아카데미즘이 중심인 것 같다. 청중이나 소비자 중심의 음악이 아니라 아카데미즘을 근거로 한 음악이 많고, 인맥이나 특정 그룹에 의해 음악 활동이 이뤄지는 경향이 짙다.

연주자와 관객이 교감하는 음악보다는 생산자 위주의 음악이 대세를 이루고 있다. 관객과 소통하는 것이야말로 부산 음악이 발전하는 지름길인데, 그런 점이 부족한 것을 매우 아쉽게 생각한다. 물론 어떤 면에서는 아카데미즘 중심의 음악 활동이 바람직할 수도 있다. 아카데미즘이란 정통에 충실한 것을 말하니까, 음악의 깊이를 담보할 수 있을 것이다. 하지만 관객에게 정통의 음악을 제대로 전달하는 것도 대단히 중요한 일이다. 따라서 관객이 음악을 제대로 흡수할 수 있도록 곡 해석을 충실히 하는 등 테크닉을 발휘할 필요가 있다.

부산 음악이 아카데미즘 중심이라고 말했는데, 이의 연장으로 '끼리끼리 연주문화'가 널리 펴져 있는 것 같다. 제자들만 가는 음악회가 너무 많다는 것이다. 또한 제자들이 연주하는 음악회도 많다. 선생님이 음악회를 하니까, 내 제자가 연주회를 하니까 음악회에 가야겠다는 인식이 확산되어 있는 것 같다. 이러다 보니 좋은 음악회가 부산에 와도 찾지 않는 일이 빈번하게 발생한다. 이래서는 부산 음악의 미래를 담보할 수 없다.

그리고 부산 음악의 폐쇄성을 좀 지적해야겠다. 부산 음악계에는 외국이나 서울에서 오는 연주자들을 배척하는 분위기가 농후하다. 이런 점도 부산 음악의 특색이라면 특색이라고 할 수 있겠지만 말이다. 부산이 아닌 외부에서 온 연주자라는 이유만으로 음악회에 참석하지 않는 경우를 종종 보면서 음악기획자로서 안타까움을 느낄 때가 한두 번이 아니다.

부산 음악은 또 여타 하위 장르에 비해 성악의 활동이 왕성한 것 같다. 성악가의 입김이 세고, 기도 세다고나 할까. 사실 대부분의 성악가들이 오페라단을 만들어 활동하고 있지 않는가. 부산에만 해도 10여 개 오페라단이 활동하고 있는데, 심지어 기획도 자체에서 해결하고 있을 정도다. 하지만 음악 소비자의 입장에서는 오페라단의 연주가 뭐가 뭔지 모르지만 그 나물에 그 밥처럼 똑같다는 느낌을 받는 경우가 많다고 한다.

― 부산 음악에 대한 개념 정리를 바탕으로 부산 음악의 윤곽을 그린다면 어떤 모습이 나올 수 있을까. 한계와 가능성 모두를 짚어볼 수 있을 것이다. 또한 현실적으로 부산 음악계가 봉착하고 있는 문제점들을 든다면.

김창욱 _ 아까 부산 음악에 대한 개념 정리를 했는데 이제 본론으로 들어가면, 제가 봤을 때 부산의 정체성을 담은 음악이 부산에는 그다지 많지 않다고 여겨진다. 논리적으로나 관념적으로는 부산의 정체성을 지닌 부산 음악이 있어야 한다고 생각하지만 실제 그런 경우를 찾기가 어렵다.

김창욱

부산은 서구문화가 일본을 거쳐 부산항을 통해 곧바로 들어오는 최전선이어서 그런지 잡탕으로 들어오는 경우가 많고, 그래서 혼란스럽지 않나 생각한다. 부산의 정체성이라면 굳이 개방성을 들 수 있을 것인데, 개방을 너무 잘해서 정리가 잘 안 되는 느낌을 곧잘 받는다.

대체로 부산이나 한국적인 것에 크게 비중을 두지 않으려 하는 부산 음악계의 분위기가 있다. 음악인들이 아무래도 서양음악을 중심에 놓다보니 서구 중심적인 태도를 갖고 있지 않나 생각된다. 음대를 졸업하면 당연히 유학을 생각하고, 유학을 갔다 오면 서구가 마치 블랙홀이 되어 부산적인 것, 한국적인 것을 모두 흡입해버리는 악순환이 반복되어온 것이다. 국제화니 세계화니 하는 구호에 너무 휘둘려 그쪽에만 눈높이를 맞추려고 하는 것이 아닌지도 생각해볼 일이다.

최근 들어와 고무적인 현상도 나타나고 있다. 부산의 명승지나 자연을 노래하는 시를 지역 시인들에게 맡겨 짓도록 하고, 그 시에다 작곡가들이 선율을 다는 프로젝트가 대표적이다. 이런 움직임을 굳이 부산 음악의 미학적 근거라고 말할 수는 없을지라도 부산의 정체성을 음악을 통해 발현하는 좋은 계기라고 여겨진다.

부산적인 것, 한국적인 것에 관심을 갖고 음악 창작을 하려면 상당한 시간의 투자를 각오해야 한다. 좀 더 느긋하게 기다리는 여유가 필요한 것이다. 작곡가 이상근 선생님은 18살 때 양주동 작시의 '해곡(海曲)'으로 데뷔했는데, 지금 봐도 잘 쓴 곡이다. 임진왜란을 배경으로 만든 '부산성 사람들'을 보면 메나리조를 사용하는 등 토속적이고 향토적인 성격이 잘 드러난다.

김국진 선생이나 안일웅 선생도 이 점이 농후하다. 안일웅 선생은 한국의 정서적인 것의 현대화를 끊임없이 주장해왔고, 국적 있는 작품쓰기는 마치 자식이 부모를 공경하는 것처럼 논리와 무관하게 원천적이라는 입장을 밝혀왔다. 마찬가지로 국적 있는 작품을 떠올리는 것은 1차 윤리라는 입장을 견지했고 한국의 전통을 바탕 삼은 음악을 만들려고 노력했다. 특히 2003년도의 퍼포먼스 '흰색 삶의 송가 1'은 민요적 선율이나 장단이 두드러진다. 김국진 선생도 첼로산조를 비롯하여 피아노 변주곡으로 민요 '몽금포타령', '새야 새야 파랑새야' 등 서양음악과 차별화되는 작품들을 만들어왔다.

이명아_ 부산 음악인들은 외지의 음악인들이 연주를 잘 하는 것을 잘 인정하지 않으려 한다. 대가들이 부산에 연주회를 와도 그냥 오는

가보다 생각하는 정도에 그칠 뿐, 연주를 보고 공부하겠다는 생각도 없고, 자기 스스로의 연주에 만족하고 있는 편이다. 부산 음악이 침체된 이유가 여기에 있지 않을까.

음악 공연기획을 하면서 왜 부산 연주자를 무대에 올리지 않느냐는 볼멘소리를 자주 듣는데, 음악 소비자들이 찾지 않는데 어떻게 무대에 세울 수 있나. 그렇다고 어디 가서 연마를 해오는 것도 아니고. 특히 지역에 나름대로 정착한 분들은 남의 음악회에 거의 안 온다. 앞서 말했듯 끼리끼리 하는 음악 분위기가 있기 때문이다. 제자들이 돈을 내고 티켓을 사주니까 아쉬움이 별로 없는 듯하다. 좋은 음악회가 있어도 연주회장을 오지 않으니 자극받을 일이 있겠는가.

그리고 부산은 이상하게 목소리 큰 사람이 주도해나간다. 자기 연주가 최고라고 생각하는 이들이 많다. 그래서 음악회를 더 갈 필요가 없다는 식이다. 자기만족의 상태에 머무르는 이들이 너무 많은 것이다.

음악 애호가들도 부산에서 연주다운 연주를 접하지 못하다보니 음악에서 더욱 멀어지게 되었다. 원인은 알음알음으로 지역의 음악회에 갔는데, 연주회가 실망스럽다보니 결국 다른 음악회도 찾지 않게 되는 악순환이 생긴 것 같다. 이제 부산 음악계도 세계로 눈을 돌려야 한다. 글로벌하게 음악에 관한 자극을 주고받아야 부산 음악의 발전이 가능할 것이다.

김창욱 _ 관악은 관악, 현악은 현악, 성악은 성악 쪽의 음악회만 찾는 풍토가 부산에 만연해 있다. 다른 쪽의 하위 장르에 대한 관심이 태

부족한 것이다. 그리고 대학생을 비롯한 시민들도 공짜 티켓이 가능한 음악 이외에는 별로 관심을 가지지 않는 듯하다. 대학에서 '음악의 이해'라는 수업을 진행하면서 학생들이 직접 음악회를 찾도록 유도하기 위해 두 개의 연주회를 보고 비교해서 리포트를 제출하라는 숙제를 자주 낸다. 그런데 머리털 나고 처음 음악회에 갔다는 내용들이 적지 않았다. 놀라운 일이었다. 그리고 학생들도 싼 공연만 찾는 것 같다. 초대권을 남발하는 풍토도 근절되지 않았고. 문예진흥기금 등을 받고 하는 연주회에서 공짜 음악회를 제공하는 데 길들여지다 보니 돈 드는 음악회에는 잘 가지 않으려고 한다. 음악가들 스스로 자신들 설 땅을 점차 잠식하고 있는 것 아닌가. 사는 곳 가까운 데서 공짜로 음악회를 볼 수 있는데, 교통체증을 무릅쓰고 먼 거리에 있는 공연장에 잘 가려고 하겠는가.

이명아_ 부산의 음악가들은 대체로 자기 돈 들여 공연을 하는 편이다. 연주회장에서 음악인들을 불러주는 사례가 드물기 때문이다. 앞으로 부산문화재단이 생기면 지역 음악인들을 무대에 세워주는 연주공간에 대해 관심을 가져야 한다. 그래야 신인은 물론 기존 음악인들도 키울 수 있다. 음식도 자꾸 먹어봐야 맛있는 음식을 가릴 수 있듯 음악도 마찬가지다.

시민들이 좋은 음악에 길들여지는 분위기를 만들어야 한다. 그런데 티켓이 싼 것만이 능사가 아니다. 10년 전과 달리 부산시립교향악단 연주회에 5천 원이나 1만 원만 있으면 갈 수 있는 세상이 되었다. 이런 상황에서는 부산에 유명 오케스트라가 온다 하더라도 다 망하게 되어 있다. 값싼 티켓을 남발하는 시향이 좋은 음악회를 가로막고 있는 것이다. 그리고 여름청소년음악회의 경우 시향이 지휘자 금난새를 불러 연주회를 가지면 다른 음악회는 다 죽어버리는 결과를 빚게 된다. 이런 점에서 부산시향의 자세 변화가 요청된다.

무엇보다 적정한 가격에 음악회 티켓을 구입하는 문화가 정착되어야 한다. 요새는 티켓 값이 5만 원 이상 되면 연주회에 가지 않으려 한다. 10년 전에는 싼값으로는 시향 음악회를 즐길 수 없다보니 다른 음악회는 잘되었다. 그리고 민간오케스트라가 2~3개 정도는 있어야 경쟁을 통해 음악회의 완성도를 높여나갈 수 있을 것이다.

─ 부산 음악의 질적인 수준을 가늠한다면 어느 정도의 점수를 줄 수 있을까. 그리고 질적 수준 못지않게 다양한 음악을 접할 수 있는 여건이 되고 있다고 보는가. 그리고 객석에 있는 청중 반응과 열기의 정도는.

이명아_ 부산 음악이 양적으로 풍성해졌다고 생각한다. 그리고 질적으로도 많이 발전했다. 실제로 시민들이 자발적으로 티켓을 사고 오는 단계가 아직은 오지 않았지만 연주 테크닉은 꾸준히 발전해왔다. 중앙과 비교하면 질적인 것보다는 양적으로 다채로워졌다는 인상이다.

김창욱_ 이명아 선생님 말씀처럼 음악 인구가 늘면서 음악회의 질도 당연히 나아졌다고 본다. 실제 음악회도 갈수록 풍성해지고 있다. 문제는 청중이 적다는 것이다. 왜 그런지 가만 따져보면 청중을 고려하지 않고 음악회를 하는 것 때문이 아닌가 하는 생각이 머리를 스친다.

그래서 우선 청중을 재발견해야 한다. 청중은 고객이다. 음악 생산자는 최선을 다해 서비스를 해서 반대급부를 얻어야 하는데, 연주만 하면 그만이라는 데 생각이 그치고 있는 것 같다. 시장조사를 통해 어떤 시점에서, 어떤 프로그램으로, 어떤 대상을 목표로 음악회를 할 것인지를 알아봐야 한다. 경영적인 측면을 고려하여, 수용자 대중을 발견하지 않으면 안 된다. 퓨전음악도 돌파구가 될 수 있다. 생산자와 수용자 간에 끊임없는 대화가 이루어져야 한다는 것이다.

음악회를 보면 형식에 있어 과거나 지금이나 변함없이 경직되어 있다. 음악인이 나오면 조명이 밝아지고, 무대 의상들도 천편일률적이다. 팸플릿도 청중의 눈높이에 맞춰 만들어져야 한다. 곡명을 보면 외국어를 그대로 쓰고 있는데, 음악 수용자가 외국인도 아닌데 그렇게 해서 되겠는가. 레퍼토리도 세심하게 선정해야 하지만 여전히 주먹구구식이다. 청중들이 원하는 음악을 제공해야 한다. 음악인들이 자기가 하고 싶은 음악만 하려고 하는 것은 아닌지 반성해봐야 한다. 역사적 맥락이나 작곡가의 특성 등을 고려한 시리즈 음악회를 기획한다든지 해서 객석의 호응을 끌어내야 한다. 그리고 연주곡목들이 너무 바로크, 고전, 낭만시대의 음악에 그치고 있는 경향이 있다. 다채로운 음악들을 객석에 제공해야 할 것이다.

— 부산 음악이 질과 양 모든 측면에서 나아졌지만 객석에서 충분히 호응하지 않고 있다는 지적이 나왔다. 음악회의 빈자리를 메울 수 있는 현실 가능한 방

법을 제안한다면.

이명아_ 부산 음악의 소통을 위해서는 일단 공연이 많아져야 한다. 연구실적 때문에 하는 교수들의 연주회나 상업적인 목적의 음악회 외에도 연주 기회가 확대되어야 한다. 이를 위해서는 문화재단의 역할이 대단히 중요하다. 만약에 부산에 문화재단이 생긴다면 지속적으로 뛰어난 연주자들을 초청해 무대에 세울 수 있지 않겠는가. 그리고 경제계 CEO에 대한 문화교육도 절실히 요청된다. 메세나의 활성화를 통해 음악회가 많아질 수 있기 때문이다. 연주회가 많아지다보면 당연히 지역 음악인들의 연주 기량도 향상되지 않겠는가. 조수미 같은 대형 스타가 자주 부산에 내려온다고 해서 부산 문화가 발전하지는 않는다. 스타에 의존하다보면 청중 개발을 등한시할 수 있기에 하는 말이다. 부산시도 유명 음악인에 의존하려는 경향이 있는데 이를 시정해야 한다. 어쨌든 부산시나 메세나 등 제도적

이명아

인 뒷받침이 있어야 부산 음악의 소통이 활발해질 것으로 본다.

김창욱 _ 음악회 형식을 다양하게, 재미있게 바꿔나가야 한다. 일단 청중이 관심을 갖고 연주회장을 찾게 해야 소통의 시작이라도 가능할 것 아닌가. 재미, 흥미진진, 감동 등을 연주회를 통해 어떻게 객석에 전달할 것인지를 모색해야 한다. 그렇게 되면 멀리서라도 청중들은 음악회장을 찾아오게 되어 있다. 객석에 대한 서비스가 중요한 것이다. 그리고 문화회관이나 지역 문화회관 등의 홈페이지 게시판에 음악회 관련 글들이 올라오는 것을 보면 연주회보다는 공연장 관계자들의 불친절에 대한 글들이 많다. 공연장 관계자들에 대한 교육도 강화시켜야 한다.

— 마지막으로 부산 음악의 앞날을 어떻게 보고 있는가. 다소 침체된 국면에 빠져 있는 부산 음악을 다시 건져 올려 음악의 새봄을 맞이할 수 있는 묘안은 없을까.

김창욱 _ 부산 음악의 앞날은, 글쎄 좀 우울하다. 갈수록 음악에 대한 수요는 적어지고, 공급은 많아지고 있다. 음악에도 기본적인 경제원칙이 있는 것이다. 예를 들어 매년 부산에서 음대를 졸업하는 학생 수가 약 240명이다. 적지 않은 졸업생이 유학을 가지만, 마치고 돌아오면 시간강사 하나 따기도 힘들다. 부산시향도 인원이 늘 새로 필요한 게 아니고, 그래서 연주자들이 한 번 시향에 들어가면 절대 나오지 않으려 한다. 새로 사람을 안 뽑으니까, 적체가 심각한 것이다.

그리고 음악 자체가 근본적으로 과거부터 메이저급이 못 되었지 않은가. 갈수록 마이너가 되고 있다는 인상이다. 음악은 청각에 의존하는데 지금은 시청각시대가 아닌가. 지금 젊은이는 보고 듣고 느끼는 멀티 플레이어다. 그래서 음악이 쇠퇴한 측면이 있는 것 같고, 게다가 부산 인구가 줄면서 음악지망생도 줄고 있는 형편이다. 피아노 학원을 보면 3개 중 한 개 꼴로 현재 문을 닫고 있는 실정이다. 학원 원장들의 말을 들어보면, 학원 침체는 공교육이 특기적성 수업으로 학원의 역할을 흡수하고 있다고 한다. 특활활동도 음악보다는 컴퓨터나 영상 영화 쪽을 찾는 학생들이 많다고 한다. 그리고 입시위주의 교육 때문에 음악회를 찾을 시간도 없는 것이 학교 현장의 현실이다.

이래저래 암울한 상황이다. 우울한 가운데서도 뭔가 희망을 찾는다면 첫째 역량 있는 젊은 음악가들을 발굴하여 후원하는 제도적 장치가 필요하다. 둘째 음악 하는 사람들도 생활주변에 음악이 뿌리내릴 수 있도록 노력해야 한다. 새로운 레퍼토리를 발굴하고, 퓨전음악에도 관심을 가지는 한편 민요나 동요 등 일반 청중에게 친숙한 음악을 아주 멋있게 변주하는 노력도 병행해야 한다.

이명아_ 부산 음악이 굉장히 열악한 상황이지만 바닥 수준에 있기 때문에 되레 희망을 노래할 수 있다고 본다. 왜냐하면 앞으로 좋은 일이 생기는 것 외에는 달리 일어날 일이 없기 때문이다. 머지않아 부산 예술의 전당이 생기고 부산 오페라하우스도 들어설 예정이다. 부산문화재단도 출범을 앞두고 있는 등 음악인들에게 호의적인 상황들이 속속 전개되고 있다.

차제에 부산시립교향악단 등 부산시립예술단의 재단법인화도 적극 모색해야 한다고 생각한다. 시향만 보고 있으면 안 되니까 민간오케스트라에 대한 지원도 강화해야 한다. 그래서 시향과 민간오케스트라가 경쟁체제로 가야 한다. 특히 부산시향은 지휘자 정명훈이 이끄는 서울시향만큼 확 변해야 한다.

부산 음악가를 위한 음악회가 없는데 이를 개선할 방안도 찾아야 한다. 현재 신인을 무대에 세울 뿐 부산시향에서도 교수들을 무대에 세운다든지 하는 노력을 하지 않고 있다. 지역 음악계는 연주자들의 공연 무대가 없고, 자기 돈으로 음악회를 하려 해도 한계가 있는 데다, 기획자도 무대를 마련해주려 하지만 경제성이 없으니 고민에 빠지는 등 이래저래 악순환이 거듭되고 있다.

문화재단의 할 일이 그래서 많다. 그리고 부산에서 공연기획을 하려는 젊은이들의 경우 앞으로 전망이 무척 밝을 것으로 생각된다. 그런데 부산은 기획사와 예술단체의 구분이 잘 안 되는 편이다. 저는 개인적으로 기획사가 발전해야 모든 예술단체가 발전한다고 생각한다. 기획사는 음악 등 문화현실을 객관적으로 보기 때문이다. 예술단체는 자기 시각에서 자기 위주의 시선으로 보지만 기획사는 어떤 공연이 시민 입장에서 좋은 것인지, 안 좋은 것인지를 객관적으로 판단할 수 있기 때문이다.

5 문학

부산을 살다, 느끼다, 쓰다

　　부산진첨사 정발 장군이/그날따라 유난히 푸른 바다 위에/해일처럼 적선들이 밀려오는 것을 바라보고 있었을 때/좌천동 가구 거리 이곳은 바다였다./지금은 혼기가 찬 처자들 몇몇이 가구를 고르고 있다./우리 할매 마지막 삶이 끈질기게 붙잡고 있던 반닫이 장롱/할매는 그 속에 사무친 무엇을 담아 두었을까, 나는 생각한다./한 사람의 일생이 오롯이 반닫이 장롱으로 남을 수 있을까.//정공단 돌담길을 따라서 증산(甑山) 산동네에 오를 때면/나는 시루나 솥 안으로 들어가는 느낌보다는/오래된 장롱의 내부로 들어가는 것만 같다./작은 반닫이 장롱이지만/시간이 거미줄을 치며 음예를 드리운 내부는/가야의 유적지 위에 내리는 늦은 봄날 같은,/예감으로 몸을 뒤척이는 조선 왕조의 부산포 앞바다 같은,/만세 운동을 준비하는 일신여학교 여학생들의 숨죽인 밤 같은,/사변통에 이마를 맞댄 판잣집 지붕들 위에 내리는 장맛비 같은,/내리다가,/끊어지지 않고/남루한 저녁 햇살 이어지는 미로만 남는다//장롱의 가장 깊은 내부에 닿으면/매립된 채 뒤척이는 바다 소리가 들린다./정공단 뒷벽에 그날의 병사들이 저녁 햇볕으로 잠시 내려와/이승 반 저승 반의 방언으로 웅성거리다가/골목 저 어스름 속으로 사라진다./처자들은 이제 행복을 담을 가구를 골랐을까./음예 낀 할매의 반닫이 장롱처럼/외부로 떠나버린 도시가/남겨둔 내부에 나는 서 있다.

부산을 살아가는 이성희 시인의 시 '정공단 돌담길을 오르며'(『부산을 쓴다』, 전망, 2008) 전문이다. 시인은 '정공단'을 "임진왜란 때 왜군과 처음으로 싸운 부산진첨사 정발과 그를 따라 순절한 군민들의 충절을 기리고 있는 제단이다", '증산'을 "시루처럼 생겼다고 해서 붙여진 이름인데, '부산'이란 지명이 여기에서 유래했다는 설이 있다"고 부언해놓았다.

부산은 여기서 더 부언할 것이 없다. 이 시 한 편으로 족하다. 가야로부터 오늘에 이어지는 역사의 맥락이 피톨로 꿈틀댄다. 임란과 일제 강점기, 한국전쟁, 새로운 행복을 약속했던 근대화와 도시화의 그늘이 오늘의 부산을 세운 매축지 저 아래에서 생채기처럼 시퍼렇게 철썩이고 있다. 무릇 우리도 시로부터 위로받아야 하지 않겠는가.

부산을 노래하는 시들이 터져 나왔다. 부산을 그린 소설들도 봇

물이다. 부산작가회의(회장 구모룡)가 리얼리즘 문학의 한 경지를 일군 요산 김정한 선생의 탄생 100주년을 맞아 기획한 '부산을 쓴다'가 실체를 드러내면서 부산 문단은 새로운 역사를 쓰게 됐다.

부산을 살아가는 시인 111명이 저마다 부산의 한 곳씩에 발품을 팔아 시를 빚어냈고, 소설가 28명이 부산의 산, 강, 바다를 살아가는 군상들의 모습을 형상화했다. 시집 『부산을 쓴다』는 요산문학제가 막 오른 2008년 10월 17일 보란 듯이 부산 사람들 앞에 펼쳐졌다.

내친 김에 부산 시인이 쓴 『부산을 쓴다』 속의 부산 풍경으로 다시 들어가보자.

> 그 다리엔 출발이 마악 도착했지요/다리 저쪽에는 이별하는 수많은 사람들,/늘 빨리 지나치곤 하던 길들이/바람의 여인숙을 향해 뻗어 있었고/납작 엎드린 도시의 지붕들은/잿빛으로 얼굴을 가리고 있었어요//출발은 도착, 도착은 출발/간간이 내리고 있는 비는/비틀비틀 난간에 머리를 부딪치고 있었고/이별의 인사에 매달린 안개들/수평선에 끊임없이 키스를 던졌어요//아, 어둠과 램프를 함께 든 나의 주인/다리 위의 너//그 다리엔 출발이 마악 도착했지요/저쪽에서 그리운 사람들은/쉴새없이 이별했어요//이제 우리 어디서 만날까/어느 하루 파도가 되어/파도 앞에 나란히 나란히 누울까

'다리 위에서-영도를 추억함, 강은교'. 함남 홍원 출생인 강은교 시인은 송도 바다가 내려다보이는 찻집에서 한국전쟁 때 부모 손에

부산일보ⓒ

요산문학제

이끌려 송도로 배를 타고 피란 왔다고 말한 적이 있다. 피란민들의 만남과 이별은 카메라 저속 촬영의 앵글 속에서 무수한 움직임의 잔영들인 '출발은 도착, 도착은 출발'로 포착됐고, 만남과 이별이 교차

하는 영도다리는 이별의 '어둠'과 만남의 '램프'로 희비가 엇갈리는 이미지로 형상화됐다.

마을은/꿈꾸듯/바다에 흔들리고 있다//숨차게 달려온/대륙이 바다를 깨무는/해안선에 이르러/푸른 물빛은 흰 계단을 뛰어 오른다//우리가 듣는 것은/태고의 물결소리//태양의 높이에 따라/색조를 달리하는 푸름//광안대교의 아름다운 의지와/멀리서 반짝이는 수평선이 하나로 겹치는/눈부신 우리의 미래를 바라보며 걷는/광안리 바닷가//광안리는 지명이 아니다/조석으로 내가 마시는 물맛이고/자연과 인공이 교감하는/숨 쉬는 풍경이다//부산이 부산하고 비좁은/도시가 아니라/세계와 교역하는 열려 있는 바다이듯/내 시를 가꾸어준 40년의 바다이듯//광안리는/지명이 아니라/싱싱하게 살아 있는/내 정신의 성분이다

광안리를 살아가고 있는 허만하 시인의 시 '광안리'다. 그래서 "광안리는 지명이 아니다/조석으로 내가 마시는 물맛이고/자연과 인공이 교감하는 숨 쉬는 풍경이다"라고 노래하고 있다. 뿐이랴. "부산이 부산하고 비좁은/도시가 아니라/세계와 교역하는 열려 있는 바다이듯/내 시를 가꾸어준 40년의 바다이듯//광안리는/ 지명이 아니라/싱싱하게 살아 있는/내 정신의 성분이다"라고 고백하고 있다.

시집 『부산을 쓴다』와 달리 소설집 『부산을 쓴다』는 2008년 가을 현재 미완의 진행형이다. 부산작가회의와 부산일보는 2008년 8월 14

일부터 매주 목요일 1개면 전면을 할애해 소설을 싣기 시작했다. 서양화가 심점환이 그림을 잇대어 예술성을 확장했다. '부산을 쓴다'의 시작은 소설가 박향의 '연인(을숙도)'으로부터다.

…"내일 오후 3시. 을숙도 가는 선착장에서 기다리고 있겠음." 그들에게 그 장소가 무엇을 의미하는지 나는 알고 있었다. 시간이 과거를 흐릿하게 만들고 그리하여 오랜 후에는 사랑의 놀음조차 잊게도 만든다면, 장소는 그 반대일 것이라고 생각했다. 장소는 사람을 과거로 회귀시키는 힘을 가지고 있다. …(중략)… 니는 낙동강, 내는 바다다. 칠백 리를 달려온 낙동강과 바다가 몸을 섞어 이곳이 된 기다. 을숙도 물결보다 더 새파란 세모고랭이 같은 아이 낳자. 고니가 저걸 먹고 자란다아이가. 푸르고 풍성하고 너그럽고 친절한 세모고랭이. 그런 아이 하나 낳아주라….

'부산을 쓴다'는 '을숙도'를 시작으로 '해운대' '하얄리아부대' '이기대' '영도다리' '범어사' 등으로 이어지고 있는데, 부산일보 연재는 2008년까지다. 연재된 20편에다 8편을 덧붙여 2008년 말에 소설집으로 나온다.

부산작가회의 구모룡(문학평론가) 회장은 "부산 작가들이 발 딛고 서 있는 부산이라는 땅에 대한 관심이 부족해왔다는 반성 위에서 '부산을 쓴다'를 기획하게 됐다"고 밝히고 "지역적 삶이 소외되다 보면 작품 속의 삶 역시 추상화될 수밖에 없다"고 강조했다.

현장 요산 김정한 선생 탄생 100주년 기념 2008 요산문학제

2008년은 소설가 요산 김정한(樂山 金廷漢, 1908~1996) 선생의 탄생 100주년이 되는 해다. '부산 정신'의 고갱이를 이뤘던 거장의 귀환을 맞아 그의 현재적 의미를 묻는 축제가 부산에서 펼쳐졌다.

요산이 문학을 넘어 부산 시민들의 사랑을 받는 것은 그의 삶이 현실에 타협하지 않고 불의에 맞서는 부산의 저항 정신과 맥이 닿아 있기 때문이다. 요산의 정신은 부산 초읍 어린이대공원에 있는 그의 문학비에 잘 나타나 있다.

"사람답게 살아가거라! 비록 고통스러울지라도 불의에 타협한다든가 굴복해서는 안 된다. 그것은 사람이 갈 길이 아니다."(소설「산거족」중에서)

삶과 문학에 있어 그 어느 하나도 치열함의 끈을 놓지 않은 요산이었다. 그는 시인 이형기와의 대담에서 이렇게 말한 적이 있다. "문학은 문학, 인생은 인생, 따로 있다고 나는 생각할 수가 없어. 내 인생을 문학에 담는 거고, 그 문학은 내 인생 그리고 내 인생을 있게 하는 우리들 모두의 인생을 위해 있는 거야."

요산의 삶과 문학을 기리는 탄생 100주년 요산문학제는 요산기념사업회, 부산작가회의, 부산일보사 3개 분야별 주체를 중심으로 2008년 10월 17~25일 요산기념관 등 부산 일원에서 열렸다.

17일에는 개회식을 시작으로 문학평론가 최원식의 '오끼나와에서 본 요산' 초청강연이 있었고, '낙동강 파수꾼'으로 불릴 정도로

요산 김정한 선생

부산이라는 장소성에 천착한 요산을 본받아 부산 시인들이 부산의 곳곳을 노래한 시집 『부산을 쓴다』 출판기념회가 열렸다.

18일 시민백일장, 19일 요산문학기행, 24일 요산 김정한 흉상 제막식에 이어 요산문학상 시상식이 부산일보사 강당에서 열렸다.

서슬 푸른 독재가 기승을 부리던 1984년, '저항'과 '민족'을 좌우 날개로 한국문학의 비상을 견인하기 위해 제정된 요산문학상(운영위원장 김종렬)은 중앙 문단의 이해관계가 얽혀들지 않는 심사의 공정성으로 요산의 정신을 계승했다. 이런 이유로 수상자에게는 더할 나위 없는 자긍심의 문학상으로 자리 잡았다. 2007년 부산일보사가 문학상의 운영주체를 맡으면서 운영기금 4천만 원을 요산기념사업회(이사장 정홍태)에 기탁해 요산을 기리는 데 사용하도록 한 데 이어, 상금을 5백만 원에서 1천만 원으로 올리는 등 문학상의 면모를 일신했다. 요산이 대표하는 '한국 리얼리즘 문학'은 오늘에 있어 무슨 의미일까. 부산작가회의를 중심으로 24~25일 열린 세미나와 리얼리즘 작가회의는 요산문학의 현재적 의미를 물어가는 자리였다. 평론가 5명, 작가 5명이 나와 발표를 맡았는데, 평론가들은 '리얼리즘, 생성의 상상력'을, 작가들은 '참을 수 없는 세계화의 어두움'을 각각 화두로 삼았다.

중국과 일본에 있는 민족문학인들을 초청하여 요산과 디아스포라(diaspora, 離散)의 문제를 주제에 붙인 국제학술회의도 열렸다. 1부는 '재중 디아스포라 민족문학', 2부는 '재일 디아스포라 민족문학'이 주제였다.

세미나 참석자들은 "리얼리즘의 시대가 끝났는가에 대한 담론이 많지만 21세기도 여전히 리얼리즘은 필요하다"는 데 인식을 같이했고 "생태파괴에 따라 환경적 리얼리즘이 요청되며, 안으로는 사회적 약자나 소수자 문제, 밖으로는 세계화의 주름이 생겨나고 있어 요산문학이 보여준 반식민 반독재의 정신이 오늘에도 여전히 유효하다"고 입을 모았다.

요산의 소설을 담은 전집 5권이 나올 예정이고, 지역 시인과 소설가들이 뜻을 모아 함께 부산을 노래한 시집과 소설집을 각각 발간해 요산 탄생 100주년의 의미를 더욱 깊게 했다.

> 현장

국제해양문학제 혹은 한국해양문학제

부산국제해양문학제 태동이 가시화되었다. 2009년 여름을 첫 행사 개최 시기로 잡고 조직위원회가 꾸려진 데 이어 국제해양문학제의 의의와 방향 등을 집중 논의해나갈 예정이어서 부산에 또 하나의 국제문화행사가 탄생할 전망이다.

부산문인협회와 부산작가회의 소속 지역 문인들은 2008년 9월 25일 부산일보사 강당에서 부산국제해양문학제 조직위원회 창립총회를 개최했다. 창립총회에서는 원로 소설가 최해군 선생이 조직위원장에, 문학평론가 최상윤 부산예총 회장과 황을문(전 한국해양문학가협회장) 한국해양대 교수가 부조직위원장에 각각 추대했다.

실무를 맡을 운영위원장에는 남송우 부경대 교수가 뽑혔고, 부산작가회의와 부산문인협회의 중견 문인들이 운영위 안에서 비중 있는 역할을 맡을 것으로 알려졌다.

조직위는 부산시에 예산 1억 원 지원을 일단 요청하는 한편 해양·수산업계 등의 후원에 힘입어 2009년 여름, 국제해양문학제의 첫발을 떼기로 했다. 조직위가 그리고 있는 문학제의 밑그림은 해양문화의 뿌리가 원작, 스토리텔링 등의 해양문학(maritime literature)이라는 데 주목하여 문학을 중심으로 다양한 장르를 끌어들인 융합·복합문화 형식으로 문학제를 꾸려가겠다는 것이다.

무엇보다 눈에 띄는 것은 부산의 문학지형을 양분한 채 서로 냉담하던 부산문인협회와 부산작가회의가 부산국제해양문학제의 출범을 놓고 머리를 맞대었다는 사실이다. 이는 부산국제해양문학제

2008 한국해양문학제

의 순항과 난항, 두 가지 가능성을 모두 점칠 수 있는 대목인데, 전자의 경우 부산 문단은 오랜만에 활기를 띠면서 다양한 문학담론을 생산할 것으로 전망된다.

부산국제해양문학제는 2004년부터 부산문인협회가 개최해온 한국해양문학제에서 씨앗이 배태됐다. 이런 가운데 2008년 부산예총 회장 선거에서 당선돼 3선을 내리 기록한 최상윤 부산예총 회장(전 동아대 교수)이 선거 공약으로 부산국제해양문학제 개최를 천명하고 나서면서 추진에 힘이 실렸다.

한편 한국해양문학제는 2004년, 기왕의 한국해양문학심포지엄(1996~)과 한국해양문학상(1997~)에다 '해양문학의 밤'을 보태 축제로 탄생했다. 부산바다축제와 보조를 맞추면서 문학인들이 바다축제에 참여할 수 있는 문화공간으로 주어진 셈이다.

2008 한국해양문학제가 8월 5~6일 광안리해수욕장 일원에서 열렸다. 5일 7시 30분 광안리해수욕장 특설무대에서 열린 '해양문학의 밤'은 시낭송, 문인들이 직접 배우로 출연한 문인극〈연오랑과 세오녀〉를 비롯하여 춤과 음악이 어우러졌다.

6일 오후 광안리 호르메스 호텔에서 열린 이튿날 행사는 제5회 바다 시·수필 낭송회를 시작으로 제13회 한국해양문학 심포지엄, 제12회 한국해양문학상 시상식으로 이어졌다.

'한국문학 속의 어업과 어부'를 주제로 열린 한국해양문학 심포지엄에서는 조규익 숭실대 교수의 '우리 시가문학과 어부 이미지', 정영자 전 신라대 교수의 '한국 소설 속의 어업과 어부' 등 2개의 발제가 있었다. 조 교수는 "고전시가든 현대시든 우리 시에 등장하는 어부는 대개 시인들이 만들어 세운 가면으로, 시인이나 화가들이 농부보다 어부를 즐겨 그린 것은 어부의 생활 현장이 육지와 멀리 떨어진 바다였고, 삶과 죽음이 수시로 바뀌는 서사 현장이었기 때문"이라고 했다. 정 교수는 "바라보는 바다, 감수성의 바다에서 갈등하고 욕망하는 바다를 넘어 인간성의 획득이 있는, 처절한 인간 승리의 철학이 있는 어업과 어부의 삶이 해양문학에는 있어야 한다"고 지적했다.

제12회 한국해양문학 대상은 전 부산문인협회 회장이자 부경대 교수였던 소설가 강인수의 장편소설 『어부의 노래』에 돌아갔다. 심사위원(최해군, 김천혜)들은 "선원 생활에 대한 풍부한 자료조사가 돋보이며, 바다를 삶의 터로 삼고 그 삶의 터를 열어가는 이야기를 담담하면서도 유연하게 써내려갔다"고 평했다.

우수상은 시인 박창주의 『지구의 중심에서 세상 끝을 살다』가 받았다. 심사위원(김송배, 이문걸)들은 "바다시와 해양시의 경계를 허물어줄 수 있는 작품"이라며 "비유법을 적절히 구사하면서 바다에 대한 이미지의 투영에 노력한 흔적이 현저하게 나타나 해양문학의 개척과 발전에 기여할 수 있는 가능성을 기대한다"고 밝혔다.

대표작으로 꼽은 시가 '저녁바다'다. "저녁바다는 사유가 깊다/의뭉스런 눈빛을 보라/근심이며 걱정까지 다 끌어안은/가장家長의 어둔 눈빛이다/어떤 현인이 있어/말을 걸어 웃게 하랴/저 천근만근의 입을 열게 하랴/바람이 앙탈부려 울어도/가슴만 꼭꼭 여민 바다/…가난한 애비다."

부산문인협회(회장 정인조)가 주관하는 한국해양문학제는 출범 당시 다분히 부산국제문학제를 겨냥하고 출항했다. 하지만 2004년 1회 행사 이후 문학제에 대한 의욕이나 프로그램이 점차 위축되고 있다는 평가를 받아왔다.

문학 대담 **부산 문학의 특징**

구모룡 (문학평론가·한국해양대 동아시아학과 교수)
정인 (소설가)

— 지역문학으로서 부산 문학이 갖고 있는 특징은 무엇인가. 지역의 삶을 담아내는 그릇 노릇을 부산 문학이 오롯이 하고 있는가. 그리고 작가들은 부산이라는 공간이 갖고 있는 지역성을 염두에 두고 작품 활동을 하고 있다고 보는가.

구모룡 _ 일제 강점기에는 부산 문학이 내놓을 만한 뚜렷한 전통이 없었다. 요산 김정한(樂山 金廷漢, 1908~1996) 선생은 경남 남해에서 작품 활동을 했고, 향파 이주홍(向破 李周洪, 1906~1987) 선생도 당시에는 부산에 없었다. 청마 유치환(靑馬 柳致環, 1908~ 1967)도 마찬가지다. 요산 선생이 부산으로 귀향한 것은 1940년이고 향파 선생이 부산으로 온 것은 1947년이다.
   부산 문학이 외적 요인으로 그 위상이 커진 것은 한국전쟁과 연관된다. 부산이 임시수도가 되면서 한동안 부산은 한국문학의 중심으로 부상한다. 일시적이지만 모든 대학이 부산에 집결하고 문인들이 모여드는 경험을 한 것이다. 비록 역사적 계기에서 비롯한 것이지만 이러한 경험에 대한 기억은 매우 소중하다고 생각한다.
   한국전쟁 이후 부산 문학은 모더니즘의 주류화 현상을 경험한다.

고석규의 시와 비평은 그의 때 이른 요절에도 불구하고 1950년대 한국문학의 수준을 보인 진경으로 평가된다. 그가 보인 전장 체험과 디아스포라적 감성은 부산 문학의 한 경향으로 볼 수도 있을 것이다. 그만큼 50년대 이후 부산은 이산과 혼종의 장이었다. 이는 말할 것도 없이 식민도시에서 출발하여 근대적인 항구도시로 발전한 부산이 지닌 개방성과 맞물린다.

근대화와 더불어 부산이 제2도시라는 위상을 갖추면서 부산 문학의 다양성이 형성되고 외연도 넓어졌다. 1960년대 요산의 복귀는 부산 문학의 위상을 다시 제고하게 만든다. 한국을 대표하는 현실주의 작가의 등장이어서 1970년대 부산 문학은 요산의 시대라고 해도 과언이 아니다. 실제 부산을 포함한 경남은 조연현 등 〈현대문학〉지를 중심한 보수주의 문학계가 강세였다. 이러한 상황에서 진보주의 문학의 중심이 요산이 되면서 일종의 균형이 형성된 것이다.

모더니즘과 리얼리즘의 균형의 한편에 본격적인 해양문학이 생산된 것도 부산이다. 이는 부산이 수출주도형 근대화의 주된 무대 역할을 하면서 가능했던 일이다. 아울러 우리나라 대표적인 추리작가인 김성종 선생이 부산에서 활동하고 있는 사실을 간과해서는 안 된다. 그의 활동이 부산의 지역성과 무연한 것으로 보긴 힘들 것이다. 이렇게 보면 부산이라는 지역의 문학적 가능성은 크게 열려 있는 셈이다.

정인 _ 구 교수님이 말씀하신 대로 부산 문학은 바다와 가까움으로써 갖게 되는 부산만의 특성이 있다. 그것이 다른 지역에서는 없는

'해양문학'이라는 독립적인 장르를 가능케 했다. 부산에는 오랫동안 선상 생활을 한 후 그것을 바탕으로 소설을 쓰는 작가들이 있고, '해양문학상'이 있으며, 〈해양과 문학〉이라는 반연간지가 있다. 이는 다른 지역과의 확연한 차별성이다. 그러나 그것은 지역문학으로서의 한 특징일 뿐, 지역의 삶을 오롯이 담아냈다고 할 수는 없다. 부산은 이미 바다만 바라보고 사는 도시가 아니고, 다른 도시와 마찬가지로 수많은 삶의 모습이 있으며 끊임없이 변화하고 있다. 그 중 한 양식을 '해양문학'이 담당하고 있다고 할 수 있을 것이다.

저 같은 경우엔, 부산이라는 공간이 갖는 지역성을 항상 염두에 두고 작품 활동을 한다고 말할 수는 없다. 그렇다고 완전히 잊고 있는 것도 아니다. 아마 저뿐만 아니라 다른 분들도 그렇지 않을까 싶은데, 소설을 쓰다보면 부산을 배경으로 하는 경우가 많다. 특히 어디에서나 있을 법한 보편적인 이야기와 주제를 말할 때는 절로 내가 줄곧 자라온 부산을 배경으로 하게 된다. 한 인간이 오랫동안 살아온 장소는 굳이 의식하지 않더라도 그 몸에 기운을 뻗치고 있을 것이다. 그러다 보니 소설 속의 대화는 자연히 부산 사투리로 이루어지고 행동이나 사고방식 등도 부산 사람의 기질을 표현하게 된다. 하지만 그것이 의식적인 노력은 아니기에 때로는 더 필요할 수도 있다. 부산을, 부산에 사는 소설가가 말하지 않으면 누가 하겠는가. 최근 들어 작가들이 부산을 배경으로 한 장편을 발표하거나 준비하고 있는 것도 그런 의식의 일환일 것이다. 정영선 씨가 2007년에 부산을 배경으로 한 장편 『실로 만든 달』을 냈고, 2008년 창작지원금을 받은 주연 씨의 작품도 부산이 무대. 그리고 보면 이즈음 작가들의 의식은 더 이상 서울로 향하기보다는, 내가 몸담고 있는 여기, 이 곳의 중요성을 느끼고 그것을 말하는 것에 관심을 갖기 시작한 것이 아닌가 싶다.

구모룡 _ 일국적인 차원에서나 세계체제로 볼 때 부산이 갖고 있는 지정학적인 특징은 동아시아 결절점이라 할 수 있다. 이러한 공간이기에 문화적인 개방성과 혼종성(hybridity)이 특징이 되고 있는 것이다. 개방성의 관점에서 부산 문학은 모더니즘과 리얼리즘이 공존하는 현상으로 설명될 수 있다. 시에서의 모더니즘의 성과 한편에 소설에서의 리얼리즘의 성과가 있었던 것이다. 문제는 혼종성의 관점이다. 부산을 서술함으로써 한국을 말하고 동아시아를 말할 수 있는 작품이 있어야 하는데 쉽게 찾아지지가 않는다. 요산의 「오끼나와에서 온 편지」에서 그러한 일면을 시사받을 수 있을 것 같기도 한데….

앞서 잠깐 언급했지만 부산 문학의 특징으로 꼽을 수 있는 것이 1960년대 이후 형성된 해양문학이다. 시인 김성식, 소설가 천금성은 세계적인 해양시인이자 해양소설가다. 전자가 수출주도형 근대화 정책의 표상인 상선의 경험을 문학화하였다면 후자는 또 다른 수출 산업인 원양산업의 표상인 어선의 경험을 문학화한 것이다. 이들은 모두 바다를 매개로 고향과 근대, 민족과 세계를 가로지르는 작품들을 썼다. 그야말로 진정한 의미의 해양문학을 성취한 것이다. 이러한 해양문학의 전통은 어떻게 보면 문학의 부산성(Busanness)을 가장 잘 대변한다고 할 수 있을 것이다.

내 생각에 부산은 여느 지역에 비해 문학의 가능성이 많이 열려

구모룡

있다고 보인다. 리얼리스트로서의 요산이 있고, 1950년대 고석규의 비평이 있다. 시에서의 허만하, 강은교 등이 부산 지역 시인이라는 개성을 드러내고 있다고 본다. 거듭 말하지만 해양문학의 김성식, 천금성, 추리문학의 김성종이 있지 않은가? 문제는 후배 세대들이 그런 분들을 넘어설 수 있느냐 하는 것이다. 이 점에서 당장 긍정/부정의 말을 하고 싶지 않다. 뭔가 꿈틀대고는 있는데 그것이 구체화되고 있지는 못한 것 같다.

그래서 현금의 부산 문학은 가능성이라는 측면에서 서울을 제외하면 가장 활력이 있으나 그 성과는 기대에 부응하고 있지 못하다고 생각한다. 부산은 문학적인 자원과 자산이 널려 있다. 앞 세대를 넘어서는 후배 세대의 노력이 절실히 요구된다.

― 부산 문학이 구축해온 그동안의 성과를 정리한다면 장르별로 어떤 지형이 그려질까. 장르별로 부산 문학이 담아야 할 내용성은 무엇이라고 보는가.

구모룡 _ 아까 부산 문학의 계기를 한국전쟁으로 이야기했는데, 또 다른 계기가 1980년대이다. 1970년대의 문예 계간지가 폐간되면서 각 지역에 무크지가 나타나기 시작했다. 부산에서는 〈지평〉과 〈전망〉이 대표적이다. 70년대까지 청마나 요산, 향파 등이 해오던 흐름이 그대로 이어졌다면 80년대 들어와 이러한 무크지를 매개로 새로운 세대가 대거 등장한 것이다. 이러한 바탕이 오늘날 부산의 각종 계간지, 매체에 소속된 사람들의 원천이 되었다. 〈오늘의 문예비평〉, 〈시와 사상〉, 〈신생〉, 〈작가와 사회〉 등의 매체를 이끌어가는 핵심 멤버들이 〈지평〉과 〈전망〉에 소속된 이들이라 해도 과언이 아니다. 또한 그로부터 에너지가 확산되고 있는 셈이다.

80년대적인 것 가운데 무크지 〈지평〉이 표방한 것과 요산 선생이 후배들과 함께 구성한 '5 · 7문학협의회'의 전통은 여전히 지금껏 부산 문학의 토대가 되고 있다. 가령 부산작가회의는 이러한 80년대적인 것의 정신을 계승하고 있다.

주지하듯이 1950년대 이래 모더니즘의 흐름은 지속된다. 지금 이를 대변하는 것이 〈시와 사상〉 그룹이라 할 수 있다. 시론과 비평의 강세는 아무리 강조해도 지나치지 않을 듯하다. 1950년대 요절한 고석규 선생의 유산이라고 할 수도 있고, 1970~80년대 김준오 선생의 영향으로 비평이 크게 활성화되었다. 시와 비평의 활성화에 비해 소설은 조금 약하지 않나 싶다. 하지만 조만간에, 2010년쯤 가면, 시와 비평이 이룬 위상에 맞먹는 부산 소설의 모습이 보일 것이라 판단된다. 조갑상 선생 등 지역의 많은 소설가들이 장편을 준비하고 있는 것으로 알려져 있다.

만족스럽지는 않지만 그 어느 지역에 비해서도 부산 문학이 역동적이라 생각한다. 그래서 지역문학의 특수성을 잘 살려야 한다고 본다. 요산 이후로 지역문학이 지역문학으로서의 특수성을 살리기보다는 중심부인 서울 문학의 영향을 상당히 받고 있는 것도 사실이다. 요산 이후 리얼리즘의 성과도 나타나지 않고 있다. 요산이라는 전통과 맞닥뜨리거나, 지역문학의 특수성을 밀어붙이는 노력을 해야 한다.

부산이 갖고 있는 지역적 특수성―항구도시가 갖고 있는 개방성과 혼종성, 주변부적인 시각, 한반도와 해양의 결절(結節)점이라는―을 문학 속에 용해해 낸다면 뭔가 대작이 나오지 않을까 한다. 부산의 지역성은 대전, 안동, 대구 등과는 다르다. 내륙과 해양을 이어주는, 항구가 갖고 있는 발랄함이 있다. 이런 부분을 작품에 잘 담아내면 좋을 것이다. 과문한 탓인지 나는 오랫동안 부산 작가들에게서 그런 작품을 찾아보지 못했다. 최근 정영선의 『실로 만든 달』에서 가능성을 볼 수 있긴 했다. 부산은 스케일을 가져도 되는 도시이다. 부산을 두고 문화가 없니 있니 하는데 부산이 갖고 있는 문화는 아주 예외적이다. 마산이나 목포 등 같은 항구도시와도 다르다. 서울에 비교하면 부산 문화가 없는 것 같지만 부산에는 서울과 상대적으로 다른 문화가 있다.

시에서 이러한 부산의 특성이 드러나는 경우가 많다. 비평은 중심에 대해 강한 메시지를 쏟아내고 있다. 지역문학이라는 논리도 부산이 만들어낸 것이다. 중심부의 독점된 미학 시스템에 강력하게 도전장을 낸 곳이 부산이다.

정인_ 제가 생각하기엔 부산 소설은 현재 정중동의 상태인 것 같다. 성과에 있어서 다소 미흡할 수는 있지만 멈추어 있지 않고 항상 꿈틀거리고

정인

있다. 그것이 앞으로 부산 소설을 발전시킬 수 있는 힘이라고 생각한다. 부산은 서울 다음으로 소설가가 많은 곳이다. 그럼에도 제가 등단했던 2000년 당시 부산에는 소설을 발표할 지면이 없다시피 했다. 서울에서 발행되는 문예지에는 아예 소설을 싣기 어렵다고들 믿고 있었기 때문에 쓰고는 있어도 발표할 곳이 없거나 아예 손을 놓고 있다는 작가도 있었다. 그랬는데 지금은 부산에만 〈작가와 사회〉 〈좋은 소설〉 〈해양과 문학〉이 있어서 굳건한 발표 지면의 역할을 하고

있고, 중앙의 유수한 문예지에 소설을 발표하는 분들도 있다. 이처럼 발표 기회가 많아지자 부산의 소설가들은 요 몇 년 사이에 전에 없이 열심히 쓰고 있으며, 이제는 장편을 써야 한다는 생각들도 많이 하고 있고 이미 몇 권의 장편소설이 나왔다. 이런 모습이 앞으로의 부산 소설을 희망적으로 바라볼 수 있는 이유이다.

앞으로 부산 소설이 담아야 할 내용이 무엇이냐는 질문에 답하는 것은 쉽지 않다. 만약 지역문학으로서의 역할을 의미한다면 구 교수께서 이미 말했고, 그것에 동의한다. 다만 덧붙이자면 사회에 대한 관심이나 참여의식 등을 항상 갖고 있어야 하지 않을까 하는 생각을 한다. 소설가는 현재에 발을 딛고 있으면서 통찰력을 잃지 않아야 하는 존재이다. 또한 자신만의 세계관을 가져야 하고, 사회에 대한 비판 의식을 항상 갖고 있어야 한다. 그런 만큼 자신이 갖고 있는 생각의 위치를 수시로 점검해야 한다고 생각한다. 그 속에서 소설이 더욱 무게와 깊이를 갖게 되지 않을까? 그런 점에서 자성한다면, 인식의 전환이 있어야겠고, 소재는 좀 더 다양해져야 하며, 관심의 방향도 좀 더 폭이 넓고 깊어져야 할 것이다. 작가의식이 덜 치열하지 않나 하는 생각도 해본다. 더 이상 소설은 읽히지 않는다, 문학은 이제 죽었다는 무성한 소문들 속에서 스스로 침몰해가는 어리석음을 범하고 있지는 않은지 생각하면서, 새로운 작품 방향을 모색하기 위해서는 작가정신을 더욱 벼려야 한다고 생각한다.

구모룡_ 최근 인천에서 전국 계간지 모임이 있었는데 모두 시 전문지였다. 우리나라는 문사정신이 강해 시는 각 지역마다 활기를 띤다.

부산도 시인이 800명을 넘는다는데, 시나 비평에 비해 소설이 뒤떨어진다고 하지만 서울을 제외하고 부산만큼 소설을 많이 쓰는 곳도 없다. 소설가가 50명이나 된다.

하지만 소설을 제대로 쓰겠다며 온몸을 던지는 작가는 그리 많은 편은 아니다. 그만그만하게, 소설의 욕망을 조절하고 있다는 느낌이 들 정도다. 전업을 하는 작가도 적다. 하지만 여성 소설가들이 잠재력을 드러내고 있어 다행스럽게 생각한다. 장편을 준비하고 있는 작가들이 3~4명에 달한다고 한다. 앞에서도 말했지만 내년이나 내후년이면 성과가 나올 것인데, 괜찮은 장편이 나올 것을 기대해본다.

부산이 갖고 있는 개방성은 곧 상상력이라 할 수 있다. 그렇다면 이러한 상상력을 발휘하는 노력이 요구된다. 그렇다고 자기가 믿고 선 땅을 망각하고 상상 속으로 기화(氣化)해서는 안 될 것이지만, 더 큰 스케일을 만들어가는 것이 어떨까 한다. 요산이 하지 못한 것, 부산 사람의 삶을 총체적으로 그려내는 장편이 나와야 하는데, 그런 작품이 나오지 못한 것은 아쉬운 대목이다. 발자크처럼, 혹은 최근 이스탄불을 총체적으로 그려내고 있는 터키의 오르한 파묵같이 부산을 구체적 전체로 그려내는 작가들이 나와야 한다.

최근의 노벨상 수상자를 보면 선진자본주의 사회에서는 괜찮은 작품이 안 나오고 있다. 수상자가 라틴아메리카나 동유럽, 아시아 등지에서 많이 나오고 있다. 자본이 집중된 곳은 예술적 생산력이 떨어진다. 반주변부에서 새로운 작품들이 나온다. 마르케스, 보르헤스, 쿤데라, 파묵, 황석영 등 한국을 비롯한 반주변부가 아니면 좋은 작품이 나올 수가 없는 시대다. 한국에서도 서울이 아니라 부산에서 장편이 나오기 좋은 것이 아닌가 한다. 부산은 일본이 만든 식민도시로 출발하여 국가 주도적인 근대도시가 되었다. 이제는 국가의 종속을 벗어나 경계를 넘어 세계와 교섭해야 하는 도시다. 왜 이러한 부산에서 뛰어난 소설이 나오지 않는가.

― 한때 문학이 죽었다는 말이 유령처럼 배회했고, 지금도 그 그늘에서 벗어나지 못하고 있다. 문학의 위기라는 진단이 있어온 것도 어제오늘의 이야기가 아니다. 문학에서 멀어진 독자들을 어떻게 하면 다시 불러들일 수 있을까. 문학의 위기는 전업 작가에의 길을 막는 장애물로 작동하고 있는 것이 현실이다.

정인 _ 문학과 독자의 소통이 제대로 이뤄지지 않고 있다는 사실에 대해서는 인정한다. 너무 쉬운 답변일지 모르지만, 그것은 사람들이 흥미를 갖고 읽을 만한 작품이 없기 때문이 아닌가 생각한다. 지금도 어떤 소설은 독자를 사로잡아 수많은 사람들이 찾아 읽는다. 아마도 그들 대부분은 평소 문학에 관심이 있었던 사람들일 것이다. 예전에는 그 사람들이 모두 독자였고 소통 가능했는데 지금은 그 사람들이 문학으로부터 멀어져 가끔 찾아오는 손님처럼 되어버렸다. 그런 걸 볼 때, 문학이 오로지 예술성에 치중하는 것만이 능사는 아니라는 생각이 든다. 그렇다고 문학이 길바닥에 나앉으라는 얘기는 결코 아니다. 절묘한 접점, 즉 읽는 즐거움과 정신적 만족감을 함께 누릴 수 있으면서 예술성도 포기하지 않은 작품을 만들어야 하지 않을까. 그것이 오늘날, 작가의 무거운 책무가 아닐까 싶다.

말은 이렇게 하지만 그것은 여간 어려운 문제가 아니다. 그래서 작가는 끊임없이 생각하고 또 생각하고, 노력해야 한다. 그렇게 쓴 문학이 독자에게 읽는 재미를 주고, 뭔가 공감할 수 있게 하며, 그로써 상처도 치유할 수 있다면 다시 독자가 생길 것이다. 독자들은 어쨌든 자신에게 도움이 되기 위해 예술작품을 읽게 되는데, 그렇지를 못하니 문학을 멀리 하는 게 아닌가. 지금도 여전히, 정신적 만족과 치유, 느낌을 선사할 수 있는 작품이라면 소통이 가능하리라고 본다. 다만 작가로서 어떻게 그런 지점을 포착하여 쓸 것인가 하는 것이 과제다.

구모룡_ 모더니즘이론의 핵심에 있는 아도르노나 리얼리즘을 집대성한 루카치나 한결 같이 쉽게 쓰면 안 된다고 말하고 있다. 쉽게 쓰면 현실과 타협하는 것이 된다. 1990년대 이후로 모든 예술이 정치에서 쾌락으로, 즐거움으로 이동했다. 소통을 말하지만, 독자를 위한다 하지만, 탈정치화하려고 한다. 그런 현상이 잘 나타나고 있는 곳이 한국이다. 90년대 이후로 한국문학이 사회 문제를 대변하고 있느냐 하면 그렇지 않다. 그런 현상을 보고 가라타니 고진이 근대문학의 종언이라고 말하지 않았던가.

인도의 아룬다티 로이는 소설 한 편 써서 떼부자가 되었지만 부와 안락을 포기하고 인도의 환경운동에 뛰어들어 소설은 안 쓰고 정치 에세이만 쓰고 있다. 생태 위기 등 현실의 문제가 많은데 소설이 그것을 담아내지 못한다고 생각한 것이다. 이러한 아룬다티 로이와 달리 한국의 많은 작가들은 현실 문제를 포기한 대신 팔리는 책에 매

달리는 현상이 크다. 문학의 위기니 문학의 죽음이니 하면서 상업적 문학주의를 파생시킨 것이다.

말할 것도 없이 팔리는 책이 주는 부와 안락을 포기하긴 쉽지 않다. 하지만 근대문학, 그러니까 리얼리즘 문학의 종말은 현실이다. 그렇다고 소설쓰기를 포기하고 정치 에세이만 쓰라고 말하면 매우 비현실적으로 들릴 것이다. 이런 점에서 다시 제대로 된 소설을 쓰기를 제안한다. 제대로 된 소설에는 독자가 있기 마련이다. 디지털 등 외부환경이나 소통문제 이런 것을 전제로 하여 문학의 죽음, 탈정치화된 문학 등을 내세우면 상업성이 지배하게 된다. 문학이 죽었다고 해놓고 얼마나 많은 소설들이 시장에 나왔는가. 문학이 죽는다는 알리바이로 문학을 살리고 있듯이, 소통이라는 이름으로 문학을 탈정치화해서는 안 된다. 문학이 도구가 될 수는 없지만 문학만으로 존립할 수 없는 것도 사실이다.

문학은 다른 예술 가운데 가령 건축에 가깝다. 미학과 실용성이 결합되어 있는 것이다. 문학은 사회성과 예술성이 결합되어야 한다. 사회 문제에 대해 가장 직접적인 것을 드러내는 문학이 되어야 한다. 그것이 문학의 지위다. 그동안 많은 이들이 문학의 죽음이나 디지털 시대 등의 알리바이를 만들어 문학의 지위를 무너뜨려왔다. 출판 상업주의, 문학 상업주의로 말미암아 작품의 재미는 커졌지만 정치적인 것이 결여되어 있다. 이제 다시 문학은 정치적인 것을 회복해야 한다.

― 문학에만 전념할 수 있는 환경이 조성되지 못하고 있다. 부산에서는 특히

전업 작가를 찾아보기 어렵다. 사회 제도적으로 작가에 대한 배려가 있어야 할 것이다. 그리고 문단 내에서도, 특히 창작과 비평의 조화를 통해 서로의 발전을 견인해주는 노력이 있어야 할 것으로 보이는데.

정인 _ 작가들이 작품에 전념할 수 없는 것은 경제적인 문제 때문이다. 생계 문제 등이 불안한데 어떻게 작품 활동에 전념할 수가 있겠나. 문예진흥기금이 있지만, 부산의 문예진흥기금은 완전히 갈라 붙이기 식이다. 그러다 보니 받을 자격이 없는 사람도 더러 받는데 차라리 꼭 필요한 사람에게 집중적으로 혜택을 주어서 작품에 전념할 수 있는 환경이 되도록 해야 한다. 부산에 있는 도서관을 가더라도 지역 소설가들의 작품은 찾아보기 어렵다. 정책적인 지원이 있다면 소설가들이 작품 쓰는 데만 전념할 수 있을 것이고 그만큼 좋은 작품을 쓸 수도 있을 것이다. 즉 다양한 부문에 관심을 확장하여 왕성한 작품 활동을 할 수 있을 것이다. 그런 환경이 조성되면 후배들도 자연스럽게 창작에 뛰어들 수 있을 것이다. 문학이나 모든 예술은 인간의 정신과 관계가 있으며, 인간의 정신을 어느 지점까지 이를 수 있도록 만들기 때문에, 그런 일을 하는 사람들을 지원하는 것이 필요한 것이다.

부산에서는 기껏해야 4~5명의 작가가 기금의 혜택을 받는 정도인데, 서울의 지원금은 1천3백만 원 정도이지만 그나마 부산은 200만 원 선에 그치고 있다. 시, 소설이 모두 그 모양인데 그 정도의 지원금으로는 어림도 없다. 중앙에서 받는 1천300만 원 정도는 되어야 도움이 될 수 있을 것이다. 문인이라고 이름 하는 사람들이 많은 세상에서는 지원을 어떻게 해달라고 말하기도 어렵다. 정말로 좋은 작품을 쓰고, 사람들에게 뭔가 영향을 줄 수 있는 작가들을 선정하는 일이 쉽지 않기 때문이다. 하지만 그런 사람들을 가려내어 집중 지원할 필요가 있다.

구모룡 _ 작가들에 대한 지원정책은 더 강화되어야 한다. 그리고 합리적이고 엄정한 심의와 평가가 뒤따라야 한다. 부산 문학이 발전하려면 부산 문학에 대한 비평의 활성화가 시급하다. 그런데 지역에서는 비평하기가 어렵다. 안면에 부딪히고, 심하면 난리법석이 난다. 비판하고 토론하는 열린 자세가 필요하다. 그렇지 않다면 지역문학의 발전에 한계가 있을 수밖에 없다. 비판하고 설득하고 고집부릴 것은 고집부리는 자세가 요청된다.

서울은 비평의 활성화가 가능하다. 다양한 매체와 여러 이질적인 해석집단이 있다. 쉽게 말해서 싫으면 다른 매체와 집단에 속하면 되는 것이다. 그런데 지역은 어찌 보면 단일 공간으로 느껴질 때가 많다.

비평은 해석과 비판이라는 두 가지 날을 지녔다. 먼저 해석을 제대로 해야 한다. 해석이 제대로 안 되면서 비판을 하면 용납받기 어렵다. 엘리엇이 말했듯 1급 시인은 1급 비평가다. 자기 작품에 대한 감식력, 남의 작품에 대한 감식력이 비평가 못지않은 것이다. 비평가도 마찬가지다. 자기의 글쓰기에 대한 자의식이 선행되어야 한다. 비평의 아나키는 수준을 상실하는 데서 비롯하는 것이다. 비평가에게는 두 개의 감수성이 있어야 하는데, 작품을 읽어내는 감수성과 이론적인 감수성이 그것들이다. 비평가와 연구자의 차이는 연구자는 이론을 적용할 뿐이고 비평가는 어떤 작품에 맞는 이론을 찾아내는 것이다. 작가나 시인을 아무나 안 하듯 비평가도 비평가일 수밖에 없는 존재들이다. 야스퍼 존스가 그린 그림 중에 비평가라는 연작이 있는데, 그의 얼굴 그림에는 눈 속에 입이 들어 있다. 작가들은 비평가를 눈은 없고 입만 있는 것으로 판단한다. 안데르센이 말했듯이 쇠등에 붙은 쇠파리 정도로 생각하기도 한다. 하지만 1급 비평가는 뛰어난 철학자이자 에세이스트이다. 루카치, 하이데거 등이 그렇지 않은가. 작가들이 신포도 논리에 사로잡히면 발전이 없다. 자기를 보는 열린 시각이 필요하다. 그럴 때 비평가와 더불어 문학의 장에서 해석의 축제를 만들 수 있을 것이다.

정인_ 수전 손택은 "해석은 지식인이 예술과 세계에 대해 가하는 복수다"라는 말을 했다. 전, 근본적으로 그 말에 동의한다. 하지만 소박한 심정으로는 비평가가 필요하다는 입장이다. 더러 비평가는 사라져야 한다고 말하는 작가들도 있지만 어떠한 경우에도 우리는 완전하지가 않다. 자기 작품을 스스로 신랄하게 보지 못한 실수를 타인의 눈을 통해서라도 확인할 수 있다면 안도할 만한 일이 아닌가? 내 머릿속에서, 혹은 내 가슴속에서 탄생한 작품이라고 해서 내가 전적으로 기득권을 가진 것은 아니다. 작품은 세상에 나오면 이미 나의 것이 아니다. 나조차 내가 만든 작품을 객관적 거리를 두고 보려는 노력을 해야 한다. 그런데도 나의 고뇌와 수고가 어린 그것을 냉정하게 대하기란 쉽지가 않다. 그럴 때 비평가가 있어서, 작가가 놓쳐버리고 만 것을 대신 건져 올려주는 역할을 해준다면 발전이 있으리라 생각한다. 그렇다고 비평가가 전능한 것은 결코 아니다. 그들도 한 창작품을 제대로 감식할 줄 아는 능력과 혜안을 충분히 가진 후에야 말을 하는 겸손함을 가져야 할 것이다.

6 연극

소극장이 꿈틀거리는 까닭은

부산에서 소극장이 꿈틀거리고 있는 것은 분명 좋은 징조다. 문득 골목길을 돌다 낯선 소극장 간판을 발견하는 것은 즐거운 일이다. 오랜 풍찬노숙(風餐露宿) 혹은 셋방살이 끝에 드디어 내 집을 장만하고서는 사람 불러놓고 극장 이곳저곳을 쓰다듬고 만지며 한시도 입을 가만두지 않는, 연극인에게서 전해지는 첫사랑 같은 그 아련하고 찌릿한 설렘이 좋다.

낯선 소극장만큼이나 낯선 젊은 배우를 소극장에서 만나는 것도 기분 좋은 일이다. 연극이 어쩌고저쩌고하는 거대 담론에서가 아니라, 남들이 가려하지 않는 길을 애써 걸어가는 젊음과 열정이 좋아 보이기 때문이다. 젊은 배우를 앞에 불러놓고 "선생님" 소리 꼬박꼬

박 챙겨가며 어깨 힘주고 있는 덜 젊은(?) 배우를 보는 것도 기분 좋은 일이다. 뒷배가 있어, 시쳇말로 헛고생한 건 아니구나 하는 자긍심, 든든함이 묻어나 보기에도 한결 편하다.

소극장은 연극의 생산공간이자 전시공간, 관극의 비평공간이다. 연극쟁이의 신산하고 고단한 삶이 끼어들고, 지나가는 사람 1, 지나가는 사람 2쯤으로 무대가 아닌 객석에 출연하는 '관객 배우'의 일상적 편린까지 개입하여 '연극 같은 삶' 혹은 '삶 같은 연극'을 섞고, 주무르고, 펼쳐 보이는 곳이다.

가마골소극장, 용천지랄소극장, 에저또소극장, SH공간소극장, 액터스소극장, 사랑과혁명소극장, 소극장너른, 초콜릿팩토리, AN아트홀 레드, 소극장미리내, 열린소극장, 신명천지소극장, 일터소극장, 소극장실천무대, 회화나무소극장, 눌원아트홀, 부산가톨릭센터소극장, 경성대 예노소극장, 부산문화회관 소극장, 부산시민회관 소극장….

눈여겨볼 것은 경성대·부경대를 중심으로 소극장이 점차 몰려들고 있다는 점이다. 이 지점에서 '부산의 대학로'에 대한 기대감을 조심스레 가늠해본다. SH공간소극장(극단 사계), 액터스소극장(부두연극단), 소극장너른(극단 자유바다), 사랑과혁명소극장이 연극 제작 중심으로 이곳에서 극장가를 형성했고, 뒤이어 극단 에저또의 에저또소극장, 용천지랄소극장, 초콜릿팩토리가 가세했다. 지하철 광안역에 있는 AN아트홀 레드도 그 영향권에 있다고 보인다.

여기다 부산문화회관이 지척이어서 그곳의 소극장과도 연결고리를 갖게 되며, 2010년께 옛 차량등록사업소 터(남구 대연동·3252㎡

(984평))에 들어설 부산예술회관에도 소극장(562㎡(170평)·객석 300석) 공간이 마련된다. 예술회관에는 부산 지역 문화예술단체의 상위기구인 예총과 민예총 사무실은 물론 연습실, 세미나실도 마련될 예정이어서 인근 소극장가에 큰 도움이 될 것으로 전망된다.

경성대-부경대-부산예술회관-부산박물관-부산문화회관으로

액터스 소극장

이어지는 이 동선은 부산에서도 무척 매력 있는 문화공간이다. 전통과 현재의 부산 문화예술을 대변하는 박물관과 문화회관이 있다는 이유만으로도 부산 문화의 중심이라 할 수 있다. 이 같은 장소가 갖는 상징성은 연극의 부활을 모색하는 부산 연극판에 날개를 달아주기에 충분하다.

한때 부산문화회관을 중심으로 갤러리, 공연장 등이 한데 밀집하는 문화촌이 논의된 바 있지만 부산문화회관이 부산 문화의 메카임

부산연극제 대상작 '환생신화'

에도 불구하고 특정 공연이 열리는 날을 제외하면 유동인구가 그리 많지 않아 논의가 계속 이어지지 않았다. 특히 교통이 불편해 접근성이 떨어지는 부산문화회관 만으로는 충분하지 않았던 것이다.

하지만 경성대·부경대 앞은 지하철 역세권으로 접근성이 매우 뛰어나며 대학가를 끼고 있어 젊고 활달한 문화가 유지되고 있다. 소극장과 갤러리 등을 아우른 〈문화골목〉, 부산 재즈의 산증인인 〈몽크〉, 독립영화인 등 젊은 예술가들이 자주 찾는 〈음주문화공간 다락〉 등이 밀집해 있어 시너지 효과를 톡톡히 거둘 것으로 보인다.

무엇보다 젊음의 거리라는 점에서 미래 전망은 무한정이다. 경성대, 부경대, 부산예술대학, 부산외국어대, 동명대 등 대학이 몰려 있고, 인구 밀집지역의 특성상 초·중·고교도 널려 있어 부산의 청년문화 혹은 청소년 문화가 움터오를 가능성이 높다. 또한 경성대·부경대 앞과 광안리해수욕장은 이미 젊음의 공간이라는 상징성을 공유하고 있다.

여기서 부산 연극의 확장을 모색할 수 있다. 광대연극제를 보자. 수영구청의 주최로 남천동 일대 소극장들인 SH공간소극장, 액터스소극장, 사랑과혁명소극장, 소극장너른이 2008년 10~11월 5회째 개최한 광대연극제는 앞으로 수영구와 남구를 경계짓는 도로 하나를 건너와 수영·남구의 연합축제로 자리매김되어야 한다.

광대축제는 자연스럽게 부산국제연극제와도 결합될 것이다. 한국의 에든버러를 모색하는 국제연극제 입장에서는 부산 공연예술의 인프라를 확장하는 것이 무엇보다 시급한 일인 것이 사실이다.

부산국제연극제는 2008년 5월까지 5회째를 개최해오면서 부산문화회관과 경성대를 잇는 공간을 축제의 장으로 삼아왔다. 광대축제가 에든버러의 프린지 축제가 되고, 경성대·부경대 앞과 남천동에 걸쳐 있는 남·수영구의 극장들이 국제연극제의 배후가 된다면 부산국제연극제의 발판은 충분하다고 여겨진다.

부산국제영화제는 외지에 널리 알려져 관광객들이 자주 찾는 '부산의 상징 바다' 해운대로 갔다. 부산국제연극제는 대학가를 끼고 있어 젊음이 넘치는 데다 지역민들이 널리 찾는 또 다른 '부산의 상징 바다' 광안리에 닻을 내릴 필요가 있다.

개·폐막식과 프린지 등의 장소로 광안리해수욕장 무대를 모색할 수 있을 것이다. 연극은 스크린에 비치는 차가운 움직임이 아니라 살아 펄떡이는 움직임이기에 스쳐 지나가는 '관광의 해운대'보다는, 아침저녁으로 운동하고 술잔도 기울이는 '생활의 광안리'가 궁합이 맞을 수 있다.

물론 부산대 앞도 '연극의 거리'로서 충분한 매력을 갖고 있지만 현재의 상황으로서는 경성대·부경대 앞과 비교할 때 문화적 인프라가 뒤져 있다고 보인다. 부산대 앞 상가연합회나 금정구청, 나아가 부산시의 전폭적인 지원이 뒤따르지 않는 한 '부산의 대학로'로서의 미래전망이 썩 밝다고 할 수는 없다.

'영화의 도시' 부산과 '연극의 도시' 부산은 동전의 양면과 같다. 서로 통섭할 수 있는 여백을 저마다 충분히 갖고 있다. 요즘 잘 나가는 부산 영화가 외지인의 힘만으로 오늘의 영화를 누리게 된 것이 아니라 영화에의 열정을 갖고 있던 부산 젊은이들의 발기와 관객의 열정으로 가능했듯, 부산 연극도 연극인들이 중심에 서서 부산 사람들의 열정에 불만 지핀다면 부산국제영화제 못지않은 극적 순간을 맞을 수 있을 것이다.

이 같은 부산 연극의 미래 전망은 철저히 지금의 연극판에서부터 시작된다. 든든한 발판 없이는, 충분한 정신적 인프라가 구축되지 않고서는 불가능한 일이다. 이 가능성의 출발점은 연극의 기본 정신과 열정이 살아 있는 소극장이다. 멀찍이 떨어져 구경거리를 보는 듯한 스펙터클(spectacle)로서의 연극이 아니라 배우의 거친 호흡과 땀샘에 돋아나는 땀방울까지 함께 느끼는 진정성의 연극의 장인 소극장에서다.

부산에서 소극장이 꿈틀거리고 있는 것은 분명 좋은 징조다. 낯선 소극장 간판을 발견하는 것은 즐거운 일이다. 낯선 소극장만큼이나 낯선 젊은 배우를 소극장에서 만나는 것도 기분 좋은 일이다. 부산에서 소극장이 꿈틀거리고 있는 것은 분명 좋은 징조다.

현장 극단 '바다와 문화를 사랑하는 사람들', 〈의원놈 도둑님〉

2008년 9월 14일 오후 5시 경성대 앞 소극장 용천지랄. 추석인데도 80석 규모의 객석이 꽤 들어찼다. 지난 5월 복합문화공간 '문화골목'의 소극장으로 탄생한 만큼 새물 느낌이 물씬하다.

암전(暗轉). 조명이 밝아오면서 극단 바다와 문화를 사랑하는 사람들(바문사)의 소극장 뮤지컬 〈의원놈 도둑님〉의 무대 윤곽이 눈에 들어온다. 무대 중앙의 탁자 위에 놓인 C-1 소주 한 병이 덩그런 느낌보다는 왠지 강렬하다. 왼쪽으로 시선을 옮기니 유화 한 점이 걸려 있다. 뚜렷이 보이지는 않지만 왠지 낯익다. 강렬하다. 누구 작품일까.

젊지만 가난한 연극배우(엄창완 분)와 늙어도 가난한 연극배우(배진만 분)의 딸(윤성빈 분)이 한창 사랑 놀음을 하는 동안 2008년 8월 24일 54세를 일기(一期)로 타계한, 자발적 가난으로 일생을 지탱한 연극쟁이 홍성모를 떠올렸다. 그는 바문사의 대표이자 연출가였다.

이 작품의 예술감독이 고(故) 홍성모이고 보면 유작인 셈인가. 그는 누구보다 〈의원놈 도둑님〉을 사랑했고, 직접 연출한 작품을 수차례 무대에 올리기도 했다. 그가 비운 연출의 자리를 원작자이자 연출가인 김승일 선생이 채웠다. 병석에 누워 "연극이 하고 싶은데 이제는 안 될 것 같다"는 마지막 말이 현실이 된 것이다.

늙으나 젊으나 가난하기만 한 두 배우가 셋방에서 이야기를 나누

의원놈 도둑님

는 동안 도둑(유재명 분)이 든다. 이 밤 신사가 작업에 들어가는데, 부엌에서, 책장에서 나오느니 C-1 소주다. 소주는 가난한 연극쟁이를 읽어내는 기표인가.

"소금도 좀 가지고 오시오. 급할 땐 술안주로 최고요." "나무에 물을 주듯 술을 주어야 하는 체질도 있는 법이야." 대사를 곱씹으면서 연극인 홍성모와 술을 회억했다. 영도다리 밑 허름한 포장마차에서 아침부터 1천500원짜리 시락국에다 소주 5병을 비우면서 이른 점심시간을 독촉하던 그였다.

연극을 향한 자발적 가난의 동반자였던 술. 부산 최초의 뮤지컬 〈지저스 크라이스트 슈퍼스타〉 등 다양한 뮤지컬이 가능했던 음악적 재능(그는 1977년 대학가요제에서 '제비'를 불러 특별상을 수상했고, 기타와 피아노에 능했다). 부산연극제에서 미술상을 수상하는 등 동아대 미대 출신으로서 보여준 미적 감각. 원작에 구애받지 않고 음악, 미술 등 예술의 다양한 층위에서 작품을 해석하던 미감의 연출력.

연극인 홍성모에게 이 모든 게 가능했던 것은 특유의 낙천성과 넉넉한 마음 쏨쏨이 때문이었을 것이다. 이따금 찬송가를 부를 만큼 유토피아적인 내세관이 그에게서 늘 어른거렸고, 연극계뿐만 아니라 사람살이에서도 육중한 몸집만큼이나 여유로웠다. 특히 극단 바문사를 비롯한 후배 연극인들이 보여준 그를 향한 존경심은 어느 예술판에서는 보기 드문 아름다운 풍경이었고, 하나의 절경이었다.

뮤지컬은 가난한 배우가 국회의원이 되고, 도둑은 정의로운 오작교당의 일원으로 둔갑해 연극 속의 연극적 대리인생을 전개하고 있다. 우여곡절 끝에 연극 속 '의원놈'과 거짓 정의파 '도둑님'은 친구가 되고, 도둑이 젊은 연극배우의 가출한 아버지로 밝혀지면서 사돈관계로까지 나아가는 등 뮤지컬은 남루한 현실을 딛고 해피엔딩을 향해 치닫는다.

배우들은 무대를 사랑하네/조명이 쏟아지는 그 무대/뱃속에서는 쫄쫄 소리 나도/실컷 처먹은 연기를 해/집구석은 눈물이 찔끔찔끔/무대 위에서는 너털웃음/대본에 있는 대로 열정의 무대 위에/이 한 몸 다 바치네

고(故) 홍성모

노랫소리 멈추고, 연극은 끝났다. 이제 되돌아가야 할 때다. 산다는 것은 연극인가. 암전!

현장　2008 부산국제연극제(BIPAF)

　부산국제연극제(BIPAF, Busan International Performing Arts Festival · 집행위원장 김동규)가 5회째를 맞아 드디어 정체(?)를 드러냈다. 한국 이름의 '연극'과 영문 이름 BIPAF의 'Performing Arts(공연예술)' 사이에 놓인 간극을 이번에 돋을새김함으로써 지향점을 더 분명히 했기 때문이다. 연극제보다는 '공연예술제'에 방점을 찍으면서 머지않아 부산국제연극제가 부산국제공연예술제로 이름을 바꿀 수 있음을 시사한 것이다.

　2008년 5월 3~15일 부산문화회관 대강당 등에서 열린 2008 부산국제연극제는 '음악이 이끌어가는 공연예술-음악극 스페셜'을 콘셉트로 잡았다. 음악이 앞장서서 키를 잡아나가는 음악극 혹은 뮤지컬은 음악, 춤, 연극 등이 어우러지는 종합예술로, 오페라에서부터 최근 연극 공연의 대세를 이루는 뮤지컬을 비롯하여 창극, 판소리에 이르기까지 다양한 스펙트럼을 갖는다.

　이번 5회 행사에서는 개막작인 미국 극단 스퀀크 오페라의 〈BIPAF: The Opera〉와 폐막작인 (재)세종문화회관 서울시뮤지컬단의 뮤지컬 〈소나기〉를 비롯하여 트러스트 무용단의 '올리브 나무 all live', 러시아 극단 코믹 트러스트의 카바레 쇼 〈나프탈렌〉, 부산 소리꾼 박성희의 판소리 '수궁가' '흥보가', 중국 심양사범대학 부속예술학교 예술단의 경극 〈신화와 영웅〉 등 다채로운 공연예술을 두루 망라했다.

　이는 연극 위주의 부산국제연극제를 장기적으로는 음악, 무용,

부산국제연극제ⓒ

2008 부산국제연극제

뮤지컬 등이 어우러지는 국제공연예술제로 확대 개편하겠다는 BIPAF 집행위의 의지와 맞물려 있는 대목이다. 문학성 짙은 희곡을 바탕으로 삶의 진정성을 물어나가는 연극보다는 문학의 텍스트에서 해방되어 몸짓이 갖는 자유로운 퍼포먼스로서의 공연예술을 지향하겠다는 뜻으로 읽혀진다.

문제는 지역 연극계와 얼마나 접점을 찾을 수 있을 것인가 하는 점이다. 이번 행사에서 2008 부산연극제의 대상작인 극단 맥의 〈환생신화〉, 극단 에저또의 뮤지컬 〈친구〉가 공식 초청되었고, 소극장 스테이지에 부산의 극단 가마골, 프로젝트 그룹 가람과 뫼, (사)부산민족예술보존협회의 작품이 선을 보였지만 행사 전체로 볼 때 부산이라는 정체성을 드러내는 데는 한계가 뚜렷했다. 이처럼 지역 연극계가 온전히 참여하지 못하고 있는 상황에서 '연극'이라는 꼬리표를 떼고 공연예술로 범위를 확장했을 때 지역 연극의 소외가 심화될 우려도 있다.

매년 5월에 열리는 부산국제연극제는 어쨌든 국내 유일의 '콘셉트 연극제'로 자리를 잡았다. 연극제의 기획력이 새삼 돋보이는데, 그동안 '시민에게 웃음을'(2004), '동·서양 웃음의 만남'(2005), '비언어극 부산으로'(2006), '세계명작 뒤집기'(2007)를 콘셉트로 채택해왔다.

참가 규모도 꾸준히 확대되어 왔는데 1회 때의 5개국 8개 극단 80명에서, 2008년에는 8개국 20개 극단 313명으로 성장했다. 관객들의 호응도 점차 열기를 더하고 있다. 총 3만 15석 가운데 2만 6천713명의 관객이 들어 객석 점유율 89%를 기록했고, 유료관객 수는 2만 2천631명에 달해 유료관객 점유율은 75.4%로 집계됐다. 폐막작 〈소나기〉를 비롯하여 매진 작품들도 쏟아졌다. 무엇보다 4대 1의 경쟁률을 뚫은 자원봉사자들의 참여 열기는 부산국제연극제의 새로운 가능성을 보여주기에 충분했다.

　부산이 부산국제영화제의 성공에 힘입어 영화·영상도시로 자리 잡아 가고 있지만, 공연예술과 조화를 이루었을 때 양쪽 모두 더욱 빛을 발할 수 있다. 그래서 부산국제연극제의 가능성은 한창 잘 나가고 있는 부산국제영화제의 그것을 능가하는 것일지도 모른다.

연극 대담 | 부산 연극의 정체(正體)

김문홍 (연극평론가 · 극작가)
변미선 (연극배우 · 예술학 박사)

― 부산 연극의 정체(正體)는 무엇이라고 보는가.

김문홍 _ 부산 연극을 보면 모호하고 불분명하다. 그래서 나는 부산 연극의 정체가 없다고 본다. 정체란 실체가 있는 것을 말하고, 실체가 있다는 것은 어느 정도 윤곽이 있다는 것인데, 내게는 정확하게 잡히지 않는다. 부산 연극의 정체란 형식으로서의 방법론적인 측면에서 그 나름의 독자적이고 주체적인 미학적 연극 문법이 있어야 하는데 그게 두루뭉술하다. 그리고 연극예술에 대한 연극인들의 의식의 치열성도 부족하다는 느낌이다. 이 두 가지가 조화될 때 정체성이 드러나는 것이라고 보는데 '지금, 이곳' 부산의 연극에서는 정체성이 모호하여 확연하게 잡히지 않는다.

다만 부산 연극이 중앙과는 달리 상업성에 함몰되지 않고 있는 것은 그나마 다행스러운 일로, 이를 부산 연극의 정체성이라고 한다면 그럴 수도 있을 것이다. 연극은 어차피 가난한 작업이다. 연극으로 돈을 벌거나 명예를 얻는다는 것은 모순이다. 연극하는 사람은 너무 생활에 허덕여서도, 너무 여유가 있어서도 안 된다. 적당한 조화가 필요하다.

변미선 _ 부산 연극의 정체성은 다른 지역 연극과의 비교에서 나올 듯하다. 서울 연극은 세련되고 가볍다. 부산 연극과 비교할 수 없을 정도로 대단히 깔끔하다. 부산 연극은 분위기가 거칠고 작품의 완성도도 떨어진다. 하지만 부산 연극에 빠져들면 거칠지만 힘이 있다는 것을 알게 된다. 촌스럽지만 상당한 매력을 갖고 있는 것이 부산 연극이다. 외지 연극인들은 처음 보면 부산 연극의 이런 맛을 알지 못할 것이다. 특히 부산 연극은 외지 사람들이 볼 기회가 별로 없는데, 연희단거리패가 서울로 올라가 긍정적으로 역할한 것이 바로 부산 연극의 거친 맛을 보여줬다는 점이다. 세련되지 못하고 거칠지만 매력 있는 연극. 툭툭 던지는 경상도 말에서 무엇인가 매력을 느꼈을 것이다. 표준어를 쓴 연극을 할 경우에도 부산 특유의 역동성과 표출성을 느낄 수 있다. 부산 연극의 맛은 길들여짐이 없는 투박함에 있지 않나 생각한다.

군이 부산이라는 이름을 부르짖지 않아도 송강호, 이경규, 김윤석 등을 통해 우리는 부산 사람들을 안다. 그 사람들의 성격적 특성을 통해 부산 사람을 보여주고 있다. 예술적인 측면에서도 그렇다.

― 부산 연극의 정체를 그렇게 만든 오늘의 지형은 어떤 모습인가. 최근 공연에서 예를 든다면. 그리고 그 지형에서 과거와 잇댈 수 있는 '맥락(context)'을 발견할 수 있을까.

김문홍 _ 각 극단 나름의 독자적인 색깔이 없는 것 같다. 무대 형상화 과정으로 드러나는 극단 나름의 독자적인 연극 문법이 아직 확립되지 않은 것 같다. 이 극단 연극이나 저 극단 연극이나 방법적인 측면과 내용적 측면에서 차별성을 보이지 않고 있다. 그저 이 연극이 저 연극 같고, 저 연극이 이 연극 같아 극단 나름의 독자적 색깔이 보이지 않는다는 것이다.

그리고 연극인들이 한 편의 연극을 만드는 것을 너무 쉽게 생각하는 것 같다. 한 편의 연극을 무대에 올리기 위해서는 엄청난 시간과 자본, 연습에 대한 노력의 투자, 구도자적인 영혼의 투자, 관객을 무서워하는 두려움의 투자가 어우러져야 하는데 그런 진지함이 사라지고 있는 것 같다.

관객들은 좋은 작품이면 지방 연극, 중앙 연극을 가리지 않고 극장을 찾아오게 되어 있다. 그런데도 우리 부산 지역의 극단들은 서울 연극에만 관객이 몰린다며 관객의 문화사대주의적 경향을 나무라고 있는 것 같다.

연극 작업에 대한 과학적이고 체계적인 기록의 부재도 부산 연극의 정체성을 모호하게 하는 데 한몫을 하고 있다. 한 공연이 끝나고 나면 그 공연에 대한 모든 과정과 결과가 기록되어 보관되어야 한다. 작품 선정, 연습 과정, 작품 분석, 기획안, 결산 보고, 공연 장면의 사진과 공연평 등 제반 과정이 체계적으로 기록되어야 한다. 어느 누가 기록을 들여다보아도 일목요연하게 파악할 수 있는 기록물이 지금까지 전혀 없었고, 앞으로도 그럴 것 같지 않다는 것이다. 그래서 연극사를 한 번 정리하려면 그 자료가 부족하거나 없어 애를 먹기 일쑤다.

또한 배우 난이나 스태프 난 역시 정체성을 가로막는 걸림돌이다. 극단 차원이나 연극협회 차원에서 후진들을 양성하는 교육체계가 확립되어야 하는데, 그저 한 공연을 무난하게 끝내고자 하는 임시 처방만이 있을 뿐이다. 서울 연극과 부산 연극을 비교할 때 배우의 기량에서는 큰 차이가 없다고 본다. 그러나 희곡 창작이나 스태프 분야에서 천양지차가 있다.

김문홍

대학과 현장의 교류가 부족한 것, 연극평론의 부재도 정체성의 큰 걸림돌이다. 연극에서는 일선 연극 현장과 대학의 연극 교육과의 연계, 즉 산학협동 체계가 잘 잡혀 있지 않다. 연극비평 역시 비평의 매체가 거의 없을 뿐만 아니라 평단과 일선 연극 현장이 상호 협력 체계가 아닌 대립과 갈등의 관계를 유지하고 있는 것 같다.

오늘의 모습은 극단 수가 별로 없었던 1960~70년대와 상당히 다르다. 비록 연극인 수는 얼마 되지 않았지만 과거의 연극은 나름대로의 색깔을 지니고 있었고, 극단과 극단 간의 상호 교류가 있었으며, 무엇보다도 연극예술에 임하는 자세가 진지하고 치열했다. 또한 학계의 평을 현장에서는 진지하게 받아들였고, 학계 또한 일선 연극에 대한 애정을 갖고 평을 썼다. 이러한 양상은 동인제 극단 형태가 붕괴되고, 작업에 시장의 논리가 도입되고, 무엇보다도 연극예술에 대한 진지한 태도의 결여와 개인적이고 이기적인 경향에서 비롯된 것이라고 봐야 할 것이다.

변미선 _ 부산 연극계의 지형도라고 할 때, 연극인 내적인 부분과 공간적 문제, 작품 활동 성향으로 나누어 짚어볼 수 있다. 먼저 연극인 내적인 부분을 보면, 앞서 지적되었듯이 이전부터 주류로 형성되었던 동인제 극단 형태가 다양한 형태로 분화되었다고 할 수 있다. 기존 동인제로 시작되었던 극단은 극단 존폐의 위기를 맞이하면서도 그 명맥을 유지하고 있고, 새로운 동인제 형태가 생겨나고 있다. 연극인의 인적 배출 측면에서 연극학과 출신들이 늘어나면서 이들은 기존의 동인제 극단에 편입되지 않고 새로운 수많은 극단을 창출했다. 그러나 이들 극단의 명맥은 단기간에 끝나버리는 경우가 부지기수여서 극단 중심의 지형도를 그릴 수도 없을 정도이다. 결국 극단은 유명무실한 작은 틀로만 유지되며, 배우와 스태프 진들은 극단 중심이 아니라 작품의 유무나 성향에 따라 산발적인 이동을 일삼고 있다.

그러나 이러한 산발적인 이동을 거시적 시각에서 보면 여러 극단이 서로 인적인 교류를 유지하는 형태인 '심리적 동인제' 형태라고 할 수 있다. 과거 극단형 동인제에서 심리적 동인제로 변모한 것이다. 이것은 인적 자원이 부족한 부산의 현실에서 연극이 살아남기 위한 자생적 변모라고도 볼 수 있다. 일부 극단들은 새로운 공동체를 형성하여 극단끼리 인적·기획적 협조와 교류를 통해 작품 활동을 하기도 한다. 그 대표적인 공동체가 '열린소극장 예술공동체'이다.

두 번째로 공간적 지형을 짚어보자면, 부산 연극의 중심이라고 할 수 있는 소극장들은 지하철 권역을 따라 산발적으로 흩어져 있다. 그 중 가장 수가 많은 남구와 수영구 일대에도 소극장은 밀집효과를 내지는 못하고 있다. 서울의 대학로만 보더라도 공간적 밀집효과가 낳는 연극의 상징성을 미루어 짐작할 수 있다. 소극장 내부적인 문제로는, 극단 경영의 활성화 차원에서 서울 작품의 기획공연이 늘어나고 있다는 것이다. 결국 부산 연극의 명맥을 위해 서울 연극을 안고 가야 하는 현실에 처한 것이다.

이상과 같은 현실을 긍정적으로 받아들여 지역 간 활발한 교류로 보는 시각도 있다. 일단 부산에서의 공연에서 양적 팽창을 통해 관객 증진을 도모할 수도 있다는 시각이다. 그러나 문제는 홍보가 부족한 부산 연극과 이미 홍보에서 앞선 상태에서 부산 공연을 하는 서울 연극은 경쟁에서 공평성을 잃고 있으며 관객들의 선택은 문화사대주의를 벗어나지 못하고 있다는 것이다. 지역 관객이 문화사대주의를 벗어나 작품 선택에서 주도권을 지닐 수 있게 되는 것은 아마 수십 년을 내다봐야 할 것 같다. 이러한 현실에서 다소 바람직한 현상은 부산 연극인들이 서울 공연에 진출하는 빈도가 늘어나고 있다는 것이다. 진정한 지역 간 차별의 종식은 어쩌면 편도가 아닌 쌍방향의 교류이므로 부산 연극의 타 지역 진출은 더욱 고무되어야 할 부분이라고 본다.

— '지금, 여기', 부산의 오늘에서 펼쳐지고 있는 부산 연극을 한번 조망해보자. 깊이와 넓이, 모두 부산 연극을 바라보는 잣대가 될 수 있을 것이다. 얕아도 풍성한 쪽인가, 치우쳐도 깊은 쪽인가.

김문홍 _ 얕아도 풍성한 쪽이라고 봐야 한다. 부산연극협회 소속 극단이 20여 단체, 그리고 재야 진보적인 연극단체까지 합치면 30여 개 극단이 되는데 한 극단이 일 년에 두세 편 공연한다고 볼 때 70여 편이 무대화되고 있지 않나. 그리고 연극 인구만 해도 300여 명에 가깝다. 물리적인 폭은 넓은데 연극의 완성도라는 깊이의 측면에서 볼 때 부산 연극의 지형은 그리 풍성한 것이 아니다.

3월에 열리는 부산연극제만 해도 그렇다. 경연 작품에 보통 7~8개 극단이 참여하고 축하 공연까지 펼쳐진다. 관객들 역시 겨울이 끝나고 봄의 계절에 펼쳐지는 연극제인 만큼 기대가 대단할 것이다. 그러나 공연의 완성도 측면에서 볼 때 그러한 관객들의 연극 공연 관람에 대한 목마름이나 기대에 부응하지 못하는 것이 지금의 현실이다. 즉 형식으로서의 방법론적인 측면이나 내용면에 있어서 부산 연극의 독자성을 보여주는 공연을 찾아보기 어렵다는 것이 문제다. 그저 지원금을 받아 경쟁에 참여하고, 부산 대표로 출전하여 수상을 하겠다는 현실적인 계산 아래에서 접근하고 있기 때문이다.

변미선 _ 풍성하지만 얕아서 정말 아쉽다. 단지 공연을 하기 위한 작품이 너무 많다. 극단 명맥을 유지하기 위해, 혹은 극장 운영 차원에서 작품을 무대에 올리기에만 급급하다보니 완성도 면에서 치열하지 못한 작품들이 태반이고 이러한 작품들은 부산연극계를 좀먹고 있다. 반면에 형식적·내용적 고민과 더불어 완성도 있게 만들어진 작품들은 오히려 전국 무대, 혹은 세계무대에 내놓아도 손색이 없을 정도의 수준을 지닌 경우가 많다. 결국 부산 연극은 작품성향에서 풍성한 만큼 그 수준에서도 극단적인 편차를 지니고 있다고 볼 수 있다.

― 연극 등 공연예술은 어제나 그제나 소통이 늘 문제였다. 연극인들의 생계 문제도 중요하겠지만, 오늘 부산의 연극에서 소통 부재가 '현장부재증명(alibi)'으로 나타나는 경우를 종종 보게 되는데, 객석과의 불화를 해소할 수 있는 묘안은 없을까.

김문홍 _ 연극은 배우의 언어와 몸을 매체로 전달되는 예술이기 때문에 관객과의 소통을 항상 고려해야 한다. 그러기 위해서는 배우들의 화술이 정확해야 할 것이며, 연출 의도가 관객들에게 정확히 전달되어야 한다.

그런데 종종 볼 수 있는 것은 소통의 부재다. 연출과 배우들은 이미 정해진 극본에 의해 분석하고 형상화했기 때문에 잘 알고 있는데, 극본을 읽지 못한 관객들은 생면부지의 상황에서 공연을 관람하는 것이다. 연출과 배우들은 이러이러하니 관객들도 알겠거니 하고 공연하는데, 정작 관객들은 전혀 이해를 못 하는 경우가 있다. 연출은 자신의 머릿속에 있는 형상화의 밑그림을 조금 더 선명하게 구체화시켜 보여주어야 한다. 그런데 종종 연출가들은 공연을 자신들만의 자위행위로 끝내버리는 경우가 있다. 연극을 처음 접한 관객들은 이런 공연을 접하면서 연극예술에 넌덜머리를 느끼고 아예 극장으로의 발길을 끊어버리는 것이다.

이런 불합리를 없애기 위해서는 극본 분석을 철저하게 해야 한다. 그리고 연습 과정에서나 총연습 때 작가, 드라마트루거, 비평가, 연출가 등을 수시로 참여시켜 공연의 문제점을 분석하여 구체화하는 전략을 세워야 한다. 좋은 공연을 위해서는 자존심을 버려야 한다. 세 살 먹은 아이에게서도 배워야 할 것은 배워야 하며, 관객과의 진정한 소통을 위해서는 이런 과정이 반드시 있어야 한다.

변미선 _ 관객과의 소통문제를 공연 내적인 문제로 한정시켜서는 안 될 것 같다. 같은 작품이라도 관객의 호기심이나 이해도에 따라 전달되는 정도가 엄청나게 차이가 나기 때문이다. 우리가 영화를 볼 때는 영화에 대한 정보를 미리 다양한 방법으로 취한 후에 접하게 된다. TV나 신문, 잡지, 인터넷 홍보와 더불어 입소문으로도 정보취득은 얼마든지 가능함으로 영화를 대할 때 그로 인한 호기심과 이해도만으로도 관객과의 소통은 원활해진다. 그러나 연극은 홍보자료의 부재로 관객은 어렵사리 작품을 선택하더라도 작품에 대한 호기심보다는 선택에 대한 두려움이 앞서게 된다. 또한 생소한 극을 접할 때는 그에 대한 이해를 충족시켜줄 만한 어떤 해설도 접할 수 없는 경우가 많다. 결국 연극에 대한 홍보와 비평의 부재가 관객과의 소통에도 이차적인 걸림돌이 된다. 작품 내적인 문제보다는 작품의 정보를 미리 알리고 비평이 활성화될 수 있는 매체의 역할이 부산에서는 더욱 절실하다. 관객은 교육되어야 하는 존재임을 명심해야 한다.

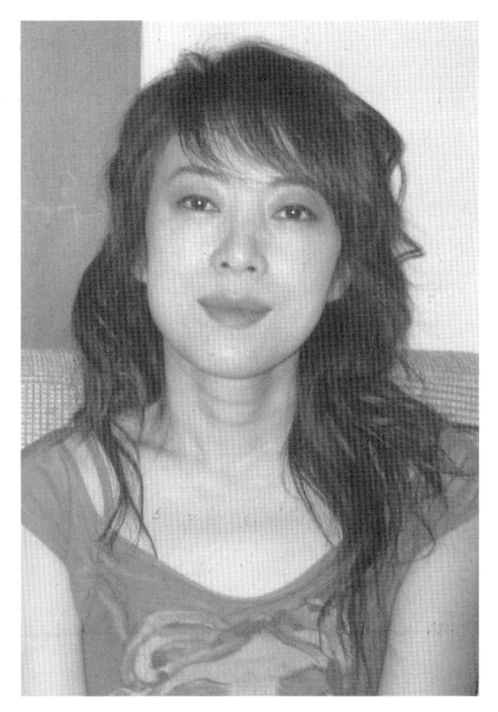

변미선

― 특히 젊은 연극인들의 활동공간을 넓히는 데서 부산 연극의 활로를 찾을 수 있다. 부산에서 연극하기, 그리고 부산에서 연극을 한다는 것의 의미를 한번 모색해보자. 그곳에서 부산 연극을 한 단계 차원 변화시킬 수 있는 가능성을 찾을 수 있지 않을까.

김문홍_ 젊은 연극인들의 역량을 키워야 부산 연극의 지평이 넓어진다. 부산에도 젊은 연극인들이 많이 있다. 연출자만 해도 극단 차이의 구현철, 극단 동녘의 심문섭, 오치운, 박용헌, 극단 누리에의 강성우, 극단 바문사의 김지용, 극단 시나위의 오정국, 극단 열린무대의 김근수, 극단 갤러리시어터의 허한범 등이 제 나름의 색깔과 연극 문법을 갖고 활동하고 있다. 문제는 이들의 작업을 격려하고 북돋아주는 분위기가 형성되어야 한다는 것이다. 연극 교과목을 개설하고 있는 대학에서는 학력을 불문하고 이들을 초빙하여 현장 노하우를 후배들에게 가르칠 수 있도록 과감하게 문호를 개방하고, 현장에서도 이들을 적극 활용하여 그들이 자신들의 연극 문법을 활짝 꽃피워 나갈 수 있도록 밀어주어야 한다. 이런 노력이 따르지 못한다면 좋은 인재들을 모두 서울에 빼앗겨버리게 된다.

부산 연극을 한 단계 차원 변화시키려면 장기적인 플랜이 수립되어 지속적으로 실천해나가야 한다. 부산연극협회나 부산극작가협회, 그리고 부산창작극연구회 등의 희곡 창작 강좌 개설, 서울이나 해외의 유명 연출가를 초빙하여 배우를 재훈련시키는 프로그램, 스태프 양성을 위한 체계적인 프로그램, 소극장 네트워크를 활성화한 독자적인 축제의 마련, 무엇보다도 극단 간의 교류를 통해서 연극 방법론과 지식을 교류하여 외연을 넓혀나가는 일이 중요하다.

변미선_ 사실 부산에는 젊은 연극인들이 더 많다. 그들은 독자적으로 활로를 개척해가고 있다. 그들의 활로를 열어주려면 제도적인 연극판을 만들어주어야 한다. 나는 개인적으로 부산의 문화거리, 즉 서울 대학로의 형태가 부산에도 존재해야 함을 늘 주장해오고 있다. 소극장은 젊은 연극의 산실이며 소극장 밀집지역은 젊은이들의 연극 열정을 불태울 수 있는 터전이 된다. 그곳이 연극인들의 생활터전도 보장해줄 수 있다면 더욱 좋다. 연극인들, 예술인들의 타임스케줄은

출퇴근하는 직장인들의 그것과는 아주 다르다. 작업공간에 파묻혀 장인적인 작품 활동을 할 공간이 더욱 필요하다.

공간 이외에 제도권적인 행사로 부산국제영화제를 벤치마킹할 필요가 있다. 서울이나 다른 지역과 비교할 필요성조차 못 느낄 정도로 부산에서도 독자적인 행사가 필요하다. 그것은 부산 연극인들의 자부심을 불러일으킬 수 있다. 세계무대와의 소통은 부산이 국내의 소외에서 벗어나는 길이면서 부산 연극의 활로를 급격하게 개선하는 최선의 방법이 될 수 있다. 부산국제연극제가 해외연출가를 초대하는 이벤트를 통해 아주 작게 이러한 실천을 도모하고 있지만 작품의 교류로 연결시키는 시장적 역할로는 전혀 이어지지 못하고 있다. 부산 연극의 세계무대화는 부산 연극의 활로와 더불어 부산 연극의 정체성을 더욱 확고화 시킬 수 있는 계기가 될 것으로 본다. 그냥 희망사항으로만 넘기지 말고 글로벌 시대의 물결을 타야 한다. 작은 물꼬만 트면 크게 어렵지 않을 것으로 본다.

─ 그렇다면 부산 연극의 앞날은 어떤 모습으로 우리에게 다가오나. 우울한가, 화사한가. 우울하든 화사하든 오늘에 잇댄 내일의 부산 연극이 앞서 보인다면 지금 방향을 틀어 새로운 밑그림을 그려나갈 수 있을 것이다.

김문홍 _ 늦었다고 생각할 때가 빠르다고 생각한다. 부산 연극의 지형도를 정확하게 진단하고, 현주소를 토대로 한 미래지향적인 발전 방향을 모색하기 위해서는 '부산 연극, 무엇이 문제인가?' 에 대한 공청회 수준의 포럼이 먼저 있어야 할 것이다. 극단 차원을 떠나 부산 연극을 발전시킨다는 대승적인 견지에서의 과감한 참여가 이루어져야 한다. 그 자리에서 배우 기근 문제와 이의 해결책, 창작극의 활성화 방안, 전문 스태프 인력 양성을 위한 장기적인 교육 프로그램, 무엇보다도 관객을 무서워하고 좋은 작품을 만들겠다는 연극인들의 코페르니쿠스적인 의식의 전환이 이루어져야 한다. 이런 노력과 연구가 뒤따른다면 부산 연극의 미래는 결코 어둡지만은 않을 것이다.

변미선 _ 부산이 연극의 중심지가 될 수 있다. 지역적 중심지나 주변지를 논하기 이전에 자기중심적 사고가 중요하다. 무대에 대한 사고를 전국으로, 세계로 넓혀 부산의 기질을 살린 세계적 무대를 만드는 것이 필요하다. 부산의 역동성과 해양성의 기질은 충분히 그러한 기질을 발휘할 수 있는 밑거름이 된다. 그 가능성을 부산 연극에서 보기 때문이다. 단지 발상의 전환과 그 모색이 필요할 뿐이다.

−그렇다면 이제 우리는 부산 연극의 미래를 어떻게 맞이해야 할까.

김문홍 _ 먼저 연극협회 차원에서는 부산 연극사를 조만간에 정리해야 한다. 그리고 부산시와의 협조로 연기자 재훈련을 위한 교육 프로그램 수립, 부산국제연극제와 부산시립극단과의 관계 모색과 협조 방안을 연구해야 할 것이다.

그리고 각 극단들은 극단사와 자료들을 체계적으로 정리하고 단원들을 재훈련시키는 데 모든 노력을 경주해야 할 것이다. 부산시에서도 단기적인 실적 위주의 행사에 대한 지원과 협조를 지양하고, 거시적이고 장기적인 발전을 위한 프로그램에 과감한 투자를 해야 한다.

가장 중요한 것은 연극인들이다. 부산 연극의 주체인 연극인들이 변하지 않고서는 부산 연극의 발전을 기대하기 어렵다. 연극 작업이 없을 때는 자신의 발전을 위한 연마에 올인하고, 연극 작업이 있을 때는 시장 논리에 휘둘림 없이 관객을 두려워하는 마음으로 좋은 연극을 위해 혼신의 노력을 기울여야 한다.

변미선_ 앞서 말한 심리적 동인들이 더욱 실질적인 공동체로 뭉쳐져야 한다. 극장을 중심으로 한 공동체가 여러 번 시도되었지만 현재 열린소극장 예술공동체만이 유지되고 있다. 이 공동체도 극장 경영 문제를 해결하지 못해 공동체의 취지를 십분 발휘하지 못하고 있지만 여러 가지 모색으로 공동체의 가능성을 타진하고 있다. 소극장협의회의 시도도 일어나고 있다. 그러나 가장 시급한 문제는 공동체를 형성하고 발전적으로 운영할 인력이 부족하다. 작품하기에만 익숙한 연극인들이 연극운동이나 경영까지 감당하기에는 역부족이다. 불을 붙이고 불꽃을 관리할 전담요원이 간절히 요구되며 이것은 연극 내적으로 정말 실질적인 문제다.

몇 푼 안 되는 지원금에 매달리며 뒤로 불평하는 시간은 너무 많이 지나왔다. 거시적 시각의 새로운 연극운동이 필요하다. 시대는 이미 패러다임의 변화, 즉 연극판의 형성을 요구하고 있기 때문이다.

7 대안예술

새로운 가능성은 변방에서

'그 많던 비보이, 비걸들은 다 어디로 갔을까. 인디밴드는?'

독일의 '배틀 오브 더 이어', 영국의 '유케이(UK) 비보이 챔피언십', 미국의 '프리스타일 세션', 국가를 옮겨가며 열리는 '레드불 비시 원(BC ONE)' 등 세계 4대 비보이 배틀(Battle)을 한국이 석권하면서 청소년들의 치기 어린 춤쯤으로 여겨지던 스트리트 댄스가 주목받기 시작했다.

더불어 주목받기 시작한 곳이 부산이다. 부산, 특히 용두산공원은 '비보이의 성지', '한국 힙합의 발상지'로 마니아들 사이에 널리 알려져 있기 때문이다. 하지만 부산의 비보이, 비걸들의 활약이 예전만 못하다. 힙합 1세대들이 서울로, 세계로 진출하면서 부산은 빈둥

지중후군(?)을 겪고 있는 듯 여겨진다.

힙합문화를 상징하는 대표 작품이 〈비보이를 사랑한 발레리나〉다. 2005년 공연이 시작되면서 관객을 압도하는 춤으로 전국에서 뜨거운 호응을 이끌어냈다. 프리마돈나를 꿈꾸는 한 발레리나의 연습실 옆 거리에 힙합광장이 생기자, 처음에는 길거리 춤을 무시하던 발레리나가 발레를 접고 스트리트 댄서로 나선다는 내용이다.

발레라는 우아하고 고급한 이미지의 정통 춤과 천대받는 스트리트 댄스가 나란히 대조되면서 진정한 춤은 무엇인지, 깜찍한 도발을 감행한 이 작품은 2007년 영국 에든버러 프린지 페스티벌에서도 크게 각광받아, 당당한 춤 장르로 한국에 재입성하는 개가를 올렸다.

〈비보이를 사랑한 발레리나〉의 그 비보이들이 부산 거리에서 올라간 길거리 춤꾼들이다. 비보이(B-boy)는 브레이크 댄스(B)를 위시한 힙합문화에 빠져든 남자(boy)를 뜻한다. 물론 여자 춤꾼은 비걸(b-girl)이다. 부산의 비보이, 비걸들은 용두산공원에서, 1970년대 뉴욕 뒷골목의 흑인과 히스패닉이 춤으로 패권 다툼을 벌였듯, '배틀'을 통해 춤 실력을 뽐내는 한편 주체할 수 없는 젊음의 열기를 발산해왔었다.

용두산공원 등 부산 곳곳에서 펼쳐진 비보이, 비걸들의 춤 문화를 부산의 새로운 문화코드로 인정하는 데 주저했던 부산의 기성세대인 문화제도권은 서울로 진출해 세계적인 성과를 얻고 한국에 돌아온 '비보이의 화려한 귀환'을 목도하면서 때늦은 각성에 들어갈 수밖에 없었다.

대표적인 사례가 2008년 7월 4~5일 해운대해수욕장에서 부산바

2008 부산국제힙합페스티벌(예선)

다축제의 일환으로 화려하게 막 오른 '2008 부산국제힙합페스티벌'이다. 국내 비보이들의 '성지' 용두산공원에서 열린 1차 예선과 16강전을 거쳐 해운대해수욕장 특설무대의 '결선 배틀'에 이르기까지, 이 행사에는 전 세계 8개국, 600여 명의 길거리 춤꾼들이 참가했다.

2008 부산국제힙합페스티벌은 힙합, 하우스, 비보이, 팝핑, 록킹 5개 부문을 아우른 스트리트 댄스의 향연장이었다. 세계적인 크루 '엘리트 포스'의 멤버 루스 조인트(미국), 머라이어 캐리와 윌 스미스의 안무가인 하우스 댄서 이조 윌슨(미국), 전설적인 팝핑팀 '일렉트릭 부갈루스'의 수제자 테츠 지(일본), 록킹의 창시자 그렉 캠프벨 록 주니어(미국), 가수 이효리의 춤 선생으로 유명한 김혜랑(한국) 등 힙합의 쟁쟁한 스타들이 심사위원으로 참석해 페스티벌의 열기를 더했다.

부산이 비보이의 성지라는 명성에 걸맞게 부산국제힙합페스티벌이 힙합 전 장르가 참여하는 국내 유일의 세계배틀대회로 자리 잡게 된 것이다. 부산 힙합의 '화려한 귀환'이 아닐 수 없으며, 부산의 제도권도 이제는 골치 아픈 청소년들의 하위문화쯤으로 여기던 힙합을 새로운 문화코드로 받아들여 당당하게 문화예술의 반열에 올려놓을 수밖에 없었던 것으로 풀이된다. 억울하면 출세하면 된다? 출세하면 된다!

비보이가 시쳇말로 한창 잘나가고 있는 반면 부산 인디밴드들은 침체를 면치 못하고 있다. 부산대 앞 인디밴드들의 무대인 라이브 클럽들도 하나둘씩 문을 걸어 닫았다. 디제잉(DJing) 클럽은 늘어나고 있지만, 상대적으로 인디밴드의 침체현상이 완연한 것이다.

부산의 인디밴드를 만나려면 이제는 서울 홍대 앞 클럽으로 가야 한다. 중앙에서 밴드로서 성공하겠다는 욕망도 작용했을 터이다. 아무래도 서울은 부산보다 성공의 가능성이 있고, 더 직접적으로 그 성공의 실체를 경험할 수 있는 곳이기 때문이다. 하지만 성공에의 욕망만이 인디밴드의 탈(脫)부산을 모두 설명할 수는 없다. 부산은 부산으로서의 문제를 여전히 갖고 있는 것이다.

인디밴드 등 부산의 대안문화가 부산에서 겪고 있는 홀대는 이렇게 요약된다. 한때 부산의 독립예술단체 40여 곳이 모여 부산독립문화네트워크를 만들었다. 그리고 부산시에 200쪽에 달하는 장문의 질의서를 만들어 보냈다. 문예진흥기금을 신청한 우리 서류를 왜 줄줄이 반려했는지, 우리는 왜 문예진흥기금을 받을 수 없는지, 설명해달라는 내용이었다. 다른 시나 도에서 다원예술에 지원하고 있는 사례를 첨부한 것은 물론이다.

스트리트 댄스를 무용 분야에, 인디밴드를 음악 분야에 넣은 게 잘못이라는 것이 부산시의 회신이었다고 한다. 길거리 춤은 춤도 아니고, 클럽의 밴드는 음악 축에도 끼지 못한다는 답변에 다름 아닌 것이다. "대학에 교육 과정이 없어 안 된다" "부산은 순수예술만 지원한다" 등의 답변도 돌아왔다. 그렇다면 길거리 춤과 클럽의 밴드에 열광하는 부산 젊은이들이 춤 아닌 춤과 음악 아닌 음악에 휘둘리고 있는 셈이 된다.

2007년 부산에서 작은 변화의 움직임이 감지됐다. 부산시 무대공연 지원 사업에 '다원 분야'가 처음으로 생겨난 것이다. 음악, 춤, 연극 등 기존 예술장르에 끼어들 수 없었던 대안예술을 '다원'이라는 이름으로 포섭하여 지원하는 길을 연 것이다.

물론 시작은 미미했다. 총 지원금 7억 4천900만 원 중 2%도 안 되는 1천400만 원이었지만 이를 받아든 대안문화단체들은 감격했다 한다. 부산 인디밴드 '나비맛'이 오케스트라라는 상위문화(?)와 함께 공연하는 프로그램으로 선정됐고, 문화소통단체 '숨'의 비보이 비언어극 〈댄스 오브 소울〉, 사상프린지가 비보이의 성지인 용두산공원으로 들어가 성지의 명예를 회복하겠다는 '부활 용골 프로젝트'도 각각 호명됐다.

이 같은 변화의 움직임에 힘입어 부산의 대안문화행동 '재미난 복수'는 지역은 물론 전국에서 활동하고 있는 록밴드와 힙합의 뮤지션, 춤꾼을 비롯하여 그래피티, 독립영화, 퍼포먼스, 설치미술 등 다양한 대안예술 분야의 독립예술가들이 참여하는 '독립예술 활동가 대회'를 개최하기도 했다. 그리고 2009년에 부산에서 전국 독립예술 문화제를 성대하게 개최하기로 결정했다.

언더문화, 인디문화, 독립문화, 저항문화, 하위문화, 반문화, 얼터너티브문화, 대안문화…. 제도권 눈 밖에 나면 제 이름 갖기가 어렵다. 문화예술에서도 상황은 마찬가지다. 그때그때의 조건에 따라 다양한 이름으로 호명된다.

하지만 다양한 이름이 그리 썩 나쁠 이유도 없다. 새로운 문화, 새로운 청년문화의 모색은 늘 젊은 세대들의 몫이었고, 새로움은 다양한 층위에서 건져 올릴 수밖에 없는 것이다. 새로움은 늘 변방에서 나온다. 앞으로 부산에서는 어떤 새로운 문화가 등장해, 어떻게 문화세력을 유지 발전시켜 나가게 될까.

현장 　문화소통단체 '숨', 댄스컬 〈힙합고 D반〉

　소극장의 무대와 객석이 꽉 찬 공연이었다. 조명이 꺼지면서 공간의 밀도가 조금씩 더해진다. 처음의 '봉숭아 학당' 같은 어수선한 무대는 이내 젊음이 뿜어내는 열기와 몸짓으로 달아오른다. 무서운 전염성으로 객석도 덩달아 달뜬다. 어린이에서부터 초로의 신사에 이르기까지 어깨가 절로 들썩인다. 세대와 장르의 분열이 언제 있었던가 싶게 소극장 안에는 소통이 흐르고 있다.

　문화소통단체 '숨'(대표 차재근)이 스트리트 댄스를 소극장 안으로 끌어들여 부산 소극장가에 잔잔한 화제를 모으고 있다. 2008년 7월 25일 일터소극장의 〈힙합고(高) D반〉 공연은 그 화제와 열기를 여실히 증거했다.

　〈힙합고 D반〉은 길거리 춤, 곧 스트리트 댄스를 소극장의 실내 안으로 끌어온 작품이다. 고등학교 교실을 무대로 힙합, 비보이, 하우스, 팝핑, 록킹 등 저마다의 장르가 최고라고 주장하는 학생들끼리 춤 경연을 벌인다. 무대는 스트리트 댄스의 격전지, 이른바 배틀(battle)로 변한다. 다채로운 몸짓과 음악이 어우러지고, 영상과 무대 그림이 조화를 이룬다.

　무대는 모범학생과 불량학생으로 나눠지는 오늘의 학교 교실을 닮았다. 어떤 패거리는 모범적(?)인 춤과 연기를, 다른 패거리는 불량기 넘치는 춤 동작을 선보인다. 스트리트 댄스의 격전지에서도 교실이니만큼 최소한의 예의는 있다. 바로 선생님의 존재다. 선생님이 뜨면, 아이들은 서둘러 자기 자리를 찾아 앉지만 수업은 이내 심드렁

문화소통단체 '숨' ⓒ

〈 힙합고 D반 〉

해진다.

    무릇 배틀에는 판관이 필요한 법. 선생님의 역할이 그렇다. 하지만 오늘의 학교 교실처럼 범생과 문제아를 구분하지 않는다. 분열보다는 서로를 이해하는 방식을 선택하는 것이다. 나아가 선생님도 아이들의 춤을 이해하려 노력한다. 그럼으로써 길거리로 내몰려 어른들의 관심 밖에서 이뤄지던 스트리트 댄스가 분열을 딛고 이제 막 소통되기 시작하는 것이다.

연출을 맡은 '숨' 대표 차재근 씨는 "힙합은 그동안 본 무대가 시작되기 전 길거리에서 흥을 돋우는 공연 정도로 인식되곤 해 힙합 하는 친구들끼리 모여 우리 작품을 무대에서 한번 제대로 해보자고 뜻을 모았다"면서 "줄거리, 안무, 음악편곡 등은 모두 공동 작업을 했고, 나는 단지 조율만 했을 뿐"이라고 말했다.

공연 때는 17~19명의 춤꾼이 무대에 오르는데 연령대는 17~33살로 편차가 크지만 대부분의 출연진들은 고교생들이다. 부산의 스트리트 댄스 그룹인 '킵 더 페이스', 서덕구 힙합댄스 스쿨의 '서스틴 크루', 비보이 댄스팀인 '킬라몽키즈'가 중심을 이룬다.

2006년 8월에 힙합의 작품화를 모색한 후 2007년 2월 첫선을 보였던 〈힙합고 D반〉은 객석의 꾸준한 반응에 힘입어 비언어극에서 댄스와 뮤지컬을 합친 댄스컬(dancecal)로 업그레이드를 계속하면서 장수하고 있다. 한국문화예술위원회의 '찾아가는 예술 활동' 지원에 선정되어 11회에 걸쳐 전국순회공연을 했고, 영화 제작도 앞두고 있어 청소년들이 주인공이 되는 대안예술로 서서히 자리 잡아가는 중이다.

스트리트 댄스의 매력은 틀에 얽매이지 않는 자유로움에 있다. 물론 힙합, 비보이, 하우스, 팝핑, 록킹, 등 장르별로 저마다의 룰은 있지만 그 룰 안에서는 10인 10색이랄 정도로 춤꾼들의 동작이 사

못 다르다. 그래서 배틀이 스트리트 댄스에서 각광받고 있겠지만 말이다.

문화소통단체 '숨'은 작품성을 인정받은 〈힙합고 D반〉 같은 작품을 앞으로 매년 한 작품씩 무대에 올릴 계획이다. 따라서 스트리트 댄스라는 대안예술의 무대화도 계속 진화할 전망이다.

현장 **독립문화공간 〈아지트(Agit)〉**

부산 금정구 장전동 74-36번지. 지하철 1호선 장전역에서 금정산을 바라보고 올라가다 택지개발지구를 넘어서면 찾을 수 있다. 부산대 상대 옆 학교 울타리를 끊어 이제는 버젓이 길이 나는 바람에 인근 주민과도 소통을 시작한, 과거의 '개구멍'을 내려오다보면 맞닥뜨리는 집. 이곳에서 새로운 실험이 시작되고 있다.

실험의 제목은 이 집 문패가 잘 말해준다. 독립문화공간 〈아지트(Agit)〉. 아지트가 들어서기 전에는 〈구서 어린이 집〉이었다. 인근 지역의 재개발 바람으로 아이들이 없어지자 한참을 비어둔 공간이었다. 개발 탓에 독립문화공간이 들어서게 된 인연이 예사롭지 않다. 게다가 예술 배움터인 대학까지 곁에 두고 있으니. 그렇다면 대지 250평, 건평 200평의 이곳 아지트가 생산하려는 독립문화는 개발과 학교 교육 등 제도권문화와 얼마나 거리를 두고 있는 것일까.

기성의 눈으로 봤을 때 아지트는 과거의 어린이 집처럼 유치(幼稚)해 보인다. 담벼락의 그래피티며, 마당을 서성이는 풍자적인 그림들, 지하실에서 올라오는 인디밴드의 연주 소리, 이곳저곳 늘어선 예술작업공간, 그리고 구석진 곳에 자리하여 마치 개구쟁이 시절의 아지트를 연상시키는 숙소….

2008년 5월 17일 독립예술문화를 지지하는 사람들과 장전동 주민 등 200여 명이 모여 바비큐 파티를 벌이면서 문을 연 아지트는 복합문화, 다원문화가 한데 어울린 공간이라는 점에서 부산은 물론 전국적으로도 유사한 사례를 찾기 힘들다.

아지트(Agit)

"전국적으로도 유일한 공간"이라는 것이 아지트의 운영주체를 맡은 대안문화행동 '재미난 복수' 김건우 사무국장의 설명이다. 대안문화의 거점을 지향하고 있는 이곳은 예술 작업, 체험, 거주, 네트워크 거점 공간 등을 지향하고 있다.

지하에는 부산 인디밴드 연습실, 1층에는 '재미난 복수' 및 부산 독립문화 지원 센터, 카론 레코딩 스튜디오 등이, 2층에는 갤러리 7436(번지수에서 따왔다)과 시각예술 작가들의 작업공간 등이, 옥상에는 라운지 형식의 카페와 야외영화상영관 등이 들어섰거나 앞으로 입주하게 된다. 영상팀, 미디어팀, 퍼포먼스팀 등도 꾸려진다.

주목할 것은 시각예술 쪽의 입주(residence) 작가 프로그램이다. 일러스트와 디자인 작업실은 물론이고 1년 단위로 평면, 입체, 설치 쪽의 작가들이 이곳에서 생활하면서 작업 활동에 전념하도록 할 계획이다. 외국인을 비롯하여 5개팀 정도가 입주할 전망이다.

현재는 5~6명의 대안예술 관계자들이 이곳에서 숙식을 해결하면서 작업에 몰두하고 있다. 스쳐가는 작가들은 일일이 헤아리기 어렵다. 작업하고 전시하는, 시각예술 쪽의 대안공간은 더러 있었지만 다양한 문화가 한 공간에서 꿈틀거린다는 점에서 아지트의 차별성이 있다.

눈여겨볼 것은 이곳 아지트가 부산 독립예술의 거점 노릇을 선언하고 나섰다는 점이다. 2008년 아지트의 공간 정리를 마친 뒤 연말에 독립예술 활동가대회를 갖는다. 전국의 독립예술 활동가들이 모여 포럼과 세미나를 통해 독립예술의 활로를 모색한다. 부산대 앞의 거리공연, 전시판매 등의 행사도 있지만 담론생산에 치중한다.

2009년에는 처음으로 부산독립예술제가 시작된다. 록밴드, 비보이 등 스트리트 댄스, 퍼포먼스, 독립영화, 설치미술, 그래피티 등 다양한 독립예술이 모여 대안문화를 모색하며, 다원예술의 오늘과 미래를 그려 보인다.

　부산 대안예술의 아지트를 꿈꾸는 〈아지트(Agit)〉. 옛 유치원 공간에서 대안예술의 씨를 뿌리고 싹을 틔운 그들의 실험은 오늘도 계속되고 있다.

대안예술 대담 부산 대안예술의 오늘과 내일

강선제 (문화잡지 〈보일라〉 발행인)
김건우 (대안문화행동 '재미난 복수' 사무국장)

— 부산 대안예술(혹은 독립예술)의 지형을 어떻게 그려볼 수 있을까. 부산은 특히 새로운 문화기류가 늘 들끓는 도시여서 여느 지역과는 확연히 다른 대안예술이 앞다퉈 피어나고 있을 것이라는 막연한 기대를 갖게 된다.

김건우 _ 언더, 인디, 반문화 등을 아우르는 것이 비주류예술이며, 기존문화에서 못 하는 것을 하니까 대안예술이라 할 수 있다. 독립예술이라 해도 좋고, 대안예술이라 해도 좋다. 어쨌든 대안예술쯤으로 가닥을 잡고 말을 풀어나갔으면 한다.

먼저 부산의 언더밴드, 인디밴드를 중심으로 이야기를 시작해보자. 이들은 유명해지고 싶은 욕망은 갖고 있지만 거대자본이 움직이는 유통망 속에서 쉬 컨트롤 되지 않으려는 성향을 보인다. 그러면서 다양한 장르에 걸쳐 실험적인 활동을 계속하고 있다는 것이 이들의 특성이다.

서울 다음으로 밴드 활동이 활발한 곳이 부산이고, 그 다음은 광주, 대구, 청주 순이다. 부산은 1980년대 후반에서 1990년대 초반까지 메탈의 메카였다. 서울의 인디밴드는 트렌디(trendy)한 것을 좇아가는 편이며, 장르의 선택 폭도 넓다. 하지만 부산 밴드는 나름의 자기 색깔을 확실히 갖고 있다. 자기 장르 하나를 갖고 깊이 파고 들어가는 친구들이 많다. 연주력이라는 기본 바탕도 잘 갖추고 있다. 그 위에서 자기 음악에 대한 깊이 있는 연마를 계속하고 있는 것이다.

부산과 비교할 때 서울 밴드는 깊이가 떨어지고 자기 색깔이 약하다. 홍대 앞을 자주 찾는데, 홍대 앞 밴드를 보면 부산 출신이 정말 많다. 부산이 지역이라 해서 결코 밴드가 약하지는 않다는 것을 보여주고 있는 셈이다. 하지만 부산은 상대적으로 시장이 형성되어 있지 않아 서울 쪽으로 많이들 올라가는 경향을 보인다.

미술 쪽으로 가면 부산에는 그래피티 작가들이 정말 많다. 부산에 전국 최대 규모의 그래피티 작품이 있는데, 지하철 1호선 장전역과 구서역 사이 온천천 벽에 그려져 있다. 10여 년 동안 지역 작가들이 꾸준히 해온 작업의 성과다. 그래서 부산은 그래피티의 성지로 여겨지고 있다.

부산 대안문화 활동에 있어 제일 중요하게 여기는 것은 문화 거점사업이다. 문화공간이 있어야 한다는 데 모두 공감하고 있기 때문이다. 사실 부산은 절대적으로 문화공간이 부족하다. 음악을 하려면 클럽, 작가들은 전시실이나 갤러리가 있어야 하는데 그런 제도적 장치가 제대로 안 되어 있다.

부산대 앞에는 과거 라이브클럽 등 문화공간이 많았다. 1995년인가, 식품위생법에 걸려 클럽들이 하나둘씩 문을 닫게 되었다. 1999년에는 행정 당국에서 온천천 벽에 있는 그래피티를 대대적으로 밀어버렸다. 처음에는 기술 수준이 낮았겠지만, 그 친구들이 유명해지고 영화에도 나오면서 그래피티는 곧 낙서라는 인식이 사라지기 시작했다. 그래피티를 뜯어내고 블록을 붙이는 온천천종합정비계획도 있었다. 일방적인 도시정비계획을 시민들의 여론 수렴 없이 관에서 일방적으로 발표했다. 제도권은 대안예술을 담아낼 수 있는 그릇이 아니라는 사실을 여실히 보여준 사례다.

이런 일을 겪다보면 부산에 대한 애착이 점차 없어지게 된다. 그래서 다들 서울로 가려고 한다. 독립문화의 제일 중요한 개념이 독자적인 생산기반과 독자적인 유통망을 갖추는 것인데, 부산에서는 그런 여건이 되지 않는 것이다. 인디밴드의 경우 음반 녹음을 하려고 해도 할 곳이 없다. 그래서 우리 〈아지트〉에 녹음실을 마련해놓고 있다.

부산의 대안예술 쪽 인력풀은 대단하다. 부산 사람이라고 해서 감성이 더 풍부하고 그렇지는 않는 것 같다. 힙합이나 록이나 새로운 장르를 받아들이는 속도에 있어 부산이 아주 **빠른** 것이다. 그런 대안예술들이 자꾸 서울로 올라가고 있다. 초창기 힙합은 부산을 빼놓고는 말할 수 없다. 비보이의 성지도 부산 용두산공원이며, 스트리트 댄서들이 여기에 모여 놀았다. 그러다 서울로 올라가서 활동을 했고, 세계대회에 나가 상도 타게 된 것이다.

강선제 _ 문화예술이 곧 비주류예술은 아니기에 〈보일라〉에서 비주류예술만을 주목하는 것은 아니다. 우리는 상업적으로 풀리지 않고 있는 신진작가들을 소개하는 데 주력하고 있다. 오늘, 지금, 이름이 없다 하더라도 굳이 비주류, 언더라 규정할 순 없다.

우리가 소개하는 신진작가들은 기본적으로 지역에 애정을 갖고,

지역을 기반으로 독립예술, 대안예술을 하는 이들인데, 기존 제도권 예술가와는 달리 돈이 안 되고, 혼자서 작업한다. 이런 젊은 작가들, 알려지지 않은 작가들의 특징을 하나하나 말하기는 어렵다.

부산에서 신진작가들이 활동할 수 있는 판을 벌여주지 못하기에 서울로 가는 경우를 자주 보고 있다. 부산에서는 전시회를 갖기가 어렵다. 갤러리를 내주지 않기 때문이다. 서울은 돈은 안 되지만 공간 홍보가 되기에 신진작가와도 교류를 한다. 부산에는 그런 공간이 없다.

사실 작가들은 부산, 서울을 따지지 않는다. 작업을 하다가 내가 자란 곳, 부산으로 돌아오고 싶으면 돌아올 뿐이다. 부산의 골방에서 열심히 준비하다 서울에서 데뷔하고 싶으면 서울로 올라간다. 부산이라는 지역성이 그리 중요하지는 않다. 문화예술교육 차원에서도 부산의 지역성과 관련한 그런 교육이 없다. 부산을 위해, 부산의 특성을 살리자는 식의 학습이 없었다.

디지털 및 인터넷 시대여서 그런지 요즘 젊은이들에게서는 지역성이 잘 드러나지 않는다. 가만히 앉아서 미국, 영국 등의 갤러리에 있는 작품들을 인터넷을 통해 다 보고 있다. 그렇지만 지역성을 잘 살려내는 작가는 정말 대가라고 생각한다. 젊은 작가들에게, 지역성에 대한 교육도 안 되어 있고, 지원도 없는데 지역성을 요구하기란 무리다. 서울의 대안문화 쪽에 일하는 이들의 절반이 부산 사람들이다. 부산에 있어야 할 사람들이 다 서울로 간 것이다. 부산이 제2의 도시이고 인구가 많으니까, 대안예술 쪽에도 부산 사람들이 많은 것 아닐까.

― 부산의 전반적인 문화예술 기류를 어떻게 보나. 제도권 예술과 비교할 때 아무래도 궁핍할 수밖에 없는 대안예술의 입장에서는 정부나 시, 문화재단 쪽의 지원이 절실히 요구될 것으로 보이는데.

강선제 _ 부산은 일단 지난 몇 년 사이에 영화산업이 너무 발달한 것 같고, 미술시장도 정말 커졌다. 작가들의 경우 도심에서 작업할 필요성을 느끼지 못하며 외곽의 레지던시를 찾아가는 추세를 보이고 있다. 이렇게 젊은 작가들이 활동할 공간이 만들어지고 있는 것은 부산만이라기보다는 한국 전체의 문화적 흐름으로 보인다.

부산국제영화제가 성공을 거뒀고, 미술은 동아시아 전체가 올인하고 있는 듯하다. 그런데 연극은 좀 열악한 것 같다. 다른 지역과 비교할 때 지원 규모가 너무 다르다. 서울은 경력을 보고 주는데, 경기문화재단, 서울문화재단 등의 지원 금액은 어마어마하다. 부산은 소액을 갖고 몇몇 극단들이 나눠 갖는 형식이다. 그 돈으로 제대로 된 작품이 나올 수 없다. 자본이 꼭 필요한 장르가 바로 연극이다. 부산에도 문화재단이 생겨 돈을 몰아주면 문제가 해결될 것이다. 2천만 원짜리 연극을 2백만 원으로 만들라고 하니 문제인 것이다. 사실 문화재단의 지원에 대해 별로 기대하지 않는다. 부산의 대안예술, 대안문화가 평가받지 못하고 있는 상태에서 우리 쪽으로 지원금이 올 것으로 보지는 않기 때문이다.

김건우 _ 중앙기금을 지역에서도 받을 수 있지만 지역 간 지원금의 편재가 너무 심하다. 경기문화재단은 한국에서 돈이 가장 많은 재단인 것 같다. 서울에서는 경기, 인천 등지의 예술가들에게도 죄다 지원하고 있다. 부산문화재단에 대해서는 별로 기대를 하지 않고 있다. 부산시 문예진흥기금의 경우 작년에서야 비로소 다원예술이나 독립문화 등에 대한 개념에 눈을 떴을 뿐이다. 록 공연 같은 경우 서류 심사에서부터 탈락시켰다. 부산이 제일 늦었다. 중앙은 다원문화에 대

김건우

한 지원이 일찍부터 있어왔다. 부산문화재단의 운영자가 누구일지가 중요하다. 부산예총 같은 데서 한다면 저희는 당연히 배제될 것 아닌가.

— 부산 대안예술의 실제는 어떤 모습인가. 인력풀이나 공간 등에 있어 깊이와 넓이를 한번 측량해본다면.

강선제 _ 예전에 〈보일라〉를 처음 시작할 때에는 사람들이 많은 것 같았는데 지금 보니 그렇지도 않은 것 같다. 개개 플레이어들의 깊이는 있는데 인력풀이 얇다. 서울에서 다 불러오면 전국 최강이겠지만 말이다. 요즘 서울 가서 기획전 하던 작가들이 뜨고 있다. 부산에 있기보다는 차라리 서울 가서 그룹전에 끼어 활동했다면 더 나았을 거라고 생각하는 지역 작가들이 많다.

김건우 _ 과거에는 여차하면 서울로 가는 분위기였다. 지금은 부산에서 안정적으로 살면서 작품을 갖고 중앙으로 올라가는 방식도 채택할 수 있을 것 같다. 왔다 갔다 하면서 두루 안목을 넓힐 수 있고, 또 KTX가 있어 생활비 등을 고려하면 부산에 살면서도 충분히 작업을 할 수 있다. 서울에서 떠나려는 작가들도 많다고 한다.

그런데 서울에서 인맥을 형성하고 있으면 자극도 받고 하는 장점이 있다. 부산에서 우리 '재미난 복수'가 다른 팀으로부터 자극을 받는 경우는 드물다. 장르의 문제는 아니지만 최근 들어 대안공간에 대한 지원책이 많아지고 미술작가들의 레지던시에도 지원이 활발해진 것 같다. 대안예술 쪽은 깊이와 넓이 모두 예나 지금이나 엇비슷한데, 요즘 더욱 어려워진 것은 사실이다. 라이브 무대도 과거에는 부산대 앞에 공연장이 참 많았는데, 지금은 사라져버려 이제는 공연하러 서울로 올라가야 할 처지가 되었다.

— 대안예술 쪽은 제도권 예술에 비해 일반 시민과의 접촉 빈도가 더 낮지 않을까 싶다. 문화예술로부터 멀어져 가는 시민들의 발길을 다시 예술 쪽으로

되돌리려면 특단의 조치가 요구된다 할 것이다. 그리고 예술과 일반의 소통을 마냥 작가들의 몫으로 남겨둘 수도 없는 것이 현실이지 않겠는가.

김건우 _ 대중에게는 획일화된 취향이 있다. 제도권은 교육이나 미디어 등을 통해 대중의 취향이 획일화되기를 강요한다. 하지만 대안문화, 독립문화의 가치는 다양성에 있다. 획일화되어 천편일률적인 단절이나, 다양하면서 소수인 것의 단절이나 단절이기는 마찬가지이지만 말이다. 대중예술은 퀄리티가 높지만, 인디는 소리 지르고 파괴적이라는 투의 오해가 있다. 소통의 단절을 넘어 다양성을 존중하는 것이 중요하다. '재미난 복수' 나 〈보일라〉는 모두 다원예술 쪽을 지향하고 있다.

강선제 _ 소통문제는 잘 모르겠다. 잘되고 있는 곳을 보면 취향이 뛰어난 사람이 가이드 노릇을 한다. 이거 한번 해보면 좋을 것이다, 팁을 준다. 부산은 그런 소통이 잘 안 된다. 벌어져 있는 것을 취합해서 이건 이래서 좋다, 집어서 소개하는 역할이 필요하다. 그런 것을 집어준다면 사람들이 모이게 된다. 그런 것이 없으면 좋은 전시라도 사람이 모이지 않는다. 홍보의 노하우가 중요하다. 사람들은 그런 것을 집어서 말해주기를 원한다. 시민과 작가의 중간역할을 하는 기능이 부산은 대단히 취약하다.

전시의 경우 좋은 작가, 좋은 관객은 있지만 부산에 좋은 기획자가 없는 것이 아쉽다. 기존의 방식, 즉 돈으로 매체에 광고하는 형식으로는 안 된다. 작가가 나날이 새로운 것을 보여주듯이 기획자들도

강선제

연구해서 나날이 새로워지는 매개자 노릇을 해야 한다. 중간자, 기획자의 역할이 대단히 중요한 것이다.

사실 작가들이 예술 하면서 관객과 만나고, 돈 문제 신경 쓰고, 하고 싶지는 않을 것이다. 요즘에는 팀을 이뤄 역할을 분담하는 그룹 형식으로 많이 가고 있다. 나는 홍보에, 너는 작업에 매진하라는 식이다. 옛날에는 공동체 형식이었지만 사회가 가르쳐준 대로 나는 이 부분을 팔 터이니, 너는 이 부분을 파라는 식이다. 진보의 속도가 더디지만 좋아지고 있다. 사회적 분위기나 지원이 중요한데, 부산은 그것이 약하다. 가속도를 붙여주는 요소가 부산에서는 눈에 잘 띄지 않는다.

몇 년 사이에 다원예술이 아주 세졌다. 다원은 서울에서는 생긴지 오래되었고 다원도 대안의 요소를 갖고 있는데, '재미난 복수'도 마찬가지다. 다원은 한 장르에 국한되지 않고 서로 크로스 오버한다.

요즘 청년문화, 대안문화는 다원 쪽으로 가고 있다.

부산의 문화예술 지원체계에서는 아예 다원의 항목조차 없었다. 신진작가가 중견작가로 성장하는 법인데, 이미 유명한 사람한테 돈을 지원하는 것에 저는 동의하지 않는다. 그리고 젊은 기획자가 절대 필요하다. 소통시키는 것은 기획자의 몫이다. 음악이든 문학이든 공연이든, 작가에게 의존하지 않는, '재미난 복수' 같은 소통단체가 많이 생겨야 한다.

부산은 너무 열악하다. 서울은 동네마다 북 페스티벌이 있고, 각종 문화행사를 유치하려고 갖은 노력을 다 하고 있다. 수영구에 이사가서 보니 '차 없는 거리'도 있고, 아줌마 아저씨들이 거리에서 춤도 추고하는데 소극장은 파리만 날리더라. 부산국제영화제나 부산비엔날레 등 예산을 많이 쓰는 대형 행사를 보면 기획자들이 으레 서울 사람이다. 지역의 예술문화를 소통시킬 지역 기획자들을 길러내려는 노력이 절실히 요청된다.

— 문화예술의 미래는 아무래도 젊은 예술가들의 가능성에 달려 있다. 대안예술 쪽에서 활동하고 있는 젊은 작가들이 맞고 있는 현실은 어떠한가. 특히 작가들이 활동하고 있는 문화공간과 연결고리를 맺는 일선 구청과의 소통은 어느 정도 유지되고 있는가.

김건우 _ 부산에서 예술을 한다는 것, 대안예술 등으로 다른 시도를 한다는 것 자체가 무의미해져가고 있다. 갈수록 그런 현상이 심해지고 있다.

영화의 경우 부산을 영화의 도시라고 말하지만 부산국제영화제를 통해 부산독립영화인들이 풍족해지거나 활로가 생기고 있는 것은 아니다. '메이드 인 부산 독립영화제' 출품작이 매년 줄고 있는 것이 현실이다. 지금은 대학 졸업하자마자 서울로 올라가서 작업하려 한다. 영화의 도시라는 덩치가 커지면서 부산이라는 토양에서 작업하는 것이 독이 될 수도 있다. 부산국제영화제가 갖고 있는 그늘이다. 부산시에 예산이 마련되면 독립영화가 아니라 가시적인 효과가 있는 피프(PIFF)로 돈이 몰린다. 풍부하고 다양한 부산의 독립영화를 위해서는 피프만큼의 혜택이 있어야 한다.

과거에 똥물만 흐르던 온천천에 그래피티가 생기면서 얼마나 달라졌는가. 각 구마다 축제가 있지만 구성이나 색깔에서 모두 동일하지 않는가. 유명가수 불러 한 15분쯤 노래하면 1천만 원씩 주는데, 그렇다고 그 지역의 문화가 살아나는 것은 아니다. 구청 공무원들도 인사이동이 잦아 문화지표 등에 대해 너무 실정을 모르는 것 같다. 기반 조사 자체가 안 되어 있기 때문이다.

부산의 문화지표를 서둘러 만들어야 한다. 그런 지표가 없는 상태에서 외부의 것만 갖고 와서 마치 이게 문화인양 풀어놓으니 지역을 기반으로 하는 작가들의 설 자리가 더욱 없어지는 것이다. 행정당국과 지역 예술 활동가 및 문화공간과의 연계가 제대로 되어야 지역문화가 자리를 잡아나갈 수 있다.

강선제 _ 젊은 작가들을 키우려면 먼저 그에 대한 연구가 있어야 한다. 어떻게 키울 것인지 마인드를 정립하고 방향도 잡아야 한다. 결국은 젊은 작가들에 대한 지원을 강화해야 지역문화 발전에 도움이 되는 것 아닌가. 작가가 활동할 수 있는 공간, 작가를 위한 기획 등 복합적인 측면에서 정확한 현상 파악이 선행되어야 한다. 그렇게 되면 답은 절로 나오게 된다.

— 부산의 문화예술에서 특유의 색깔을 찾을 수 없다는 지적이 계속 제기되어 왔다. 색깔 있는 부산 문화는 부산의 정체성과도 긴밀한 관계를 갖게 될 것이다. 앞으로 부산의 예술문화가 나아갈 방향을 제시한다면.

김건우 _ 몰개성을 강요하고 있는 까닭에 부산의 색깔이 없을 수밖에 없다. 대부분의 사람들이 해수욕장에서 노란색 파라솔을 꽂고 있는데, 누군가 파란색을 꽂으면 틀렸다고 입을 댄다, 개성과 다양성을 존중해야 문화예술이 활짝 꽃피울 수 있는 것이다. 그리고 지역을 고민하는 실천적인 문화정책이 나와야 한다. 지역의 특성을 존중하는 문화를 구축하려면 현상에 대한 파악이 우선 요구된다. 그래야만 부산의 특성이 우러나는, 부산만의 색깔을 드러내는 지역문화가 출현할 것이다.

강선제 _ 지역의 인재를 소중하게 여겨야 한다. 외부에서 데려오지 말고 지역에서 문화 인재를 교육시키고 지원해주는 제도가 시급하다. 둘러보면 부산에는 문화예술 쪽에 정말 인재들이 많다. 예술적 재능을 지닌 사람도 부지기수다. 빌딩만 보고 자란 서울 사람들과 바다와 산을 보고 자란 부산 사람들은 다르기 마련이다. 부산을 비롯하여 지역에서 자연을 보며 자라난 이들은 내면에서 끓어오르는 무언가를 갖고 있다. 그런 기질을 살려내야 한다. 그것이 안 되다보니 부산도 자꾸 서울을 닮아 도시형 문화 쪽으로만 치닫고 있는 형국이다. 산업 쪽으로, 도시형으로 넘어가는 데에만 예산을 많이 쓰다보니 상대적 박탈감이 심화되고, 그래서 좌절하는 젊은 작가들이 많아지고 있는 우리 현실을 제대로 직시해야 한다.

김건우_ 부산이라는 지역을 생각해볼 때 부산만의 색깔을 충분히 가질 수 있다고 본다. 그런데 우리는 내부를 너무 안 돌아본다. 독립문화가 굳이 아니라도 좋다. 우리가 갖고 있는 것이 뭔지, 어떤 이야기를 해야 할지를 고민해야 한다. 온천천의 모델을 청계천에 두어서야 되겠는가. 온천천은 온천천만의 문화가 있다. 그런 문화가 뭔지 찾는 작업이 선행되어야 제대로 된 정비계획이 나온다. 경제성, 효율성 등 개발논리만을 따져 문화예술도 당장 가시적인 효과를 노리려는 시도가 있어왔다. 지역의 젊은 작가들이 성장해서 나중에 어떻게 될 것인지 미리 가능성을 타진해보고 문화정책을 펼쳐나가야 할 것이다. 하얄리아 시민문화공원이 추진되다가 정권이 바뀌면서 무산되었는데, 가시적인 것만 찾아 다람쥐 쳇바퀴 돌듯 하는 문화예술 지원정책은 앞으로 지양되어야 할 것이다.

제4장

부산 美의 탐색

제4장 부산美의 탐색

'미적 삶의 문제'를 다루는 미학은 단지 아름다움만을 대상으로 하지는 않는다.

미(美, beauty)뿐만 아니라 '미적인 것(the aesthetic)', 예컨대 쾌(快)나 감탄을 느끼게 하는 숭고, 우아, 비극미, 희극미에서부터 추(醜)까지를 아우른다. 따라서 미는 아름다움뿐만 아니라 '미적인 것'을 포괄하는 말이 된다.

그렇다면 부산 사람들은 어떤 것에서 쾌나 감탄을 느끼게 되며, 그 같은 쾌나 감탄이 가능하도록 부산 사람들에게 내면화된 감성적인 기질은 무엇일까.

부산을 살아가는 이들이 갖고 있는 미의식이랄 수 있는 부산美를 민중미(민중성), 실질미(실질성), 저항미(저항성), 개방미(개방성)라는 네 갈래 범주에서 살펴본다.

1 민중성에서 민속놀이 · 대중문화로

부산은 들놀음인 동래야류, 수영야류와 동해안별신굿 등 민속예술이 크게 발달한 곳이다. 민속놀이 혹은 민속예술이 성행했다는 것은 민중들의 기층문화(基層文化)가 지배계급의 고급문화를 압도했다는 것을 뜻한다.

부산 사람들의 미의식 혹은 미감은 일찍이 이 같은 민중성이나 기층성에 크게 기대어 발달된 것으로 보인다. 이는 부산의 문화가 조선 600년의 수도였던 서울이나, 지배계급이 발달했던 저 멀리의 유럽처럼 귀족계급의 취미생활의 일환으로 발전한 것이 아니라 일이 곧 놀이이자 예술이 되는, 현장 중심의 미학을 중심에 놓았기 때문이다. 왜일까.

정상박 부산시문화재위원은 2008년 8월 22일 부산시청에서 열린 국립부산국악원 개원에 따른 시민의견수렴 심포지엄에서 '국립부산국악원과 부산 민속 예술계의 효율적 역할 분담'을 주제로 한 발표를 통해 다음과 같이 주장한 바 있다.

"부산은 변방지역이다. 왜구들이 침노하기 쉬워 항상 주민들이 생명의 위협을 느끼며 살아가야 하는 곳이었다. 거기다가 이런 도서와 해안에 살면 제대로 사람대접도 받지 못하였다. 이런 변경에 사람들이 왜 살겠는가? 부산 사람들은 입에 풀칠하고 살기 위하여 '생고기 배 따먹고 농사짓는 일'을 천직으로 삼고 살았다. 노동의 고단함을 덜고 효율을 위하여 일 소리를 불렀다. 명절이면 즐겁게 대동놀이를 하며 정체성을 다지고, 풍요와 평안을 기원하며 굿을 했다. 이곳에는 격식을 갖춘 장중한 궁중적인 것도, 탁상공론을 하며 체면을 중시하는 양반문화도 없었다. 부산은 민중이 현실주의적 사고로 건강하게 일하고 살면서 민속예술을 향유하던 곳이다."

이 같은 민중성과 기층성은 개항과 일제 강점기, 광복과 한국전쟁 그리고 근대화 과정에서도 계속하여 부산 사람들의 대표적인 기질로 이어진다.

1876년 근대 국제항으로 부산항이 열리면서 부산은 한국의 무역·상공업 중심지로 급속히 성장했고 이후 일제 강점기 종식 때까지 생업을 찾아 전국 팔도에서 사람들이 모여들었다. 그들 대부분은 떠나온 곳에서 뿌리를 내릴 이유가 없는 기층 민중들이었다.

한국전쟁 때에는 어쩔 수 없이 떠나온 곳에서 뿌리를 내릴 수 없었던 피란민들로 부산은 최고조로 북적였다. 물자가 크게 부족한 사변 통에 부산은 팔도에서 온 민중들의 생존을 위한 도떼기시장에 다름 아니었다.

전화가 끝난 후 그나마 찾을 뿌리가 있는 이들을 제외하고는 죄다 부산에 남았고, 1960년대 이후 근대화 산업화 시대를 맞아서는 농촌을 등지고 일자리를 찾아 도시로 온 사람들이 또한 부산에 대거 편입됐다.

이들에게 있어 문화향유란 가깝기는 술 한 잔과 유행가 한 구절로 고향 떠난 설움을 달래거나, 고단한 노동의 일상을 보내다 주말이면 찾게 되는 영화관과 인기가수를 볼 수 있는 보림극장의 쇼 등일 수밖에 없을 것이다. 그렇다 보니 자연스럽게 부산에서는 영화와 가요 등 대중문화가 발전했다.

이런 팍팍한 살림살이 속에서 고급예술문화를 운운한다는 것은 한가해도 한참 한가한 노릇이고, 사치도 또한 이만저만한 사치가 아닐지도 모른다. 따라서 한동안 부산이 '문화 불모지'로 불린 것은 가진 자 혹은 누리는 자가 볼 때 그렇다는 것으로, 현실을 무시한 매우 권위주의적인 발상이 아닐 수 없다.

부산이 갖고 있는 이런 민중성 혹은 기층성은 다중이 모이는 곳에서 특히 곧잘 발휘된다. 민중이 갖고 있는 힘의 응집력인데, 이곳에 가면 부산 사람들 특유의 열정을 확인할 수 있게 된다.

'부산갈매기가 그냥 갈매긴 줄 아나'. 부산 사람들의 민중적인 자부심이 가장 잘 드러나는 곳이 사직구장이다. 바로 사직벌에서 과거 들놀음 못지않은 오늘날 부산의 대표적인 민속놀이이자 대동놀이가 열리고 있다. 바로 야구 경기다.

야구 경기장에는 야구만 있는 것이 아니다. '돌아와요 부산항에', '부산갈매기' 등 노래가 있고, 춤이 있고, 대동의식이 있고, 부산의 긍지가 있고, 뒤풀이가 있는, 부산 문화의 용광로다. 주요 경기가 열리면 부산의 다른 축제는 숨을 죽이고 기다려야 한다. 다른 축제들을 압도할 만큼 부산 특유의 민중성, 기층성을 잘 드러내기 때문이다.

특히 2008년의 경우 롯데 자이언츠가 정규시즌 3위를 차지하며 8년 만에 포스트시즌에 진출하자 부산은 어디를 가나 '가을 야구'가 화제였다. 세계 금융위기에, 먹고 살기도 힘든 판에 목청껏 열정을 불태우고, '부산갈매기'라는 이유 하나만으로 시민 모두가 어깨를 겯게 되는 곳이 야구장인 것이다.

동래야류와 수영야류가 오늘에 제대로 명맥을 잇기 위해 꼭 찾아가야 할 곳이 있다면 그곳은 바로 사직벌이며, 그곳에서 오늘에 걸맞은 새로운 들놀음을 펼쳐야 한다.

부산불꽃놀이 또한 시작된 지 몇 해 되지 않았음에도 불구하고 부산의 대표적인 민속놀이로 자리 잡았다. '희망'을 주제로 2008년 10월 17~18일 이틀간 광안리해수욕장에서 열린 제4회 부산불꽃축제에는 155만 명이 참가하는 기염을 토했다. '세계적인 불꽃축제'에 대한 부산 사람들의 무서운 집중력이자, 놀라운 열정이 아닐 수 없다.

세계적인 영화제로 우뚝 솟은 부산국제영화제에 보여준 부산 사람들의 열정 또한 부산이 내면화하고 있는 민중성과 기층성의 폭발에 다름 아니다.

부산美는 부산 사람들이 갖고 있는 기질적인 혹은 감성적인 특성인 민중성과 기층성에서 먼저 찾아볼 수 있을 것이다. 그렇다면 부산美, 즉 부산의 '미적인 것'의 대표 격은 아무래도 민중적인 것 혹은 민중미(民衆美)쯤이 될 것이다.

2 실질성에서 부산 예술문화의 힘으로

부산의 산복도로에는 특별한 아름다움이 있다. 발아래 두고 있는 바다를 바라보는 눈맛이 시원하지만 그것만이 모두가 아니다. 산복도로 마을 곳곳에서 만나게 되는 실질성이 바로 특별한 '미적인 것'이 된다.

산복도로는 보기에 투박하고, 거칠고, 올라가기 짜증스럽고, 불편하다. 따라서 찾는 이들에게는 곳곳에서 여러 가지 감정의 편린들을 드러내게 한다. 하지만 예기치 않은 쾌나 감탄의 순간들도 곧잘 만나게 된다. 막힌 듯 여겨졌던 골목길이 어느새 이어지고, 기대도 하지 않았던 골목길에서 문득 만나는 바다의 새로운 풍경은 산복도로의 그 희한한 각도에서만 가능하기에 신선하게 다가온다.

산복도로 좁은 길을 달리다 만나게 되는 말없는 소통은 또 어떠한가. 좁은 길은 서로를 이해하고 배려하게 만든다. 차선이 하나밖에 없을 경우, 서로 먼저 가려고 욕심내면 그것만큼 대책 없는 노릇도 없다. 약속을 하지 않았음에도 불구하고 척척 차들은 서로 알아서 기다려주고 양보해서 제 갈 길을 잘도 간다. 뿐만 아니라 한 치의 빈 땅도 놀려두지 않고 채소를 기르거나 꽃을 가꾸고 있는 데서도 실질성은 잘 드러난다.

거칠고, 투박하고, 세련되지 못하고, 불편하고, 낯선 곳에서 만나는 감성의 아득한 끊어짐, 그곳에서 또한 부산만이 갖고 있는 예술문화의 힘을 발견하게 된다. 이를테면 이렇다.

"서울 연극은 세련되고 가볍다. 부산 연극과 비교할 수 없을 정도로 대단히 깔끔하다. 부산 연극은 분위기가 거칠고 작품의 완성도도 떨어진다. 하지만 부산 연극에 빠져들면 거칠지만 힘이 있다는 것을 알게 된다. 촌스럽지만 상당한 매력을 갖고 있는 것이 부산 연극이다. 연희단거리패가 서울로 올라가 긍정적으로 역할한 것이 바로 부산 연극의 거친 맛을 보여줬다는 점이다." (연극배우 변미선)

"부산 춤의 특징은 '질퍽함'인 것 같다. 만약에 물이 있다면, 맑고 깨끗한 물이 아니라 막걸리 같기도 하고 소주 같기도 한 것이다. 서울에서 작업을 하면서 느낀 것인데, 색깔이 완전히 다르다. 다른 정서 속에서 자라났기에 춤을 표현하는 방식도 상당히 다르다. 부산 춤에는 향토성이랄까, 질퍽함이 있다. 잔가지가 없고, 큰 가지를 척척 잘라나가는, 손을 가슴에 확 집어넣어 심장을 끄집어내는 것 같은 게 부산 춤이다." (춤꾼 임현미)

"부산 영화는 다르다고 한다. 뭔가 2% 부족하다는 것이다. 작품성이나 기술적인 면 그리고 정서적으로 이야기하는 방식이 다르다고 한다. 나는 이를 긍정적인 현상으로 본다. 2% 부족한 것을 만족감으로 끌어내리려고 한다. 일본의 오사카 영화가 그러한데, 거칠게 막가파식의 영화를 한다. 펑크다. 자유로우면서도 거칠다. 부산 영화도 그런 것 같다. 부산에서 독립영화 하는 친구들은 세련됨이 부족하고 미숙한 점이 있다. 하지만 중앙을 따라가는 형식으로 가서는 안 되며, 우리 방식으로 앞날을 모색해야 한다." (독립영화 감독 김희진)

"부산이 항구도시이니까, 항구도시의 성향과 연관된 특징이 있지 않나, 라고 생각하는 것 같다. 타 지역에 비해 비교적 자유로운 미술관의 분위기나, 솔직하고 조금은 거친 경향들을 보면 그런 면이 있는 것 같다. 주목할 만한 것은 젊은 작가들이 과거와 달리 약진하고 있다는 사실이다. 타 지역과 비교해보면 특정한 사단이나 운동에 얽매이지 않고, 특정 인물의 영향력에서부터 자유로운 것도 부산 미술의 특징이다."(대안공간 반디 디렉터 김성연)

부산의 예술문화는 지역의 예술인들이 밝히고 있듯이 거칠고, 투박하고, 무뚝뚝하지만 곧장 질러가는 힘의 실질성을 갖고 있다. 세련미와는 퍽 차이가 나는 대목이 아닐 수 없다.

이 같은 부산 예술문화의 특성은 곧잘 오해받고, 인정도 받지 못하곤 한다. 특히 부산에서 그런 현상이 잦은 것은 안타까운 일이다. 가까운 것은 늘 값없어 보이고 그래서 푸대접받게 마련인 것일까. 그러나 속내는 다른 것 같다. 지역문화현장에서의 박대와는 달리 이런 부산의 실질성을 TV나 영화 등의 매체를 통해 간접적으로 접하거나, 아예 장소를 달리하여 만날 때에는 푸대접하던 부산 사람들도 입장을 바꿔 뿌리 깊은 호의를 보여주는 일이 엄연하기 때문이다.

그런데 투박하고, 거칠고, 불편하지만 이것저것 잔가지를 훑어내고 곧바로 본질에 육박해들어가는 실질성은 그렇지 못한 문화를 갖고 있는 서울 등 여타 지역에서는 배척할 법도 한데 상당히 매력적으로 다가가는 것은 아이러니가 아닐 수 없다.

실질성을 좇는 부산 사람들의 감성적 기질은 언어생활에서도 잘 드러난다. 말이 짧기로는 부산만한 곳도 없기 때문이다. 대체로 모든 대화는 '됐나?', 이 말 한마디로 충분하다. 그리고 모든 가치는 '돈 되나', 이 한마디면 족하다.

이 같은 부산 사람들의 말의 효율성은 2008 부산비엔날레에서 선보인 '부산갈매기가 그냥 갈매긴 줄 아나'라는 제목의 전시회가 잘 보여준다. 광안리 한 건물 벽에 나붙은 "밥 문나", "만다꼬", "단디해라", "니 내 존나" 등의 부산 말은 실질성을 좇는 부산 사람들의 기질을 단적으로 증거한다.

비록 외양은 거칠고, 투박하고, 무뚝뚝하지만, 그 속에 담겨진 실질적인 것에서 부산 사람들은 쾌와 감탄을 느낀다. 화려하고 세련된 것보다는 실질적인 것을 찾는 부산 사람들의 감성적인 기질로서의 실질미(實質美)는 그래서 부산美로까지 자리매김 될 수 있다.

3 저항성에서 독립예술 · 비평문화로

부산은 야도(野都)다. 야도는 야당도시의 준말이기도 하지만, 야(野)라는 말이 갖고 있는 들, 들판, 백성, 촌스럽다, 거칠다 등의 뜻에 잘 들어맞는 도시가 바로 부산이다. 그렇다 보니 민중성이 발달한 데다 민중성은 자연스럽게 저항성으로 이어졌다.

동래야류와 수영야류가 대표적인데, 지배계급을 풍자하는 탈놀음을 부산이 쉽게 받아들여 대표적인 민속예술로 발전시켰다. 그런데 부산의 저항성이라는 것이 굳이 민중성에서 비롯한 것만은 아닌 듯하다. 부산에서는 민중을 탄압할 강고한 지배계급을 내부에서 제대로 찾기 어렵기 때문이다.

그런데 부마항쟁, 6월 항쟁 등에서 보여준, 다른 시도와는 분명히 차별화되는 부산 사람들만의 기질적인 혹은 감성적인 저항성은 어디에서 비롯한 것일까.

소설가 최해군 선생은 『부산의 맥』 하권에서 왜구와, 왜관과, 왜란과, 일제로 저항적 기질이 형성되었다며 부산 사람들이 갖고 있는 저항성과 경계심에 대해 지정학적인 이유를 들어 다음과 같이 주장하고 있다.

"부산은 서울까지가 뭍으로 약 450km인데 비해 바다 건너 일본의 시모노세키까지가 약 250km밖에 되지 않는다는 지정학적 여건이 부산 사람의 기질 형성에 큰 영향을 준 바 적지 않을 것이다. 일본과 가깝기 때문에 오는 왜구의 노략질에 온화하고도 너그러워야 했을 부산 사람의 기질에 경계심과 저항성을 가지게 한 것은 사실일 것이다. 왜구란 부산에서 바다로 50km밖에 떨어지지 않은 대마도와 일본 연안의 불량배들로 조직된 해적들이었다. ···우는 아이도 '왜구 온다' 하면 울음을 덜컥 그쳤다고 하니 이 고장 아이들은 어릴 적부터 바다서 오는 불안을 안고 자랐다고 해도 지나친 말은 아닐 것이다."

내부보다는 바깥의 적에 쉽게 노출되어 부산의 저항성이 싹트게 되었다는 것이다. 재물은 물론 사람까지 노략질하던 왜구는 말할 것 없고, 부산에 왜관이 들어서면서 이권을 놓고 다툼이 없었을 리 만무했을 것이며, 무엇보다 개항 이후 일본 조계지가 생겼고, 주로 일본 하층민들의 부산 이입이 증가하면서 외부에서 도래하는 적에 대한 저항성을 부산 사람들이 내면화했다고 볼 수 있다.

이런 부산의 저항성은 예술 창작보다는 문화 전반에서 잘 나타난다.

부산 언론의 경우 타 시도와는 달리 비판정신을 강하게 보인다.

특히 지방자치시대 이전에 중앙에서 임명되어 오는 관리의 경우, 부산에서는 언론 때문에 못 해먹겠다는 말을 공공연히 할 정도였다. 최근에 와서는 지방분권을 둘러싸고 중앙을 향한 지역 언론의 만만치 않은 저항을 쉽게 확인할 수 있다.

부산의 문학비평 활동 역시 주류를 자처하는 중앙문단에 저항적이다. 중심에 대한 강력한 메시지를 쏟아내고 있는데, 지역문학이라는 논리를 만든 곳도 부산이다. 중심부의 독점적인 미학 시스템에 강력한 도전장을 낸 곳이 부산이라는 것이 비평 관계자들의 자부심이다.

부산 문화계도 지역에 대한 예산 및 정책 홀대 등에 대해 꾸준히 중앙에 문제제기를 해왔고 지역정부의 문화정책에 대해서도 마찬가지였다.

예술문화계에서는 요산 김정한 선생으로 대표되는 저항의 리얼리즘 문학이 있었고, 요산의 그 같은 저항 정신을 부산작가회의를 중심으로 한 부산민예총에서 오늘에 이어가고 있다. 부산민예총은 서면에서의 '차 없는 거리' 문화행사와 각종 시위 때의 참여공연 등을 통해 예술의 대 사회적인 발언이라는 차원에서 저항성을 뚜렷이 보여주고 있다 하겠다.

전국에서도 강세라고 인정받는 부산의 언더 혹은 인디밴드, 스트리트 댄스 등에서 보듯 기존의 예술문화판도에 저항하는 움직임이 대안예술 쪽 문화 인사들을 중심으로 부산에서 활발히 일어났다. 언더, 인디, 반문화, 비주류예술, 대안예술, 독립예술 등 이름은 서로 달라도 기존의 문화질서에 저항하는 흐름에 있어서만큼은 부산이 전국 어느 곳보다 강력한 저항성을 표명해왔다.

저항성이 이렇게 나타나다보니 선의의 피해를 보고 있다는 하소연도 있다. 부산이 지나치게 외지인, 특히 서울에서 오는 이들을 홀대하는 것 아니냐는 볼멘소리가 그것이다. 부산의 정체성을 찾는 것은 좋지만, 서울과 비교하여 부산이 제2의 도시라는 데서 오는 상대적 박탈감 혹은 열등의식을 지나치게 드러내는 것 아니냐는 지적이 그것이다.

이 같은 지나친 부산만의 몫 찾기 혹은 끼리끼리의 배타적 문화는 되레 부산의 입지를 약화시킬 수 있다는 주장은 그래서 나온다. 주류문화에 대한 저항은 환영할 만하지만 부산의 저항성이 타지 사람들을 배제하고 부산 사람들만을 위한 잔치에 복무했을 때 생겨나는 폐해 또한 부산이 고스란히 끌어안을 수밖에 없을 것이라는 지적이다.

저항적인 것, 고분고분하지 않는 것, 주류문화에 경계하는 것 등 부산 사람들이 갖고 있는 기질적, 감성적 특성은 부산의 '미적인 것'의 하나가 된다. 그래서 부산美는 저항적인 것 혹은 저항미(抵抗美)에서도 찾아볼 수 있다.

4 개방성에서 국제행사 · 다원문화로

부산만큼 국제행사를 좋아하는 곳도 드물다. 열었다 하면 '국제' 행사다. 부산국제영화제, 부산국제무용제, 부산국제음악제, 부산국제연극제, 부산국제록페스티벌, 부산국제힙합페스티벌…. 적어도 '국제'라는 말 정도는 넣어야 행사를 하는 혹은 행세를 하는 느낌이 들 정도다.

'국제'라는 말을 좋아하는 것을 부산 사람들의 감성적 기질로 여길 수도 있을 것이다. '국제'라는 말이 들어가야 성이 차고, 뭔가 괜찮은 듯한, 그래서 조심스럽게 쾌(快)나 감탄을 준비하기 때문이다. 이 같은 부산 사람들의 미감은 오랫동안 부산이 개방성을 내면화했기 때문이다.

1876년 개항 이후 부산은 모든 것이 열려 있는, 가능성의 땅이었다. 부산항을 통해 일본과 서양으로 가는 길이 열렸고, 박래품(舶來品) 등 뭔가 감탄할 만한(?) 것이 들어왔다. 따라서 부산은 유행과 가능성의 첨단을 걷는 곳이자 생계까지 해결할 수 있어서 전국 팔도 사람들에게는 동경의 땅이었을 터이다.

이 같은 부산의 개방성을 좇는 한국인들의 발걸음은 일제 강점기 내내 이어졌고, 한국전쟁 때 최고조에 달했다. 전후의 근대화 산업화 시기에는 농어민까지 도시 부산에 몰려들었다. 따라서 개방성이야말로 부산의 중요한 덕목이 되었을 터이고, 해외문물은 물론 나라 안의 각 지역문화가 엇섞여드는 용광로가 될 수밖에 없었다.

부산은 한때 왜색문화의 진원지라는 오명을 썼다. 부산항을 통해 가라오케나 일본만화 등이 전국으로 퍼져나갔다. 왜색문화라는 것도 일본문화가 수입 개방된 지 10년이 된 2008년의 상황에서는 아무래도 빛바랠 수밖에 없다. 지금은 일본과의 교류가 활성화되었고, 연간 수천만 명이 해외여행에 나서고 있어 항구문화를 자랑하는 부산의 명성 역시 빛바래졌다.

　지금은 국제도시 부산이라는 이름 아래 줄을 잇고 있는, '국제'라는 문패를 단 각종 문화행사에서 내면화된 부산의 개방성은 유지되고 있다. 그리고 전국 팔도의 사람들이 모여 살고 있지만 '부산갈매기'라는 이름으로 이내 섞여드는 개방성 또한 면면히 이어지고 있다.

　젊은이들의 문화에서도 부산이 전국 어느 지역보다 개방적이라는 사실을 확인할 수 있다. 서울 홍대 앞 클럽을 주름잡았던 인디밴드, 용두산공원에서 시작되어 세계에서 진가를 인정받고 있는 비보이 등 힙합 스트리트 댄스, 온천천 등을 장식하고 있는 그래피티, 폐공장 등을 예술가들의 작업장으로 만드는 아트팩토리, 부산대 앞과 경성대 앞에 널려 있는 클럽문화 등에서 개방적인 부산 사람들의 미감을 발견하게 된다.

　개방성은 국제성과 더불어 해양성과도 밀접한 연관을 맺는다. 문학판에서는 이런 해양성에 주목하여 2009년 첫 행사를 목표로 부산국제해양문학제를 추진하고 있다. 해양문화의 뿌리가 원작, 스토리텔링 등의 해양문학이라는 데 초점을 맞춰 진행될 부산국제해양문학제는 다양한 장르의 예술들을 초청하여 융합·복합문화 형식의 개방적인 문학제로 꾸려나가겠다는 계획을 세우고 있다. 어쨌든 부산에서 또 하나의 국제문화행사가 늘어난 셈이다.

　이렇게 개방성을 좇다보니 문제가 영 없는 것은 아니다. 새로운 것을 찾다보니 그만큼 부산의 정체성이라는 고유한 문화와는 더 멀어지게 되었다는 사실이다. 그래서 부산에는 독창적인 문화가 없다는 주장에서부터 부산의 전통이 스며든 문화가 없다보니 예술문화계에 위·아래가 없다느니 하는 볼멘소리까지 이어져왔다.

문제는 개방적인 가운데에서도 부산 문화의 정체성을 찾아나서는 일일 터이다. 무경계 혼종성의 시대를 맞은 만큼 개방적인 '무경계'를 지탱해나가되 '혼종성(hybridity, 이질적인 여러 요소가 뒤섞여 새로운 걸 창조하는 것)'을 강화해야 한다. 나아가 부산 예술문화에서 세계인의 삶까지 읽어낼 수 있는 가능성을 구축해나가는 작업이 필요할 것이다.

어쨌든 뭔가 개방적인 것, 국제적인 것, 해양적인 것은 부산 사람들에게 기질적 혹은 감성적으로 마치 과거 박래품을 기다렸던 것과 같은 이국에의 향수와 감탄을 자아낸다. 여기서 부산美는 개방적인 것 혹은 개방미(開放美)를 하나의 목록으로 추가하게 된다.

제5장

지역에서 미학하기

제5장
5 지역에서 미학하기

1 미학, 그 친숙한 낯섦

 미학(美學, Aesthetics)은 이제 우리에게 충분히 낯익다. 누구나 아름다움을 사랑하듯 '아름다움의 학문'으로 여겨지는 미학은 말만 들어도 사랑스럽다. 그래서 미학을 한다고 하면 좀 폼 나게 보일 듯도 하고, 뭔가 좀 고급한 취향을 가진 사람으로 여겨지기도 한다.
 그래서 미학이라는 말은 당당히 '즐겨찾기'의 우선순위쯤으로 꼽힌다. 특정 지칭어 뒤에 '미학'이라는 말만 덧붙이면 괜히 폼 난다. 이를테면 먹는 것 하면 음식미학이겠고, 입으면 패션미학, 벗으면 노출미학, 집에 들어가 살면 주거미학, 집 나오면 가출미학이 되겠다. 곳곳에서 미학이 넘쳐나고 있는 것이다.
 미학을 전공한 어느 교수는 미학이라는 용어에 대한 일반의 극진

한 사랑에 진저리를 친 끝에 '미학이라는 술어에 대한 처참한 윤간 상태'라는 좀 극단적인 진단을 내리기도 했다. 평론에서 미학이라는 말을 즐겨 사용하는 경향이 있는데, 아마 영화평론에서는 정도가 좀 심했던 것 같다. '절망의 미학' '처절한 간음의 미학' '침실의 미학' '폭력의 미학' 등 강조하고 싶은 게 있으면 바로 미학을 붙이면 됐고, 또 두고 봐도 아름답고 멋질 뿐 아니라 학문적이기까지 했을 것이다.

더욱이 웰빙 시대를 맞아 미학은 더 잘 나가고 있다. 스파나 미용, 피부 관리실 등에서 미학이라는 말을 즐겨 사용하고 있으며, 외국어가 주는 이국적이며 뭔가 세련된 듯한 느낌까지 더해져 최근에는 미학보다 에스테틱(aesthetics)이 유행이다.

그런데 이 같은 '미학'이란 말의 즐겨찾기는 일부는 맞고 일부는 틀린다. 좀 오해를 살 부분이 있었고, 그런 오해에도 불구하고 널리 사용하는 것이 용인될 수도 있는 여지가 영 없는 것도 아니다.

일본에서 굳어진 미학이라는 말의 원래는 아이스테티카(Aesthetica, 감성학)로, 감각적 지각을 뜻하는 그리스어 아이스테시스($α\mathit{ἴσθησις}$)에서 나왔다. 사유의 대상인 노에타(noeta)를 대상으로 하는 로기카(Logica, 논리학)가 있다면, 감각적 사실인 아이스테타(aistheta)를 대상으로 하는 아이스테티카(Aesthetica, 감성학)가 있다는 것이다.

아이스테티카, 영어로는 에스테틱스(Aesthetics)를 처음으로 호명하고, 학문적인 기초를 닦은 이는 독일의 철학자 바움가르텐(Alexander Gottlieb Baumgarten, 1714~1762)이었다. 에스테틱스의 필요성을 주창했고, 대학에서 에스테틱스를 강의했으며, 저작을 통해 에스테틱스를 정착시켰다.

바움가르텐은 『Aesthetica Ⅰ, 1750 / Ⅱ, 1758』에서 에스테틱스를 '감성적 인식의 학'으로 정의했다. 곧 '감성학(感性學)'이다. 따라서 지금 미학이라 불리어지는 학문은 원래 감성을 다루는 학문으로 출발한 것이다.

그렇게 본다면 감성이 널리 유통되고 있는 21세기에 있어 에스테틱스는 대단히 환영받을 만하다. TV, 영화 등 대중매체나 CF, 상품 포장 등에 이르기까지 감성의 시대라는 말이 회자되고 있는 오늘이기 때문이다. 또한 포스트 모던한 시대를 맞아 이성보다는 감성을 새롭게 발견하려는 경향도 완연하다.

그런데 바움가르텐은 에스테틱스를 '인식'으로 접근했고, 논리적 또는 개념적인 인식인 이성에 비해 감성은 불판연(不判然)하고 혼연(渾然)한 인식으로 여겼다. 인식으로서는 불판연하고 혼연한 감성적 인식은 그것이 완전할 때 미(美, pulchritudo)가 되며 불완전할 때는 추(醜, deformitas)가 되는데, 에스테틱스는 '완전한 감성적 인식(perfectio cognitionis sensitivae)', 즉 미를 다룬다는 것이다.

여기서 의지의 완전성(善)에 관한 학문인 윤리학(Ethica), 인식의 완전성(眞)에 관한 학문인 논리학(Logica)과 연계하여 감성의 완전성(美)에 관한 학문을 에스테틱스라고 불렀다. 또 이성적 인식에 비하면 감성이라는 불판연하고 혼연한 인식을 다루기 때문에 하위논리학 혹은 의사이성학(擬似理性學)이라고도 했다.

바움가르텐은 '감성적 인식의 완전성'을 미(美)로 보고, 미를 시

예술 등 당시에 유행하던 자유 과목의 영역에서 생각하여 예술과 접목했다. 따라서 에스테틱스는 미, 예술, 감성적 인식을 다루는 것으로 출발한 것이다.

근대학문으로서 에스테틱스의 확립은 칸트(Immanuel Kant, 1724~1804)에 와서 이뤄졌는데, 에스테틱스의 대상이 감성적 '인식'일 수 없으며, 미의 비판적 판정은 취미판단(Geschmacksurteil)으로 다루어야 하며, 어떤 것이 아름다운가, 아름답지 않는가의 문제는 인식 관계가 아니라 주관으로 끌어가는 '쾌(快)·불쾌(不快)의 감정'이라 하여 실질적으로 에스테틱스의 독립을 선언했다.

따라서 칸트의 이 같은 주장을 담은 『판단력 비판』(1790)은 근대학문으로서 에스테틱스가 확립된 지표로 받아들여진다. 따라서 에스테틱스는 감성에 포착된 현상으로서의 '에스테틱한 것(the aesthetic)'을 대상으로 한다.

에스테틱스는 일본을 경유하여 동아시아로 들어오면서 '미의 학문' 즉 미학(美學)이 되었다. 일본의 미학을 그대로 받아들인 한국과 중국도 감성학이라는 에스테틱스를 미학으로 오늘날까지 새겨 사용하고 있으니, 에스테틱스를 감성학 대신 일반적으로 예술학 혹은 예술철학으로 보통 새기고 있는 서구와도 비교된다.

일본 미학자 사사키 겡이치는 미학을 이렇게 정의하고 있다.

"미학이란 미 또는 예술 혹은 감성적 인식을 주제로 하는 철학적인 학과(學科)이다. 철학적이라 함은 개개의 예술작품이나 시대 양식 등의 구체적인 모습으로서가 아니라 오히려 그 특수상을 규정하고 있는 보다 원리적·본질적인 상(相)을 지향하는 학문을 가리키며, 학과라고 함은 단순한 직관적인 인식이 아닌 분절된 문제 체계를 가진 학문 분야를 의미한다. … 미학에는 예술 · 미 · 감성적 인식이라는 중심이 되는 세 가지 주제가 있다. 다만 삼자의 관계는 다양할 수 있다. 누구라도 바움가르텐과 같이 이 삼자가 중첩된다고 생각하는 것은 아니다. 이 관계를 어떻게 생각하는가에 따라 미학의 본질도 다양해진다. 이 세 가지 주제는 미학(aesthetics)이라는 명칭으로 불리는 학문의 가능한 지평을 보여준다."(『미학사전』, 민주식 옮김, 동문선, 2002, 27-28쪽)

오늘날 한국에서 미학은 영어로는 감성학을 뜻하는 에스테틱스(Aesthetics)를 쓰고 있지만 그 뜻은 미학, 예술학, 예술과학, 일반예술학, 예술철학, 철학 등으로 다채롭게 풀어놓고 있다. 따라서 감성학이라는 뜻의 에스테틱스가 일본에 가서 미학(美學)으로 개명했고, 그 미학은 또한 미학, 예술학, 철학 등으로 다채롭게 풀이되고 있는 형편이어서 헛갈리게 생겼고, 일반에게는 단지 아름다움을 뜻하는 상징성 있는 명사쯤으로 굳어진 듯 여겨진다.

2 감성의 귀환, 삶에로의 회귀

미학은 미와 예술과 감성을 대상으로 '미적 삶'을 다룬다. 따라서 삶이 중심에 놓일 수밖에 없다. 그동안 미학은 예술을 중심에 놓았지만, 예술에 대한 끊임없는 의문으로 지금은 예술의 종말이 운위되고 있고, 미학은 다시 감성으로 귀환하고 있다.

"예술의 종말은 이제 예술이 취해야 할 특정한 역사적 방향과 같은 것은 더 이상 존재하지 않는다는 것을 의미한다. 그것은 미래 역사의 관점에서 볼 때 어떠한 방향도 나머지 다른 방향들과 동등하게 좋다는 것을 의미한다."

'예술의 종말'이라는 단토의 선언 이후 어떤 것이든 예술이 될 수 있고, 일반의 감성과 미적 삶으로 무게 중심이 옮아갔다. 상품에서, 거리의 디자인에서, 심지어 몸을 가꾸는 피트니스 센터에 이르기까지 미학은 나아갔다.

생활 전반의 미학화가 완연하다. 유행과 디자인, 대중매체, 개인적인 삶의 꾸리기에 이르기까지 미학은 거침없이 질주하고 있다. 예민하고, 쾌락적이며, 그러면서도 교양 있는 '심미적 인간(homo aestheticus)'이 새로운 주류 인간형으로 대두하고 있다는 지적도 나온다.

따라서 미학은 때에 따라 감각적인 것에 관한 것, 아름다움에 관한 것, 자연에 관한 것, 예술에 관한 것, 지각에 관한 것, 판단에 관한 것, 인식에 관한 것 등을 두루 다루게 된다. 그리고 '심미적'이란 변화 가능한 것으로 감성적인, 즐거운, 예술적인, 외양적인, 허구적인, 산출적인, 가상적인, 유희적인, 구속력이 없는 등등을 의미해왔다. 심미라는 말이 갖는 모호성도 있지만 그만큼 미학의 지평이 넓어진 것이다.

3 새로운 틀, 새로운 지평

　미학이 삶으로 내려앉으면서 삶터가 새삼 주목받고 있다. 서양미학이 있다면 동양적 토양에 맞는 동양미학이 있다. 그리고 동양 가운데에서도 한국미학이 있다.

　조동일의 한국학에 대한 개념 틀을 빌려오자면 한국미학은 중국미학, 일본미학 등과 대치되는 말이며, 미학의 학문적 대상을 지역에 따라 나눌 때 쓰는 용어가 된다. '한국인의 미적 삶의 문제'를 연구하는 미학은 어디서, 누가, 어떻게 하든 한국미학이다. 국학으로 하는 한국미학도 있고, 양학의 일부인 한국미학도 있을 수 있지만 한국미학이라는 용어를 사용하면 국학과 양학을 갈라놓은 데서 생기는 난점을 해결할 수 있다.

　그렇다면 부산 미학의 가능성은? 1990년대 들어와 제기된 '세계화 담론'의 영향으로 지역 연구(Area Studies)가 활성화되었고, 세계의 국가나 지역을 대상으로 하던 지역 연구는 나라 안의 지역 연구로 발전했다.

　지역학은 지역의 총체성 규명에 초점을 맞춘다. 지역 연구는 삶의 총체인 문화를 연구하는 문화 연구(Cultural Studies)와 맞물리면서 지역 사람들의 삶의 총체를 '지역문화학'이라는 잣대로 읽자는 움직임도 있다.

　여기다 예술과 대중문화의 경계가 열어지면서 예술문화 전반을 의사소통 과정 안에서 포괄적이면서 개방적으로 다루자는 취지로 커뮤니케이션학과의 접목도 시도되고 있다. 이른바 커뮤니케이션미학의 출현이다.

　부산 사람들의 '미적 삶의 문제'를 다루는 부산 미학은 부산학 혹은 부산 지역문화학, 커뮤니케이션학 등과 교섭하면서 부산 사람들의 미의식을 조명하고 부산의 예술문화로 대표되는 부산 사람들의 부산살이를 조망하게 된다.

　부산 미학은 따라서 '지역에서 미학하기', 혹은 '거리에서 미학하기'다. 부산 미학은 부산 사람들의 미적 삶의 문제를 다룸으로써 부산 사람들의 삶의 질을 높이는 데 기여할 것이다. 요컨대 미학의 새로운 틀, 새로운 지평이 요청되고 있는 것이다.

_ 참고문헌

강영조, 『부산은 항구다』, 동녘, 2008.
김문환, 『현대미학의 향방』, 열화당, 1985.
김용규, 「부산공간의 변화와 그 문화적 의미」, 『한국민족문화 24』, 부산
　　대한국민족문화연구소, 2004.
김지하, 『예감에 가득 찬 숲 그늘』, 실천문학, 1999.
김지하, 『흰 그늘의 길』 1, 2, 3, 학고재, 2003.
김지하, 『탈춤의 민족미학』, 실천문학, 2004.
미학대계간행회, 『미학의 문제와 방법』, 서울대학교출판부, 2007.
미학대계간행회, 『현대의 예술과 미학』, 서울대학교출판부, 2007.
백기수, 『미의 사색』, 서울대학교출판부, 1981.
백기수, 『예술의 사색』, 서울대학교출판부, 1985.
부산국제영화제, 『부산국제영화제 10년사』, 부산국제영화제, 2005.
부산시청(www.busan.go.kr) 및 부산 16개 구·군청 홈페이지.
부산일보 홈페이지(www.busanilbo.com).
부산작가회의, 『부산을 쓴다』, 전망, 2008.
오병남, 『미학강의』, 서울대학교출판부, 2003.
이지훈, 『존재의 미학』, 이학사, 2008.
조동일, 「민족문화연구의 과제와 방향」, 『민족문화연구총서 6』, 영남대

민족문화연구소, 1980.

조요한, 『예술철학』, 미술문화, 2003.

채희완, 「가면극의 미의식 연구대상으로서의 의의」, 『미학 5』, 한국미학회, 1978.

채희완, 「민족미학의 정초를 위하여」, 『민족미학 1』, 민족미학연구소, 2003.

채희완, 「민족미학의 개념과 연구 방법론적 정초를 위한 설계」, 『민족미학 2』, 민족미학연구소, 2003.

철학아카데미, 『철학, 예술을 읽다』, 동녘, 2006.

최해군, 『부산의 맥』 상, 하, 지평, 1990.

Arthur. C. Danto, 이성훈 외 역, 『예술의 종말 이후』, 미술문화, 2004.

Yves Michaud, 이종혁 역, 『기체 상태의 예술: 미학의 승리에 관한 에세이』, 아트북스, 2005.

Wolfgang Welsch, 심혜련 역, 『미학의 경계를 넘어: 현대 미학의 새로운 시나리오, 진단, 전망』, 향연, 2005.

佐々木健一, 민주식 역, 『미학사전』, 동문선, 2002.

神林恒道, 『近代日本「美學」の誕生』, 講談社, 2006.

竹内敏雄, 안영길 외 역, 『미학・예술학 사전』, 미진사, 1989.

미학, 부산을 거닐다 부산의 예술문화와 부산美 탐색

첫판 1쇄 펴낸날 2008년 11월 10일
    2쇄 펴낸날 2008년 12월 10일

지은이 임성원
펴낸이 강수걸
펴낸곳 산지니
등록 2005년 2월 7일 제14-49호
주소 부산광역시 연제구 거제1동 1493-2 효정빌딩 601호
전화 051-504-7070 | **팩스** 051-507-7543
sanzini@sanzinibook.com
www.sanzinibook.com
책임편집 김은경 | **편집** 권경옥 | **디자인·제작** 권문경
인쇄 대정인쇄

ISBN 978-89-92235-50-1 93601

값 15,000원